멕시코

Rethinking democracy in Mexico

이 저서는 2008년도 정부(교육부)의 재원으로 한국연구재단의 지원을 받아 연구되었음(NRF-2008-362-B00015).

이 도서의 국립중앙도서관 출판시도서목록(CIP)은 서지정보유통지원시스템 홈페이지(http://seoji.nl.go.kr)와 국가자료공동목록시스템(http://www.nl.go.kr/kolisnet)에서 이용하실 수 있습니다. CIP제어번호: CIP2016006940

라틴아메리카 지정학 08

멕시코

민주주의를 다시 묻다

서울대학교 라틴아메리카연구소 기획 | 박수경 엮음

한울
아카데미

제도혁명당 일당 체제 이후의 멕시코

2014년 9월 26일 밤부터 27일 새벽 사이 멕시코 게레로 주 이괄라 시에서 아요트시나파(Ayotzinapa) 교육대학교 학생 43명이 사라졌다. 한국 언론에도 보도되었던 이 사건은 1주년이 지난 지금까지 현재진행형이다. 사건이 벌어지고 약 한 달 후 전해진 소식에 따르면 시장 부부와 마약범죄조직 간의 커넥션으로 벌어진 학살이었다. 이 소식을 전해들은 사람이라면 누구나 경악했다. 43명의 대학생, 선출직 시장, 경찰, 마약범죄조직과 같은 단어들이 우리가 익히 알던 범주와는 전혀 다른 방식의 의미 계열을 만들어내고 있었다. 하지만 이 사건은 '인간이길 포기한' 범죄자와 정도를 넘어선 부패 공무원 들의 '느닷없는' 합작품이 아니었다. 오래 전부터 예비된, 이미 여러 번 다양한 형태로 표출된 멕시코 사회의 민낯을 적나라하게 내보인 사건이었다.

때때로 우리는 신문의 지면 구분처럼 사회도 여러 영역으로 나뉘어 있다고 착각한다. 정치, 경제, 국제, 문화 그리고 사회면에서 사건화되듯 한 장을 넘기면 다른 영역으로 들어간다고 생각한다. 하지만 그렇게 지면을 나누는 것은 '사회'를 더 종합적이고 체계적으로 이해하기 위한 방법이다. 현대사회는 여러 영역으로 분화되어 있지만, 그 영역들은 결국 총체적인 인간사회의 한 부분을 이룬다. 우리 사는 모습을 영역들로 나누어 그리는 것은 우리 삶의 한 측면을 조명하기 위해 고안된 것이다. 심지어 이해하기 어려운 경제 수치조차 인간에 대해 말하고 있다. 우리는 그 점을 종종 잊는다. 그리고 그러한 망각이 한 사회를 이해하는 데, 그리고 한 사회가 직면한 문제를 파악하는 데 걸림돌로 작용하기도 한다.

멕시코 사회가 한국에 소개되는 방식도 많은 경우 분할된 영역에 기댄다. 우리는 멕시코의 정치에 대해, 멕시코의 경제 상황에 대해, 멕시코의 문화에 대해, 멕시코의 사회운동에 대해 말한다. 하나의 초점을 깊이 파고들기 위해 취하는 그런 방식은 때때로 '멕시코 사회'에 대한 이해를 가로막는다. 그리고 각 영역의 단면을 가장 적나라하게 표현하는 사안을 통해 해당 영역을 설명하고, 영역 간의 분할선을 마치 하나의 실체인양 느끼게 한다. 70년 만의 여야 교체로 이루어진 멕시코 정치의 민주화, 외환 위기와 NAFTA로 대변되는 멕시코의 경제, 원주민과 혼혈 메스티소가 버무려내는 멕시코의 문화, 사파티스타(Zapatista) 운동과 동일시되었다고 해도 과언이 아닌 멕시코 사회운동 등으로 우리는 멕시코를 접한다. 하지만 하나의 주제에 천착할수록 멕시코 사회를 전체적으로 조망할 수 있는 시야는 협소해지는지도 모른다.

앞에서 언급한 43명의 실종 사건도 우리에게는 이해할 수 없는 폭력과 부패가 만연한 사회라는 인상을 남기며 혀를 차게 만들지만, 이 사건은 한 사회가 오랜 시간 헤쳐온 복합적인 과정의 누적된 결과이다. 그 복합적인 과정을 이해하기 위해 우리는 분할되어 다루어진 여러 영역을 '멕시코 사회'로 종합해볼 필요가 있다.

그런 의미에서 서울대학교 라틴아메리카 연구소에서 기획한 지정학 시리즈는 라틴아메리카 주요 국가를 종합적이고 날카롭게 볼 기회를 제공함으로써 한국과 라틴아메리카 사이의 거리를 좁히는 의미 있는 노력이다. 이러한 취지에 공감하면서, 우리가 멕시코에 관해 익히 알고 있는 여러 단편들을 멕시코 사회를 이해하기 위한 종합적 시야로 묶어내기 위해 '민주주의'라는 다소 논쟁적인 틀 속에 14편의 글을 담았다.

이 책은 4부로 구성되었다. 1부 제도적 민주주의의 확장에서는 주로 2009년 이후 멕시코의 정치 지형에 관한 글들을 소개한다. 20세기 초반 멕시코 혁명 이후 제도혁명당(Partido Revolucionario Institucional: PRI)이 독주하던 정치 지형은 2000년 대통령 선거에서 국민행동당(Partido Acción Nacional: PAN)이 승리함으로써 새로운 시대를 맞이했다. 2000년을 기점으로 실질적인 의미에서 정당 간 경쟁 구도가 처음 자리를 잡았고, 제도혁명당, 국민행동당, 민주혁명당(Partido de la Revolución Democrática: PRD)의 3개 주요 정당들이 경쟁하는 다당 구도로 재편된 정치구도는 2006년 대통령 선거운동에서 재차 확인되었으며, 이번에는 중도좌파로 분류되는 민주혁명당의 안드레스 마누엘 로페스 오브라도르(Andrés Manuel López Obrador)의 당선 가능성이 높이 점쳐졌다. 그러나 1988년 대통령 선거처럼 2006년 대통령 선거도 부정선거 논란으로 얼룩졌고, 1년이 넘는 기간 동안 로페스 오브라도르는 '정당성을 갖춘 대통령'이라는 모토 아래 부정선거를 규탄하는 대중운동을 이끌면서 정치적 불안정이 계속되었다. 이런 과정 속에서 1990년대 이후 멕시코의 제도적 민주주의는 더디지만 꾸준히 확장되어 왔다고 볼 수 있다. 분명 멕시코의 정치제도는 제도적 민주주의의 척도에 맞춰 더 정교화되었다. 1부는 이러한 배경 속에서 멕시코의 정치적 장을 살펴본다. 이곳은 더이상 제도혁명당의 독무대가 아니다. 이제 멕시코의 정치적 장은 제도혁명당의 지배구조가 아니라 좌파와 우파 또는 각기 다른 이해관계를 지닌 정당 간의 대립과 경쟁을 통해 읽어야 한다.

「2009년의 멕시코」를 1부의 첫머리에 둔 까닭은 멕시코 사회에 대한 카를로스 몬시바이스(Carlos Monsiváis)의 섬세한 분석력이 제목에 나타난 2009년으로 제한되지 않기 때문이다. 여러 해 전에 발표된 글이지만 이 글은 긴 부제만큼 멕시코 사회 전반을 그려내며, 2015년 현재의 멕시코를 이해하는 데 중요한 변곡점이 되는 2000년대 후반의 멕시코 상황을 전해준다.

두 번째 글, 「멕시코의 에너지 신화」는 2008년 단행된 석유 부문의 개혁을 주제로 삼고 있지만, 석유 개혁을 둘러싼 정치적 논란이나 경제적 효과 등을 다루기보다 석유라는 키워드를 통해 20세기 초반 멕시코 혁명 이후 현대까지 멕시코 정치 변동을 읽어냄으로써 2000년까지 유지된 제도혁명당의 물적·사회적 기반을 이해할 수 있게 해준다.

뒤이어 1부의 세 번째, 네 번째 글은 각각 2009년과 2010년 선거를 중심으로 여전히 제1정당으로 단단히 자리를 잡고 있는 제도혁명당과 이에 도전하는 정당들 간의 역학관계를 분석함으로써 멕시코 정치 지형에 대한 이해를 돕는다.

그러나 네 편의 글을 통해 1부에서 살펴본 제도적 민주주의의 확장을 멕시코 민주주의 발전과 동일시한다면 경제적 민주주의의 측면에서 나타나는 사회적 변화를 간과하게 될 것이다. 2부에서는 멕시코 사회의 다수가 처해 있는 경제적 조건과 그로부터 비롯되는 사회상의 변화를 다루었다. 집권당의 교체는 정치적 각축이 새로운 국면으로 들어섰음을 의미하지만, 정치 엘리트와 시민의 관계에서는 별다른 변화의 바람을 몰고 오지 않는 경우가 비일비재하다. 정당이 대변하는 제도적 민주주의의 확장이 반드시 그 제도 안에서 살아가는 사람들이 더 많은 것을 스스로 결정할 수 있게 보장해주는 것은 아니다. 정치 엘리트의 경제정책은 일관되게 다수의 삶을 소외시키거나 통제하려들며, 그 결과 경제적 불평등이 심화되고, 사회 대다수는 '비제도적'인 방법을 통해 자신의 삶을 영위할 수 있을 뿐이다. 2부에서 다루는 경제적 불평등, 이주, 길거리의 무허가 상인 등의 주제는 경제적 민주주의가 대의 민주주의의 발전 속도를 따라가지 못하면서 나타나는 멕시코 사회의 단면이다.

3부의 두 편의 글은 멕시코의 범죄와 폭력을 다룬다. 이 두 편의 글을 통해 1부와 2부에서 살펴본 제도적 민주주의의 발전과 경제적 민주주의의 후퇴라는 삐걱거림이 어떠한 사회적 결과를 낳았는지 확인할 수 있다. 무엇보다 2006년 대선의 부정선거 의혹은 정치적 불안정을 가져왔고, 정권의 정당성을 확보하려는 시도로 시작된 펠리페 칼데론(Felipe Calderón) 대통령의 범죄와의 전쟁은 멕시코 사회 전반을 폭력 상황 속으로 밀어 넣었다. 이 글을 시작하면서 43명 실종 사건을 멕시코 정치적·사회적 과정의 오랜 누적물이라 언급했던 것은 범죄, 폭력, 부패가 단순하게 한 사회의 어두운 이면으로만 치부될 수 없기 때문이다. 범죄, 폭력, 부패는 피할 수 없이 우연히 찾아오는 질병 같은 사회적 병폐가 아니라, 그 사회의 정치경제적 구조의 일부이며, 때로는 그 구조를 지탱해주는 버팀목이기도 하다. 그러한 의미에서 3부는 현재 멕시코 사회를 적나라하게 보여주는 동시에 정치경제적 변동이 사회에 투영된 모습을 확인할 수 있는 두 편의 글로 채워졌다.

그러나 한 사회는 언제나 전진과 후퇴를 반복하면서도 더 건강한 방향, 더 많은 사람들의 삶을 개선하는 방향으로 나가려는 동력을 가지고 있다. 그러한 의미에서 4부는 제도적 민주주의를 확보하기 위한 정치적 요구나 경제적 불평등 해소를 요구하는 투쟁을 넘어서 사회를 민주적으로 만들기 위한 '다수'의 노력에 대해 다룬다. 「후기사파티스타 운동」은 그 첫 번째 글이다. 1990년대 이후 대안사회운동의 이정표가 되었던 사파티스타 운동은 한국에서도 라틴아메리카 사회운동에 대한 관심을 불러일으키고, 새로운 사회운동에 대한 영감을 불러 일으켰다. 사파티스타 봉기 22주년을 맞이한 2016년, 이제는 사파티스타 운동의 역사적 수혜자들이 제각각 자신들의 운동을 만들어내고 있다. 그 운동들 가운데 2012년 대통령 선거를 배경으로 대학생 사이에서 돌연 등장한 #나는132번째 운동은 사회적 정의를 요구하며 멕시코 청년 세대의 정치적 등장을 알리고 있다.

12장 「멕시코 공권력의 군사화에 맞선 시민사회」에서는 3부에서 다룬, 정치경제적 왜곡의 파생물로 급격히 증가한 폭력 상황에 맞서는 시민사회의 모습을 그린다. 멕시코 정부가 마약범죄조직을 상대로 선포한 전쟁이지만, 모든 전쟁이 그렇듯이 전쟁을 감당해야 하는 것은 전쟁 수행자만이 아니라 사회 일반이다. 그 행위자가 정부군이든 범죄조직이든 폭력행위의 증가 속에서 무너지는 것은 일반 시민들의 일상이며, 사회의 존속이다. 이 위기 앞에서 사람들은 개인적 탈출구를 모색하고, 시민사회의 역할은 더욱 무거워진다.

13장 「신자유주의적 반(反)개혁에 맞선 멕시코시티자치대학교 지키기」는 신자유주의라는 파고에 고스란히 몸을 맡겨야 했던 교육 분야에서 일어난 경이로운 경험을 우리에게 들려준다. 보편적 교육권을 대학의 이념으로 삼고 실행했던 멕시코시티자치대학교(UACM)가 신자유주의적 개혁으로 위협받는 과정은 보편적 권리가 얼마나 주변화된 지위로 내몰렸는지를 보여주며, 그 위협에 맞서 대학의 이념을 지키려는 교수 및 학생 등 대학의 구성원들이 보여준 의지와 열정은 교육권이 왜 보편적이어야만 하는가를 다시 되새기게 해준다.

이 책의 마지막 장은 전 세계적인 흐름이 된 환경 수호 운동을 다룬다. 그러나 이 글에서 일컫는 멕시코의 환경 수호 운동은 공유재산수호라는 매우 급진적인 모습으로 나타난다. '일부'에 의한 개발정책에 맞서 '공유'재산을 지키려는 사회 저항은 민주주의에 대한 해석, 이론, 역사적 경험, 정치적 입장 등의 차이에도 불구하고 '다수'의 삶을 개선하고자 하는 '다수'의 의지라는 기본 명제에 대해 다시금 깊이 고민하게 만든다. 이 때문에 얼핏 민주주의와 직접적인 관련이 없어 보일지 모르는 '환경운동'에 관한 글로 이 책을 마무리했다.

여러 가지 사정으로 이 책에 실린 글 가운데 여러 편의 초벌 번역이 이미 끝난 상태에서 작업을 넘겨받아 책의 구성을 맡게 되었다. 그럼에도 글의 선별과 구성, 번역에 예상보다 오랜 시간이 걸렸고, 편저자라는 처음 맡는 역할이 서툰 탓에 주변의 많은 도움이 필요했다. 이 책의 작업을 제안해주신 라틴아메리카 연구소의 우석균 선생님께서 여러모로 도와주지 않으셨다면 더 수고롭고 더 오랜 작업이 되었을 것이다. 그리고 이 책에 실린 글의 번역을 맡아주신 여러 선생님들께 감사의 인사와 함께, 애써 번역해주신 원고의 출판이 늦어진 데 죄송함을 전하고 싶다.

마지막으로, 이 서문을 쓰는 사이에 멕시코에서는 43명 실종 사건 1주기가 되었다. 1주기 추모 시위의 모습을 담은 사진과 영상 속에서 멕시코 소칼로 광장을 가득 메운 슬픔, 고통, 애도, 분노, 연대감을 보았다. 그리고 무엇보다 이 사건을 과거형으로 만들지 않으려는 강한 의지를 보았다. 그 의지가 멕시코를 좀 더 나은 곳으로 이끌어 가길 바라는 마음을 이 책에 담았다.

2016년 3월

박수경

차례

제3부 민주주의와 공생하는 부패와 조직범죄

제4부 민주주의의 사회화를 위한 저항

〈표 차례〉

〈그림 차례〉

제 1 부
제도적 민주주의의 확장

제1장

2009년의 멕시코

경제 위기, 마약범죄조직, 중세적 우파, 봉건적인 제도혁명당의 귀환 그리고 세계화 속의 국민

카를로스 몬시바이스 _박수경 옮김

멕시코는 마약범죄로 몸살을 앓으며 일상다반사로 벌어지는 죽음으로 시끄럽다. 정부는 조직범죄 세력에게 자리를 내주었고, 사회는 정치인과 정당을 불신하며, 경제는 위기에 빠졌다. 불평등과 차별 위에 자리 잡은 멕시코에는 근대화와 민주화를 향한 열망이 봉건주의, 남성우월주의, 인종주의라는 악습과 공존한다. 이러한 조건 속에서 가장 고통받는 사람들은 원주민과 여성이다. 이 글에서는 논란이 많았던 선거 과정을 통해 집권한 국민행동당 정부가 중세적 가치에 호소하는 데 주저하지 않으며, 부활한 제도혁명당인 양 바티칸의 지시를 정확히 따른다는 점을 지적하고자 한다.

카를로스 몬시바이스 Carlos Monsiváis 멕시코 지식인으로 비평가이자 연대기 작가이다. 주요 저서로는 *Días de guardar*(1970), *Amor perdido*(1977), *Entrada libre. Crónicas de una sociedad que se organiza*(1987), *Los rituales del caos*(1995)가 있다. 반세기에 걸쳐 라틴아메리카인들의 의식구조와 감수성을 살펴보는 데 천착하고 있다. 전국언론인상(Premio Nacional de Periodismo), 하비에르 비야루티아상(Premio Xavier Villaurrutia) 등을 수상했으며, *Aires de familia. Cultura y sociedad en América Latina*(2000)로 제28회 에세이 부문 아나그라마상(Premio Anagrama de Ensayo)을 수상했다.

* 이 글은 ≪Nueva Sociedad≫ 220호(2009년 3~4월)에 실린 글을 옮긴 것이다.

1.

2009년, 언제 끝날지 모를 민주주의로의 이행은 깊은 회의에 빠져 있다. 사회구성원 대부분은 정당을 신뢰하지 않고, 정부를 거부하며, 하루하루 박탈감에 휩싸여 지낸다. 수많은 의문이 제기되었지만 어쨌든 선거에서 승리한 펠리페 칼데론(Felipe Calderón) 대통령은 필요한 만큼의 신뢰를 얻지 못했고, 정통 우파의 지지도 상당히 많이 잃어버렸다. 보수주의자로 이름 높은 기업인 로렌소 세르비제(Lorenzo Servitje)[1]는 펠리페 칼데론의 선거운동을 도왔지만, 지금은 칼데론의 '미니 임기(micro-sexenio)'가 종지부를 찍고 있다고 말한다. "정당성 부족, 사회적 통치 불능, 부적격자와 지인을 주요 보직과 내각에 앉히려는 고집 때문에 펠리페 칼데론이 자리를 보존하기는 어려운 상황이다." 첫 번째 문제는 남은 4년 동안 칼데론 정권이 유지되느냐 여부가 아니라 이미 회자되고 있는 사회의 해체이다. 문자 그대로 굶주린 무리들이 옥수수를 찾아 기차를 습격하고, 도시의 길거리에서 군중은 일자리를 찾아 헤매거나 노점 장사 영업권을 얻으려고 마피아의 뒤꽁무니를 좇아다니는데, 누에보레온 주 정부는 거리에 배치된 군 병력과 불안한 경제상황에 항의하러 거리로 나선 시위대가 "마약범죄조직의 뒷돈을 받았다"고 모함한다.

한편 정당 내부에서는 이념적 논쟁이나 비판적 시각을 찾아보기 어렵다. 국민행동당(Partido Acción Nacional: PAN)은 한 치의 흔들림 없이 보수주의를 밀고 나가며, 최소한의 변화도 꾀하지 않는다. 제도혁명당(Partido Revolucionario Institucional: PRI)은 다시 권력을 잡겠다는 포부를 가지고

1) 멕시코 제과제빵 업계의 선두 주자이자 전 세계로 진출한 빔보그룹(Grupo Bimbo)의 창립자이다. —옮긴이

있지만, 이제는 단순한 연합체에 불과하다. 말하자면 '봉건적' 일족들의 연합체일 뿐이다. 당 지도부 대부분이 부패한 것이 틀림없는 민주혁명당(Partido de la Revolución Democrática: PRD)은 앞으로의 전망만이 아니라 좌파로서의 정체성 자체를 상실했다. 그럼에도 좌파의 사회적 힘은 강력하게 남아 있다. 좌파는 아마도 민주혁명당 소속 후보 몇 명에게 표를 주기는 하겠지만, 이제 더 이상 자신을 민주혁명당과 동일시하지 않으며 정치, 환경, 문화, 사회, 생명윤리 등의 문제에서 저항을 계속해 나간다. 그러나 지금으로서는 이것이 선거 결과로 이어지지는 않는다.

■ ■ ■

그럼에도 살아남기 위해 몸부림치는 이런 시기에 사상은 여전히 중요하다. 이런 시기에 사상은 닳아빠지고 효력을 잃고 색이 바래고 탁해지지만, 진정한 사상은 사람들을 움직이고 저항을 일구어낸다. 시민사회, 관용, 민주주의로의 이행, 포용적 정책, 다양성, 다원성, 임파워먼트(empowerment)와 같은 핵심어에 담긴 사상의 초월성을 살펴보면 될 일이다. 그러한 말들은 누구나 주워섬기는 단어가 되든 빈약한 추상어가 되든 광범위한 결과를 가져온다. 그 과정은 전통적인 정치적 구성물을 초월하며, 오늘날 제 기능을 완전히 상실한 '유일 사상(pensamiento único)'[2]에 대한 대안으로 사상은 매우 중요한 역할을 수행한다.

---

2) 하나의 사상이 주도권을 쥐고 마치 그것만이 유일한 사상인 양 이념적 논쟁을 불가능하게 만드는 것을 뜻한다. 오늘날 신자유주의를 빗댄 표현이다. —옮긴이

2.

2009년 2월 13일 펠리페 칼데론 대통령은 로스 피노스(Los Pinos) 대통령 관저에서 제도혁명당의 핵심 인사들에게 이렇게 강조한다. "우리가 (범죄와의) 전쟁을 치르지 않으면, 우리가 이 전쟁에서 이기지 못한다면, 여러분이 다음에 로스 피노스에 오셨을 때는 마약범죄자 대통령과 함께 앉아 있게 될지도 모릅니다." 얼마 후 경제부 장관인 헤라르도 루이스 마테오스(Gerardo Ruiz Mateos)도 같은 논조로 어설프게 말한다.

> 조직범죄와의 전쟁에서 패배하면, 다음 대통령은 마약조직범죄자가 될 겁니다. 국가 안에 마약범죄조직이 자신들의 또 다른 국가를 세웠기 때문에 정부가 마약조직범죄와 전투를 벌이고 있는 것입니다. 이것은 심각한 문제입니다. 우리가 개입하지 않을 수 없을 만큼 심각한 문제인 겁니다. 그냥 그대로 내버려두는 것이 가장 쉬운 선택이었습니다. 많은 사람들이 말하듯 그 자리에 그대로 두는 겁니다. 하지만 그랬다면, 제가 장담하건데, 마약범죄조직원이 지금 대통령 자리에 앉아 있을 겁니다.

■ ■ ■

멕시코 정부는 조직범죄와의 전쟁에서 승리하고 있다고 말하지만 미국에서는 경고의 목소리가 흘러나온다. 마약과의 전쟁을 진두지휘했던 배리 맥카프리(Barry MacCaffrey)에 따르면, "멕시코는 나락으로 떨어지기 일보 직전이며, 다음 10년 안에 마약범죄조직의 국가로 바뀔 수 있다"(2008년 12월 29일). 종말론적인 경고의 또 다른 표현으로 남들을 꾸짖으며 펠리페 칼데론은 다음과 같이 힘주어 말한다. "한 국가의 국민으로서 우리는 그런 야만스러움이 어떻게 멕시코 사회 전체를 꿰뚫고

거리마다 자리 잡은 것도 모자라, 우리 정부에 침투하는 것을 두고 보았는지 자문해야 할 것입니다”(2009년 2월 15일).

마약범죄조직은 자체 군대와 경찰, 첩보조직을 보유하고 있으며, 시장을 분석하는 금융전문가까지 휘하에 두고 있다. 더구나 이제는 후안 카밀로 모우리뇨(Juan Camilo Mouriño)와 페르난도 고메스 몬트(Fernando Gómez Mont) 두 내무부 장관도 인정했듯이, 자기 영토와 도시까지 갖추고 있다. 그들은 후원이나 위협에 회유를 더해가며 많은 수의 지방정부에 영향력을 행사한다. 하원의원과 시장 후보에게 돈을 대고 기업인, 은행원과 결탁하고, 조사가 이루어지지 않는 한 합법적인 활동과 다름없이 여겨지는 돈세탁을 어마어마한 규모로 관리하며, 미국에서 고성능 무기를 사들인다. 종합하면, 그들은 다양한 부분에서 멕시코라는 국가에 도전하며, 사법 기능뿐 아니라 여러 정부기관의 기능을 무용지물로 만들고 있다.

호세 힐 올모스(José Gil Olmos)[3]에 따르면, “마약범죄조직은 로스 세타스(los Zetas), 카이빌(kaibil)[4] 부대원, 마라 살바트루차(mara salvatrucha)[5]로 조직된 자신들의 군대를 보유하고 있습니다. 멕시코 만 카르텔(cartel del Golfo)에 들어가려고 군에서 나온 멕시코 군인들이 로스 세타스를 결성했고, 마라 살바트루차 일부와 카이빌도 마찬가지로 각각 엘살바도르와 과테말라의 전직 군인들로, 멕시코 카르텔의 용병이었다는 점을 상기시킬 필요는 없겠지요”.

3) 멕시코의 저명한 언론인이다. －옮긴이
4) 1975년 과테말라에서 창설된 특수부대이다. －옮긴이
5) 미국 로스앤젤레스 주에 근거를 두고, 미국, 캐나다, 멕시코까지 세력을 행사하는 국제 폭력조직이다. －옮긴이

■ ■ ■

2009년 1월과 2월 통계에 따르면, 약 1020명이 마약조직범죄로 인해 살해당했으나, 이에 대한 경찰조사가 이루어지지 않았다. 조사가 이루어진 경우는 경찰서장, 구청장, 사법 당국을 대상으로 자행된 범죄였고, 그 가운데 칸쿤의 마약조직범죄 소탕을 맡았던 장군도 포함되어 있다. 조사 결과는 대부분 성공적이었다. 폭력은 미국과 국경지역에서 특히 기승을 부리지만, 전국으로 확대되고 있다. 마약조직원들이 '여가시간'을 이용해 저지르는 납치나, 총기를 쉽게 구할 수 있는 여건 때문에 범죄자들이 저지르는 납치 사건도 많다. 후아레스, 티후아나, 레이노사, 마타모로스, 누에보라레도 같은 도시들을 휩쓸고 있는 폭력과 납치 때문에 공포에 질린 사람들은 할 수 있다면, 국경 건너편으로 이주한다. 레스토랑과 디스코텍은 범죄조직의 손에 들어가 버린 탓에 상당수의 도시에서 밤문화는 찾아보기 힘들어졌다.

미국 정부는 멕시코의 북부 국경지대를 '고위험 지역'으로 선포했다. 2년 만에 1000명에 이르는 군인과 경찰이 살해당했다. 카르텔 조직원과 치안병력과의 충돌이 심해졌다. 온 주민이 치안병력에 마약범죄조직이 침투해 있다고 목소리를 높인 지 여러 해가 지나서야, 대통령을 포함한 정부 당국에서 이를 인정했다.

길가에 군 병력을 배치하는 것이 치안을 확보해주는지 의문스러운데, 적으면 적은 대로, 많으면 많은 대로 자행되는 약탈과 여성에게 가해지는 폭력으로 인해 시위가 끊이질 않고, 군대가 배치되면서 발생하는 부작용으로 불만이 가득하다. 치와와 주지사는 주에서 군대를 철수시킬 것을 요청했지만, 연방정부는 이 요청을 받아들이지 않았다. 카르텔 사이에서 벌어지는 전쟁과 공권력에 대한 끊임없는 도전은 인간의 생명에 부여된 아주 희소한 가치마저도 별것 아닌 것으로 만들어버린다.

2년 동안 사망자가 얼마일까? 정확한 통계를 알기는 어렵다. 수많은 살인 사건이 기재되지 않았고, 어느 날은 42명, 23명 또는 15명으로 제멋대로인 통계치들은 사회적 감수성을 마비시킨다. 기본적인 질문이다. 조직범죄의 혜택을 조금이라도 보는 사람은 몇 명일까? 100만 명? 200만 명?

■ ■ ■

마약 카르텔의 눈 밖에 나서 살해당한 시신 300구를 '포솔레로 데 테오(Pozolero de Teo)'라고 불리는 범죄자 혼자서 산(酸)에 넣어 처리했다. 그는 카르텔에 고용되어 한 구를 처리하는 데 6000~1만 페소를 받았다. 물론 그가 이 지역의 유일한 '포솔레로'[6]는 아니다. 고문한 후에 살아 있든 죽었든 참수하는 것도 흔한 일이다. 그 가운데는 경찰과 군인도 있다. 조직원들은 표적을 잡으러 파티를 덮치고, 그 김에 죽일 수 있는 자들은 죽인다. 이제는 여성, 어린이, 청소년들도 살해 대상에서 예외가 되지 않는다. 그들은 빚을 남기고 싶어 하지 않는다.

조직원들끼리 하는 이야기가 있다. "그들이 내일 나를 죽여야 한다면, 나는 한 번에 많이 죽인다." 무기를 가지고도 사용하지 않으면 인생을 허비하는 것과 마찬가지라는 이야기도 있다. 이런 분위기에서 죽이는 것이나 죽는 것이나 거의 매한가지다. 사냥의 도덕적 불감증 속에서 무기 기술은 멸종을 가져오기 시작하고, 급기야 사람을 말 그대로 '표적물'이 될 수 있다고 여긴다. 살해해야 한다는 의무감이 최신 무기의

---

6) 포솔레(pozole)는 멕시코 전통 음식의 하나로 고기와 야채를 넣어 만든 스프다. 포솔레로는 포솔레를 만드는 솥이라는 뜻인데, 시신을 처리하는 방식을 빗대어 사용한 것이다. —옮긴이

화룡점정을 한다.

카르텔의 뇌물과 협박(고전적 표현으로 '은이냐 납이냐') 능력은 판사, 여러 계급의 경찰 간부, 검찰, 법관, 기업인, 군 간부, 아마 성직자에게까지도 접근할 수 있는 능력을 나타낸다. 결국 카르텔에 점점 더 많은 면죄부가 주어진다. 조직원들은 20~30세 사이에 끔찍한 죽임을 당하거나, 고문으로 생을 마감하거나, 종신형에 처해질지 모른다는 숙명에 연연하지 않는 것 같다. 그들 각자는 자신은 예외라고 생각하며, 조직의 협박과 재력이 자기를 보호해주고 있다고 느낀다. 자기가 저지르는 범죄야 타리하(Tarija)[7]에 달린 일일 뿐이라고 생각한다. 이런데도 멕시코가 부패한 나라가 아니란 말인가?

3.

신께서 서로 다른 우리를 원하셨다면, 우리를 한 동네에서 태어나게 하지 않으셨을 것이다.

펠리페 칼데론 대통령은 "전 세계에서 가장 철통같이 방어되는 경제"라고 하지만, 경제에 관한 기사들이 이렇다. 달러 환율 매매가 15.35페소(2009년 2월 28일), 구직 활동자 수와 불완전 고용의 증가 추세, 사회 계층 간 유동성 급감, 정규직 일자리 창출 동결, 증권거래의 위험, 1982년 이래 최저임금 구매력 78% 하락, 평균임금 구매력 63% 감소, 미국과 멕시코의 기본급 격차는 15 대 1, 인구의 0.18%가 국가 전체 부의 1/3을 차지. 부정적 지표는 꼬리에 꼬리를 문다.

지난 50년 동안 그 누구도 멕시코를 '불평등의 기초 위에 세워진

---

7) 볼리비아의 타히라 주(州). 마약 거래의 거점으로 알려져 있다. ―옮긴이

나라'라고 묘사하는 데 이의를 제기하지 않았다. 1976년 12월 1일 대통령에 취임한 호세 로페스 포르티요(José López Portillo)는 "수탈당한 이들에게 용서를 구합니다"라고 소리 높여 말했지만, 감정에 호소하는 이런 식의 발언에 묻어났던 평등을 향한 애매한 노력조차 이제는 이루어지지 않는다. 전체 인구의 70%에 이르는 궁핍한 삶을 살아가는 주민들에게 갚을 수 없는 역사적 부채가 있다는 점을 일단 시인하고 나서는 무관심과 냉혹한 태도로 그들을 다루고 있다.

인종차별, 성차별, 불관용, 동성애 혐오, 종교적 불관용으로 주변화된 소수자들의 권리만이 느리게나마 고려되고 있다. 아주 최근까지만 해도 다양성을 인정하는 것은 흔한 일이 아니었다. 1982년 제도혁명당의 미겔 데 라 마드리드(Miguel de la Madrid)의 선거운동에서야 비로소 사회과학자들에 대한 예의의 표시로 멕시코가 다양성에 기반하고 있음을 인정했다. 그때까지만 해도 멕시코는 단일하고 동질적인 나라로 정의되었다. 다시 말해, 축제일, 순례 행렬, 인구조사로 조명되는 멕시코는 가톨릭 국가이며, "여전히 예수님께 기도하고 스페인어를 말하는" 뿌리 깊은 이성애 메스티소 사회로 여겨졌다. 일상생활과 도덕에 대한 자유는 올바른 대안으로 여겨지지 않았다. 19세기 자유주의 개혁이 보여준 숭배의식에 대한 관용, 1917년 헌법에 명시한 세속화된 무상교육과 점진적인 탈종교화로 이어지는 역사적 투쟁과 다양성에도 불구하고 놀랍도록 오랜 시간이 걸려서야 소수자의 권리를 고려하기에 이르렀다.

4.

2006년. 정당성을 얻지 못한 정부가 집권한 해

우파, 기업인들, 가톨릭 교회조직, 제도혁명당 지도부, 부패와 탄압

전문 우두머리인 엘바 에서 고르디요(Elba Esther Gordillo)가 이끄는 전국교원노조(Sindicato Nacional de Trabajadores de la Educación: SNTE), 사설 전자매체들, 민주혁명당 후보인 안드레스 마누엘 로페스 오브라도르(Andrés Manuel López Obrador)의 '포퓰리즘'에 신경을 곤두세운 중산층이 2006년 7월 2일 부정행위에 대대적으로 가담했다.

7월 2일 선거 당일 분위기는 달랐다. 그날 사람들은 평화로운 분위기에서 민주적으로 시민권을 행사했고, 멕시코시티는 들뜬 분위기로 술렁였는데, 아마 대부분의 지역에서 비슷한 분위기였을 것이다. 투표로 국가적 사안에 참여하려는 의지로 가득했다. 그런데 선거는 로페스 오브라도르를 겨냥한 안티 운동이 보여준 혀를 내두를 정도의 비열함으로 얼룩졌다. 안티 운동은 민주혁명당과 로페스 오브라도르가 지지하지도 않는 주장을 그들에게 떠넘기면서 물고 늘어졌다. 스페인과 미국에서 초빙한 선거 마케팅 전문가들 몇 명은 유권자들을 현혹했고, 로페스 오브라도르를 '포플리즘적 메시아주의'로 묘사한 인스턴트 정신분석에 환호하는 여론조사 전문가와 시사평론가들이 그들을 도왔다. 로페스 오브라도르에게서 우고 차베스(Hugo Chávez)를 연상한 '선한 양심들(Buenas Conciencias)'[8]은 놀란 마음에 멕시코시티의 소칼로 광장에서 본 것이 로페스 오브라도르가 아니라 우고 차베스였다고 생각해버렸다.

선거운동은 세 가지 목적이었다. 로페스 오브라도르에 대한 반감을 불러일으키고, 지배층에게는 불처벌 관행을 계속 보장해주면서, 가진 것을 빼앗길지 모른다는 두려움을 심어주는 것이다. "우리 집을 빼앗을 것이고, 우리의 은행계좌를 털어갈 것이고, 우리를 강탈할 것입니다."

8) 1959년 카를로스 푸엔테스가 발표한 소설의 제목으로 농업경제에서 도시경제로 바뀌는 전환기에 중산계층이 보여준 도덕적 타협을 다루고 있다. ㅡ옮긴이

잃을 것이라고는 거의 없는, 또는 전혀 없는 사람들 사이로 공포가 스며들고, 그곳에서 진짜 임무를 수행한다. 공포를 매개 삼아 느닷없이 스스로를 '부르주아'라 느끼는 소외계층을 낚아채는 것이다. 상상을 뛰어넘는 TV 광고, 이메일, 전화, 소문이 밀려든다. "이제 사회주의자들이 들이닥칠 것이다!" 따위의 위협, 공포스러운 예언, 두려움에 떨게 만드는 글로 무너뜨린다. 우파는 노골적으로 거짓말을 일삼고, 분노를 과장하고, 권력을 끝없이 가질 수 있다는 믿음으로 시공간을 뛰어넘어 권력을 세습하는 당파를 등에 업고 있다.

안티 선거운동은 우파 활동의 중심이며, '로페스 오브라도르는 멕시코의 위험인물이다(López Obrador es un peligo para México)'라는 슬로건을 내세우며 괴기한 부풀리기 수법을 구사한다. '비판적이고 독립적인' 수많은 시사평론가들은 '멕시코의 위험'이라는 표현에 그를 완전히 제거하려는 의도는 없다고 지적한다. 만약 그렇다면 무엇 때문에 그 슬로건을 고집하고, 무엇 때문에 그 슬로건을 중심으로 국민행동당이 결집하고 자리를 지키며, 국민행동당을 돕는 매스컴의 중심도 그 슬로건이란 말인가?

2006년 예언이 시작된다. 일군의 점술가, 예언자 그리고 초감각적 지각능력을 갖춘 자들이 미세한 영적 움직임으로 로페스 오브라도르의 메타공산주의 정부가 어떤 것일지, 자유를 억압하는 첫 번째, 두 번째, 세 번째 방법은 무엇일지, 그의 지성주의를 향한 탄압 계획은 무엇인지 세세하게 현혹하는 말을 만들어낸다. 무슨 일이 벌어지기도 전에, 그들은 미래를 고발하고, 이미 벌어진 일인 양 생각한다.

여론조사는 유령들이 벌이는 장난이나 다름없다. 여론조사를 진행하는 그 누구도 자신이 적용한 방법론을 증명해야 한다고 생각하지 않기 때문에 어느 쪽 조사결과나 모두 유효하다. 불처벌 관행의 체제에 연루된 사람들 모두 좌파를 몰아내고, 멕시코는 보수주의 국가라는 것을 보여주기 위해 하나로 뭉친다. 자유주의자와 혁명주의자들이 있었음에도 멕시코는 언제나 보수주의 국가였으며, 지금도 그러하고, 다행스럽게 앞으로도 계속 그럴 것이라는 믿음을 주기 위해 뭉치는 것이다. 7월 2일부터 12월 1일까지 대중매체에서는 우파의 안티 선거운동과 중상모략, "쿠데타와 다를 바 없는 시도"가 점점 심해진다.

제도혁명당과 국민행동당의 결탁은 오래가지 않는다. 2009년 2월 13일 로스 피노스 대통령 관저에서 다음과 같은 광경이 벌어진다. 제도혁명당의 지도부, 당 소속 주지사와 의원들에게 칼데론은 "신과 유권자는 여러분이 다시는 대권을 잡지 않기를 원하십니다"라고 신탁을 전했다. 제도혁명당의 당수인 베아트리스 파레데스(Beatriz Paredes)는 "신은 원하지 않을지도 모르지만, 과달루페 성모께서는 원하실 겁니다, 대통령님"이라고 답했다. 펠리페 칼데론은 바로 자신의 선거운동에서 과달루페 성모의 이미지에 기댔던 터라 불쾌해하며 "성모님을 편파적으로 만들지 마세요"라고 대꾸했다.

5.

불평등, 영원히 변하지 않는 출발점

신앙의 독점, 정치권력의 독점, 경제 권력의 독점, 허용되는 행동의 독점이 폭압적 의지 다발로 뭉쳐지고 있으니 순종하고 명령을 따르지어다. 다수자와 소수자가 모두 주변으로 밀려나고, 가혹한 운명을 자연스럽고 정상적인 것이라 여긴다. 국민(Nación)이라는 다수로부터 배제된 소수자들은 존중도 사라지고 기회도 사라진 지옥으로 떨어진다. 종교적 이단자, 정치적 이단자, 장애인, 알콜 중독자, 게이, 레즈비언, 그리고 매우 독특하게도 원주민이 주변화된 공간으로 모여든다. 그리고 여성들에 대해서는 드러내놓고 말하지는 않지만, 그들도 역시 주변부에 있다는 점을 부정할 수는 없다. 이러한 영역들은 매우 특수한 차이를 가지고 있음에도 기본적인 측면을 공유한다. 외부에서 주어진 정체성을 자기 것인 양 받아들이고 변형시키기 위해 치르는 정신적·육체적 대가, 그들 자신의 역사를 만들어가는 데 따르는 어려움, 다시 말해, 끝없이 적대적인 주변의 눈치를 봐야 하는 수고, 끝나지 않을 '원죄'의 메아리, 즉 규범을 따르지 않는다고 죄악시된다는 점에서 비슷하다.

6.

후아레스 시의 시신들

여성에 대한 폭력은 멕시코가 봉건체제의 극단에 있음을 보여준다. 폭력은 문명의 발전을 고립시키고 비인간화하며 저해한다. 심리적·육체적 자유를 총칼로 포위하며, 영혼을 불구로 만들고, 어찌할 수 없을 지경으로 공포를 끌어올리며, 완벽한 디스토피아를 형성한다. 가부장제의 견고함과 역사적 무게, 그리고 그로 인한 체념은 한 쪽 젠더에 자행되는 폭력을 민주화 과정의 거대한 장애물로 승격시키지만 여전히 이를 인정하지 않는다.

여성의 자유를 제약하는 것은 역사적으로 폭력과 권력의 독점이 혼합된 것이다. 표출되는 양상과 강조되는 부분이 매우 다르기는 하지만 남성의 자유를 제약하는 것도 마찬가지이다. 젠더의 한 쪽에 주어진 초야권이라는 성폭력은 '원래 그런 것'이기에 '자연스러운' 일로 여겨졌고, 보호받기를 거부한다는 것은 그런 척 내숭을 떤다는 의미로 해석되었다. 이런 식의 논리는 여성에게 책임을 떠넘기려는 검찰, 경찰, 재판부 인사들에게 환영받았다. 1998년 과달라하라 추기경 후안 산도발

이니게스(Juan Sandoval Iñiguez)가 여성들이 도발적인 몸짓을 하고, 노출이 심한 옷차림을 하고 다니는 것이 잘못이라고 점잖게 의견을 밝힌 것도 같은 맥락이었다. 그는 결국 "아무 일도 일어나지 않기를 바란다면, 몸은 두고 외출하세요"라고 말하고 싶었던 것이다.

1993년부터 지금까지 후아레스 시에서 600~700명의 젊은 여성들이 살해당하는 데서 폭력은 그 정점에 이른다. 안타깝게도 이런 끔찍한 일에 국민행동당과 제도혁명당의 집행부가 관련되어 있다. 국민행동당은 희생자를 탓하는 데 일가견이 있다. 이미 1994년 프란시스코 바리오(Francisco Barrio) 주지사 시절 검찰은 사망한 여성 희생자들이 "원인을 제공"했다거나 "옷차림이나 행실로 범죄자들을 자극"했다는 이유로 비방했다. 주지사였던 바리오는 <실종된 여성(Señorita extraviada)>(2000)이라는 루르드 포르티요(Lourdes Portillo)의 뛰어난 다큐멘터리에서처럼 12세기 도덕률을 부활시키려는 논조에 걸려들었다. 이런 논리적 오류가 낳은 결과는 성서적이다. 여성으로 태어난 원죄는 죽음으로 갚게 된다.

후아레스 시의 살인자들은 누구인가? 어느 한 집단인가 아니면 연쇄살인범들이 전염병처럼 퍼져 나가는 것인가? 멸종이 전염되어 가는 것인가? 결국 많은 것을 알려주지 않는 단편적인 정보에 매달려 사건을 풀이한다. 범죄가 발생하는 주기, 실종자, 방법의 유사성에 놀라고, 마킬라 공장의 여성 노동자와 여자 청소년 그리고 그들의 가족에게 퍼져 있는 공포가 모습을 드러낸다. 폭력은 여성들을 꼼짝하지 못하게 만들고, 이동의 자유를 없애버리고, '여성은 연약'하다는 점을 강조하여 관례적인 성희롱을 부추기고, 더 쉽게 물리적 힘을 행사하게 만들고, 아무렇지 않게 무기를 소지하게 하고, 여성혐오 범죄를 강화시킨다.

사법적 대응이 왜 늦어지는가? 몇 가지 가능한 답을 나열해본다.

① 후아레스 시는 국경도시라는 조건에 있기 때문에 이곳은 무법천지

라는 집단적 인식이 생겨난다. 단순히 악몽 같은 마약범죄조직 때문이 아니라 후아레스 시에 모여 사는 사람들은 국경을 넘을 수 있느냐 없느냐를 두고 한시적인 공동체들을 이루기 때문이다.

② 지나치게 추상적으로 생각하게 된 측면이 있다. 1994년 제도혁명당 후보였던 루이스 도날도 콜로시오(Luis Donaldo Colosio) 살해 사건처럼 조사결과는 보잘 것 없을지언정 한 명의 죽음만으로도 거대한 사건일 수 있지만, 정부 당국의 시선에서 멕시코 전국에서 수백 명의 여성들이 살해되었다는 사실은 현실감이 없다. 대중사회에서 통계란 사건의 깊이를 흐려버리곤 한다. 지구의 인구가 60억으로 폭발하면서 모든 사건은 별것 아닌 양 되어버린다. 수구주의자들이 냅다 몰아붙이듯, 세속화된 교육이 가치를 상대화시키기 때문이 아니다. 문명화된 사회를 제일 먼저 보장해주는 것은 종교에서 탈피한 세속화된 교육이며, 상대주의적 관점은 인구통계학에 칭칭 감겨 그 손아귀에 잡힌 사건들을 윤리적 가치로 이끈다. 언제나 인간 중심의 이해가 필요하다. 그것을 버리면 "살리나스 임기 6년 동안 살해된 민주혁명당 당원 또는 지지자 500명, 후아레스의 죽은 여성들"에서 숫자로 표현된 모든 것은 이 비극 속에 사람이 있다는 사실을 흐릿하게 만든다. 상처 입은 사람들, 그들의 희망, 그들의 지난 이야기, 그들의 가족은 생생히 연결되어 있다. 희생자에 대해서는 구체적으로 알 길이 없다.

③ 후아레스 시에서 벌어지는 사건에서 가장 결정적인 것은 이름 없는 여성들, 다시 말해 주변화된 여성들에 대한 역사적 무관심이다. 1992년 멕시코시티에서 발생한 사건을 떠올려보자. 일군의 여성 성노동자들이 포주의 착취와 경찰의 횡포를 고발하기 위해 조직화를 시도했다. 이들은 멕시코시티대표자협의회(Asamblea de Representantes del DF)[9]에 출석하여 증언하고, 이름을 댔다. 몇 주 후 그중 2명이 러브호텔에서

살해당했다. 이 사건은 그들이 고발한 내용과 관련이 없다고 여겨졌고, 그들의 시신은 공동묘지로 옮겨졌다. 전혀 중요하지 않다는 의미였다.

그들은 그냥 여성이 아니라, 마킬라 공장 노동자의 대부분을 차지하는 여성 노동자들이며, 빈곤층 가정 출신이다. 가난한 여성이라는 표현은 사회적 비가시성의 본질을 꿰뚫는 동시에 기록되지 않은 존재들을 나타낸다. 선거 대책에서 그들은 미미한 존재들이며, "조종하기 쉬운 표심"으로 분류되어 있으며, 시의원들은 1년에 딱 이틀 그들을 떠올리며, 싱글맘(single mom)의 자기결정권을 '죄 짓는 태도'로 여기곤 한다. 펠리페 칼데론은 오직 아버지, 어머니, 자녀, 친척, 고해성사 신부로 이루어진 가족만 가족으로 생각한다.

2003년 멕시코의 공식인구는 1억 600만 명이다. 연방정부는 인구성장률을 축소해서 인구조사를 조작해야 하는 처지이기 때문에 아마도 수백만 명을 더해야 할 것이다. 민족, 소수자, 다양성, 대안적 공간이 실제로 새롭게 정의되고 있다는 점에서 일련의 사건들은 다시 연결된다. 세계화가 일방적으로 민족국가와 주권의 구조를 만들어내는 것이 아니라, 사회 그 자체도 근본적인 권리 회복, 그 출발점으로서 인권을 고양시키고 있다.

7.

태초부터 정해져 있었다.

수세기에 걸친 결정론적 사고, 즉 뿌리 깊은 편견이 라틴아메리카를

9) 1988년부터 1994년까지 존재한 멕시코시티 입법담당 기관으로 현재 멕시코시티입법의회의 전신이다. —옮긴이

점령해왔다. 여기서 내가 이해하는 결정론이란 무엇인가? 대안이 쓸려 내려가거나 무너져간다는 뜻이 아니라면, 문화산업, 교육, 권위적 권력의 메커니즘이 결합되어 전통적으로 형성된 종교적 보수주의, 계급 차별, 가부장적 이데올로기를 의미한다. 아무것도 할 수 없다, 이것이 수세기 동안 유지된 부왕령 시절 수많은 방식으로 전달된 메시지이다. 만약 당신이 원주민이거나 메스티소라면 말이다. 아무것도 가능하지 않다. 이것이 19세기의 포고문이다. 국가조차 형성되지 않은 혼돈 속에서 살고 있으니 말이다. 뭘 해도 소용없을 것이다. 이것은 20세기의 선언이다. 당신이 엘리트 계층이거나, 계층 사다리를 타고 올라갈 수 있는 특별한 자리에 있지 않다면 말이다.

결정론은 기본적으로 사회계급, 젠더, 피부색을 토대로 작동한다. 그러나 변수가 무엇이든 간에 비참한 삶과 빈곤에 맞서는 것을 조롱하고 우습게 본다. 비참한 삶과 빈곤은 인간의 만성적 질병처럼 여겨진다. 부왕령의 사제들이 원주민과 가난한 도시민들에게 복종과 체념을 요구했을 때부터 경제 및 사회적 한계는 결정론에 의해 타고난 천성이 되어버렸다. 사회의 불평등이 바뀔 수 없는 것이라면, 불평등과 싸우고 있는 사람들은 이미 패배한 채 싸우는 것이다.

"헛고생 하지 마라, 어찌되었든 결국 너는 네가 보고 있는 광고처럼 변할 것이다."

TV 방송의 강력한 힘 앞에 무방비 상태로 앉아 있는 것이 아마도 최근 문화적 양상에서 나타나는 가장 심각한 심리적 문제일지도 모른다. 숙명론에 더 깊이 빠지게 될 테니 말이다. 그러나 그러한 문화적 현상의 심각한 결점인 숙명론은 결코 정당화될 수 없는 조작물이다. 안타깝게도 숙명론은 성공을 거두고 있고, 지식인들 자신도 거기에 설득당하고 있다. 실제로 그 한심한 사람들은 영원히 그럴 것이다. 봉급으로 할 수 있는 것이 딱 거기까지니까. 당연히 경제적 요소는 그 무엇보다도 중요하다. 그러나 경제적 문제 때문에 꼼짝 못하는 것이 '신성한 법'도 아니고, 그 때문에 문화적 자극과 사상의 가치가 파괴되는 것도 아니다. 이 모든 것에도 불구하고 인간은 문화적으로 발달할 수 있다. 인간이라는 용어를 이렇게 사용할 때는 언제나 그 말을 하는 사람은 빠지게 되지만.

8.

우파

우파의 기준으로 21세기의 멕시코는 인정할 수 없는 사회인 동시에 그 기준을 충실히 따르는 계승자이기도 하다. 다양성이 점점 부각되며, 페미니즘의 주장이 사회를 관통하고, 전자매체 밖에서 표현의 자유는 실제로 보장되고 있으며, 인권에 대한 의식이 자리 잡혀 있으며, '이탈행동'으로 여겨지던 것들 대부분이 '소수자의 존재 방식'으로 바뀌었고, 몇몇 지역에서 정치적 우파는 '공중도덕과 공공질서의 해이'라는 용어를 적용할 수 없다는 점을 이제 받아들이고 있다. 법적 테두리 밖에서 누가 도덕을 정의하며, 공공질서란 오늘날 무엇이란 말인가?

동시에 가톨릭 성직자와 우파는 모든 다양성을 맹목적으로 반대하며 신체에 대한 자유를 허락하지 않으려고 고집을 부린다. 신체에 대한 자유에는 이른바 '야한' 옷차림도 포함되어 있다. 그들은 잔뜩 흥분해서 낙태 합법화에 반대하고, '종파들'을 거부하는 안티 운동에 힘쓰며, 규범에서 벗어난 사람을 허용하지 않는 방식으로 사회를 재차 정의한다. 에이즈의 확산은 최선의 사회적 태도와 최악의 태도를 함께 보여주는 데, 콘돔 사용을 용납하지 않는 사제와 반종교개혁이 남긴 흔적 한켠에서는 그와 함께 에이즈 예방과 환자 지원에 애쓰고 있는 이타적인 젊은이들의 모습도 부각되고 있다. 그런 젊은이들 다수가 에이즈 환자거나 양성반응자이다.

이런 과정에서 여성의 권리는 균형을 맞추어 발전하지 못한다. '관습과 관례(usos y costumbres)'를 맹목적으로 따라야 하는 원주민 여성의 상황과 일할 권리, 성평등에 대한 권리, 남성중심주의를 소리 높여 비판할 권리를 정확히 알고 있는 여대생의 상황은 다르다. 젊은 사포테카(zapoteca) 원주민 여성들은 일상복으로 전통의상을 입지 않겠다는 입장을 밝히며, 남자들이 그걸 바란다면 먼저 모범을 보이라고 꾸짖는다. 그래서 그들이 차별에 저항한다는 것은 성폭력범을 잡아서 관계기관에 넘기려고 모인 도시의 젊은 여성들의 저항과는 다르다. 문화적 지형에서 차별의 개념은 매일 바뀐다.

19세기의 자유주의 개혁과 멕시코 혁명으로 제정된 법안들은 종교로부터 벗어나 세속적 발전을 이루게 했지만, 다른 사람들의 권리를 무조건 인정한다는 의미로서 관용을 뿌리내리게 하는 데 결정적인 영향을 미친 것은 매우 앞서 발전한 국가들이 보여준 일련의 사례들이다. 소설, 시, 영화, 연극, 최근에는 TV 시리즈가 다양한 사회적 기준을 제시하며, 다양성은 부정할 수 없는 것임을 분명히 보여준다. 여기서 결론내릴 수 있듯이 단일성은 지상과 천상의 권력이 보호해주는 것이라고밖에 할 수 없다.

싱글맘을 못마땅해 하는 칼데론

펠리페 칼데론 대통령이 종교와 분리된 세속 국가에 뜻이 없다면, 제6회 국제가족대회(Encuentro Internacional de las Familias) 개회식에서 그런 점을 매우 잘 나타내는 담화를 발표한 셈이다. 그가 종교 부문에 대해 이해하고 있는 것과도 다소 모순적이기는 하지만 말이다. 어떻게 보면, 그는 정치와 종교가 구분된다는 점, 공화국 대통령의 메시지와 마케팅 책임자의 발언이 다르다는 점, 공적 영역과 사적 영역 사이의 간극에 대해 일부 법학자나 헌법학자들이 추구하는 사고방식이 다르다는 점을 망각했다. 칼데론이 가톨릭 신자라고 탓하는 사람은 아무도 없다. 그가 대통령이라는 직위를 이용해 자기 신앙의 매우 전통주의적 방식을 도입했기 때문에 비판의 대상이 되는 것이다. 아돌포 루이스 코르티네스(Adolfo Ruiz Cortines) 전 대통령은 "부적절한 언사였습니다만(Perdón investidura)"이라고 단서를 붙이기라도 했지만, 칼데론은 그런 제스처도 취하지 않는다. 칼데론은 몸소 그 자리에 와서 발언하며, 다음과 같이 여러 사람들이 국제가족대회에서 찾아낸 의미를 뒷받침해주었다. 여기서 뒷받침하다라는 동사는 불필요할지도 모르지만 사용하지 않을 수가 없다.

① "국가는 종교적 신념을 상회하는 변화의 이데올로기를 제안하며 절대적 교육자로 탈바꿈했습니다. …… 우리는 엉망진창이 된 사회에서 살아가고 있습니다. 이는 세속 국가를 잘못 이해하여 공교육에서 가치를 사라지게 만들어서 생긴 정신적 공백과 가치의 부재가 낳은 결과입니다." 세속 교육에 반대하는 멕시코 중앙교구 출판사 '신앙으로부터'에서 펴낸 『가정교육』.[10)]

② "방치된 자녀와 가족 해체, 그리고 그로부터 야기된 결과들. 가족적 가치에 대한 다각적 공격 때문입니다. 이제 그 결과가 어떻게 돌아오

---

10) Versión impresa, 11/1/2009.

고 있는지 확인할 수 있어서 다행입니다. 우리는 모든 입법자들이 마음을 하나로 모으기를 바랍니다. 그들도 가정이 있으며, 가정을 위해 싸우고 있을 테니 말입니다. …… 우리 가톨릭이 아버지, 어머니, 자녀라는 가족의 이상형을 추구하기에 이런 가톨릭의 입장을 받아들이지 못하는 것이 분명합니다." 멕시코시티 보좌주교 호나스 게레로 코로나(Jonás Guerrero Corona)는 자신이 주관한 제6회 세계가족대회에 대해 이렇게 말했다.[11]

③ "인간 본성과 자연법에서 출발한 것만이 가족이다. 가족이라 이름붙인 다른 형태들은 순전히 우리 시대의 인위적인 창조물일 뿐이다." 바티칸 시국의 장관 타르치시오 베르토네(Tarcisio Bertone)는 제6회 세계가족대회에서 베네딕트 16세의 메시지를 그렇게 전했다.[12]

■ ■ ■

그 대회의 분위기는 바티칸이 바라는 바와 메시지가 무엇인지 정확히 이해할 수 있는 것이었다. 다시 말하지만 이해할 수 없는 것은 펠리페 칼데론이 그 대회의 정신에 동조했을 뿐만 아니라 거기에 자기 판단을 덧붙인 행동이다. 그에게 동조하든 아니든 대통령직 수행과는 아무런 관련이 없는데도 말이다. 핵심을 찌르는 발언을 하나 살펴보자.

> 이런 현상은 우려스럽지만, 실제로 벌어지고 있는 일입니다. 가치관의 관점에서 이를 직시하는 것이 중요합니다. …… 우리는 수백만 명의 아이들이 아버지 없이 태어나거나 홀어머니 가정에서 자란다는 사실을 알아야

---

11) Nota de Alma Paola Wong en *Reforma*, 13/1/2009.

12) Nota de José Antonio Román en *La Jornada*, 17/1/2009.

합니다. 멕시코에서 어머니, 즉 여성 홀로 꾸려가는 가정이 500만 가구 이상입니다. 또한 민법을 통한 이혼으로 점점 더 많은 가정이 해체와 재결합 과정 속에 놓여 있으며, 새로운 형태의 가정을 만들어가는 경우도 목격하고 있습니다.

나는 차마 위의 내용을 '대통령 담화'라고 부를 수가 없다. 말하자면 설교인데, 이 설교에서 칼데론은 이혼과 홀어머니가 나쁜 짓을 부채질하고, 대체로 해악을 저지른다고 비난한다. 보아하니, 법률적 이혼과 아버지 성을 가지지 않은 아이들은 판도라의 상자의 깊은 곳에 있었던 셈이다. 정말 이단처럼 이교도적 은유를 사용해서 표현한다면 말이다. 펠리페 대통령은 말을 이어 나간다. 이제 그는 신이 맺어준 가족을 지켜야 한다는 강박에서 가정을 꾸리지 않는 사람들을 벌해야 한다는 데 주저함이 없다. 가정에서는 아버지, 어머니, 자녀 그리고 국가의 뒷받침으로서만 마련되는 올바름의 규범들을 침실에서는 아니더라도 적어도 거실과 식탁에서는 가르치게 될 터이니 말이다.

여러분, 불행히도 폭력, 두려움, 범죄, 증오로 뭉친 사람이 많아진다는 것은 대체로 가정 환경에 영향을 미치는 가정 해체와 불화와 상관있다는 점을 지적할 필요가 있습니다. 멕시코에서 범죄조직 간 마찰로 사망하여, 사회와 대중매체의 주목을 받는 희생자의 대부분이 젊은이들입니다. 가정에서 완전히 이탈한 젊은이들입니다. 가족이라는 가치를 모르고 자랐을 뿐만 아니라 가족이라는 울타리 없이 자란 청소년과 젊은이들인 것입니다.

이러한 발언은 현실과 다르다. 무엇보다도 이 사안에 대한 통계 자료가 존재하지 않는다. 많은 사안에서 죽은 사람은 말이 없는 법이지만,

칼데론의 견해와 상반된 것일 가능성이 높다. 마약범죄조직의 두목들은 사회의 기초 세포인 가족에 열렬히 집착한다. 아레야노 펠릭스(Arellano Félix), 벨트란 레이바(Beltrán Leyva), 카로 킨테로(Caro Quintero) 등의 마약 카르텔은 '가족(familia)'이라는 이름을 사용한다. 그들은 단순히 미디어에 오르내리는 이름이 아니라 범죄의 피해 지역마다 그 곳을 장악하고 있는 범죄조직이 가족 단위라는 점을 보여준다. 미리 이렇게 알리지는 않지만 말이다. "너희들에게 알릴 것이 있어서 모이라고 했다. 정말 마음이 아프지만, 우리 한명 한명이 불화로 산산 조각난 가정에서 자란 사람들처럼 처신하게 될 게다. 그래, 우리는 그렇지 않다는 걸 나도 안단다. 하지만 우리 '가족'의 지위를 지키기 위해 그렇게 할 게야. 그리고 공동재산을 지키는 길이기도 하니까."

마약범죄조직의 귀한 동업자들, 돈세탁자들에 대해 다시 말할 필요는 없다. 그들 모두 자기를 환영해주는 가족들이 있으며, 신앙을 고수하는 집단에 속한 독실한 신자들이기 때문이다.

후원자 역할의 국가가 고아원을 확장시켰다.
칼데론 대통령의 배제 계획에 분명하게 나타난다.

우리는 유대감이 강한 가정을 꾸리거나 그러한 가정에서 태어난 운 좋은 사람들로서 연대의 책임이 있으며, 우리에게 힘을 주고, 우리가 지금의 우리가 될 수 있게 해준 가치를 다른 사람들에게도 전파할 의무가 있고, 가족의 삶이라는 행운을 누리지 못한 사람들을 위해 지역사회, 사회단체, 중간 공동체, 공공기관과 당연히 정부로부터의 보조금으로 보상할 방법을 모색해야 합니다.

신의 뜻에 따라 단단한 가족으로 살아가고, 특히 신의 뜻에 따라 그러한 가족에서 태어난 덕분에 누리는 안전함을 바탕으로 우리에게 힘을 주고, 우리가 지금의 우리가 될 수 있게 해주는 가치를 널리 퍼트려야 한다는 말씀이다. "그래서 인간답게 살아가는 데 반드시 필요한 가족을 꾸리는 데 사회의 보조가 필요한 사람들을 위해 우리는 연대를 더 공고히 하고, 더 많은 보조금을 확보하기 위해 애써야 한다 ……."

제 버릇 개 못 준다더니, 칼데론은 단 하나의 가족 형태, 단 하나의 교육방식 그리고 일련의 가치들만 인정한다. 그런데 그 가치들에 대해서는 한 번도 제대로 설명하지 않는다. 왜냐하면 그건 인간의 유전자에 녹아 있는 것이거나, 인간이라면 뼈 속 깊이 새겨진 것이기 때문이다. 그렇다면 이 논리는 어디로 흘러가는가? 결국 공립학교에서 종교교육을 장려하자는 결론에 이른다. "여기서는 하나의 가족 형태만 허락되며, 감히 말하건대 그것이 바로 사회여야 한다. 그러기 위해서 국가는 사회의 기초단위로서 가족을 인정하고 보호할 의무가 있다."

국가는 당신의 삶 곳곳에 있다. 국가는 당신의 옷장에도 있고, 당신의 자아형성 속에도 있으며 운이 좋으면 가정을 꾸릴 때에도 있다. 국가는 젖병을 물려주고, 자장가를 불러주고, 수호천사가 되어준다. 국가기관들이여, 할 줄도 모르고 할 수도 없겠지만 그래도 요람이 되어 밤낮을 가리지 말고 우리를 보살펴주세요. 국가는 치안을 확보하지도 못하고, 국가경제를 지키지도 못하고, 과두지배층에게 무조건적으로 봉사할 뿐이지만, 적어도 고상한 노력을 할 때는 자기가 보살피는 가족의 존재를 인정한다.

■ ■ ■

칼데론은 이어서 말한다.

여기서 사회적 망을 쇄신하고, 최대한 어릴 때부터 올바른 가치관을 심어 주며, 가족 기능을 강화시키고, 가족 구성원들과 각 가족 간의 유대감을 돈독히 하는 것이 중요합니다. 그래서 저는 더 안전한 멕시코를 만들고 약물중독을 퇴치하기 위해서는 그 어느 때보다 바로 지금 우리 가족을 바로 세워야 한다는 점에 깊이 공감합니다.

칼데론 대통령이 말하고 싶었던 바를 내가 잘 포착했는지 모르겠다. 아마 나는 절대 모를 것 같다. 그러나 눈치와 짐작으로 생각해보건데, 그에게 가족 해체란 결혼증명서가 없다는 사실(싱글맘)과 교회와 시청에서 한 맹세를 까맣게 잊은(이혼) 탓이다.

■ ■ ■

'가정경제지원을 위한 국가협약(Acuerdo Nacional en Favor de la Economía Familiar)'으로 수백만 가정이 혜택을 입을 수 있다는 헛된 꿈에 대해 이야기하지는 않겠다. 실재하지도 않고, 최대한 좋게 생각해서, 성사되었다는 사실만으로 겨우 그 의미를 찾을 수 있는 것에 대해 이렇다 저렇다 말할 적당한 때가 아니다. 이 협약에는 협약을 주창한 대통령을 제외하면 아무도 서명하지 않았고, 미온적 태도로 비난받아 마땅한 국민행동당과 대통령을 제외하고 전문가들은 협약에서 약속하는 가정경제를 위한 일시적 보조금의 효과에 대해 의문을 표했다. 다음과 같은 은유 없이는 표현하지 못하는 달콤한 약속에 묻혀 있을 뿐이다. "그래서 2년 전에 제가 바로 그렇게 약속했습니다. 흔히 아기는 자기 먹을 복은 가지고 태어난다고 하는데, 자기 먹을 복을 가지고 온다면 의료보험도 함께 가지고 태어나는 것은 왜 안 되느냐고 말했죠."

우파인 국민행동당은 과나후아토, 바하칼리포르니아, 케레타로 주에서 임신중절수술을 할 수 있는 모든 가능성을 완전히 없앴고, 이제 할리스코 주에서도 그렇게 하려고 한다. 동성 간의 동거와 동반자관계를 인정하는 것에 반대하는 시위를 하고, 베를루스코니(Berlusconi)식으로[13] 모든 종류의 안락사 시술을 거부하며, <아마로 신부의 범죄(El crimen del padre Amaro)>[14] 같은 영화 상영을 금지하려고 하며, 국민행동당에 투표하도록 독려하는 설교를 한다. 그 이외에도 할 이야기는 많다. 그들은 세속 국가를 증오하며, 세속화와 싸우며 바티칸의 지시를 정확히 따라가고 있다.

---

13) 실비오 베를루스코니(Silvio Berlusconi)는 2009년 당시 이탈리아 총리로 안락사를 막기 위해 총리 칙령까지 발표했다. －옮긴이

14) 1875년 발표된 포르투갈 작가 에사 드 케이로스(Eça de Queirós, 1845~1900)의 소설을 원작으로 2002년 멕시코에서 개봉한 영화로, 신부를 주인공으로 가톨릭에서 금기시하는 여러 행위를 다루고 있기 때문에 가톨릭계의 강한 반발을 불러왔다. －옮긴이

제2장

멕시코의 에너지 신화

마카리오 스케티노 _오인혜 옮김

열띤 토론을 거친 끝에 2008년 마침내 멕시코 의회는 석유 부문의 개혁을 승인했다. 석유는 지난 30년간 멕시코 경제를 지탱해왔으며, 오늘날 무역 불균형 감소에 기여할 뿐 아니라, 공공 재정의 30~40%를 차지하고 있기에 석유 부문의 개혁이란 매우 중대한 문제라 할 수 있다. 또한 석유는 국가재정 수입의 원천이라는 사실보다 훨씬 더 많은 의미가 있다. 석유는 멕시코 혁명의 위대한 신화이자 상상의 공동체를 떠받치고 있는 버팀목 가운데 하나다. 따라서 석유 생산량의 감소와 멕시코석유공사의 너무나 확연한 비효율성은 기술적인 문제가 아닌 정치, 경제, 사상을 연결시키는 매우 복합적이고 민감한 사안이라 할 수 있겠다.

마카리오 스케티노 Macario Schettino 경제학자이자 역사학자. 현재 몬테레이 공과대학(Instituto Tecnológico de Monterrey) 인문사회대학부의 교수로 재직 중이다. 멕시코 연방 정부 정책입안 책임자, 일간지 ≪엘우니베르살(El Universal)≫ 경제부 부장과 몬테레이 공과대학 연구 책임자를 역임했다.

* 이 글은 ≪Nueva Sociedad≫ 220호(2009년 3~4월)에 실린 글을 옮긴 것이다.

1. 서론

2008년 멕시코 정부는 에너지에 관한 법률 개혁, 특히 석유에 관한 법률 개혁을 시도했다. 가장 힘을 쏟은 것은 에너지 관련 여러 요구사항에 대처하는 방식을 바꾸는 것이었다. 긍정적인 시각으로 바라본다면 에너지 주제에 관한 토론은 토론이 이루어졌다는 그 자체만으로도 큰 진전이라 할 수 있다. 그러나 긍정적인 시선을 배제하고 본다면, 이 토론의 결과는 실패작이라 할 수 있다. 멕시코석유공사(Petróleos Mexicanos: PEMEX)에 관한 법률을 부분적으로 개선하는 데 이르기는 했으나 에너지 분야나 멕시코 경제에 큰 실효성은 없는 것으로 보이기 때문이다.

멕시코의 에너지라는 주제를 이해하기 위해서는 수박 겉 핥기식이라도 멕시코의 역사에 대해 알아볼 필요가 있다. 석유는 무역 불균형 완화에 한몫하고, 공공 재정의 30~40%를 담당하며 지난 30년간 멕시코 경제를 지탱해왔다. 멕시코에서 석유란 거대한 신화 혹은, 굳이 말한다면 상상의 공동체 탄생 신화의 핵심이라 할 수 있겠다.

사실 개혁에서 무엇이 논의되었고 승인된 개혁 내용이 무엇인지에 관한 상세한 내용은 그다지 중요하지 않다. 확실한 것은 PEMEX는 멕시코 혁명을 구체화하고, 혁명적 민족주의를 명확하게 보여주었으며, 동시에 20세기 멕시코가 경험한 권위주의 정당에 권위를 부여하는 문화를 형성했다는 것이다. 석유는 멕시코의 정치적 전환이 어떻게 평화적으로 이루어질 수 있었는지, 하지만 미완성으로 끝났는지 설명해준다. 여기에는 사상, 역사, 경제, 정치가 두루 얽혀 있다. 그러나 기술적인 문제는 법률적으로나 석유개발의 측면에서나 중요하지 않다.

따라서 다소 의아하게 생각될 수도 있겠지만, 멕시코 혁명체제가 어떻게 만들어졌는지에 대해 잠시 살펴볼 필요가 있겠다. 멕시코에서 석유라는 주제는 단순히 기술적이거나 경제적인 것으로 치부할 수 없으며, 또한 정치적 범위만으로도 한정할 수 없는, 국가 정체성을 지탱해온 위대한 신화를 만들어내는 주제이다. 과거의 신화임에도 여전히 석유에 대한 합리적인 논쟁을 방해할 정도로 이 신화는 너무나 강력한 효과를 발휘한다.

2. 20세기의 멕시코

멕시코의 20세기는 혁명의 시대였다. 혁명은 조합주의라는 매우 특별한 정치 체제를 태동시켰는데, 이는 아마도 조합주의 체제로서는 전 세계에서 유일하게 성공한 사례일 것이다. 이 체제가 성공할 수 있었던 이유는 정당성의 원천을 만들어내는 능력에 있었다. 그 덕분에 멕시코는 반세기 이상 큰 어려움 없이 통치될 수 있었다. 그 정당성의 원천은 다름 아닌 바로 멕시코 혁명이다. 멕시코 혁명은 폭력에 의미를 부여하는 문화를 만들기도 하지만, 또한 국가 역사에 의미를 부여하는 문화를 형성한다.[1)]

탄생 신화가 만들어지는 과정은 알바로 오브레곤(Álvaro Obregón)과 플루타르코 엘리아스 카예스(Plutarco Elías Calles)로부터 시작된다. 이들은 내전의 첫 승리자로, 소노라 주 출신이라 보통 소노렌세스(sonorenses)[2)]

---

1) 더 자세히 살펴보려면 다음을 참고할 것. M. Schettino, *Cien años de confusión, México en el siglo XX*(México: Taurus, 2007).

2) 1920년 알바로 오브레곤이 집권한 후 1934년까지 멕시코의 거의 모든 대통령들은 소노라 지역 출신이었는데, 이를 빗대어 소노라 사람들이라는 뜻의 소노렌세스라

라 불렀다. 알바로 오브레곤은 1920년부터 1924년까지 대통령으로 재임했으며, 1928년 재선에 성공한 지 며칠 만에 암살당했다. 플루타르코 엘리아스 카예스는 1924년부터 1928년까지 대통령의 자리에 있었고, 오브레곤의 암살 이후 1935년 라사로 카르데나스(Lázaro Cárdenas)에 의해 축출될 때까지 나라를 정치적으로 장악한 실력자였다. 1884년부터 1911년까지 장기 집권했던 독재자 포르피리오 디아스(Porfirio Díaz)를 몰락시키기 위해 민중이 일어났다는 것이 혁명 신화가 전해주는 이야기임에도, 포르피리오 디아스가 통치했던 멕시코와 비교했을 때 그 15년의 기간 동안 실질적 변화는 거의 나타나지는 않았다.

오브레곤과 카예스는 1858년부터 1872년까지 여러 차례 대통령으로 재임했던 베니토 후아레스(Benito Juárez)와 그 후 집권한 포르피리오 디아스의 통치방식을 파격적으로 바꾸지는 못했다. 1인 실력자 중심의 정치체제가 지속되면서, 후아레스가 시작한 경제정책의 방향이 포르피리오 디아스에게 그대로 전해져 확대 발전되었다. 변화라고는 거의 이루어지지 않았고, 이루어졌다 해도 일시적인 것으로 그치는 "권위적 자유주의"가 지속된 것이다. 게다가 1917년 공포된 헌법상의 커다란 변화들은 이 정부들에서는 거의 시행되지 않았다. 노동 분야를 예로 들면, 1931년 '연방노동법(Ley Federal del Trabajo)'이 발표되었을 때보다 포르피리오 디아스 통치 시기에 이루어진 산업화 과정에서 더 두드러진 진전이 나타났다. 신화에 따르면 아시엔다(hacienda) 제도는 포르피리오 디아스 시대의 상징이지만 실제로는 1936년까지 변함없이 기능을 유지했다. 소노렌세들의 집권 기간 동안, 420만 헥타르의 토지만이 재분배되었는데, 이는 전체 국토의 2%에 불과한 크기이다.

고 불렀다. —옮긴이

실직적인 변화는 카르데나스 시기에 이루어졌다. 카르데나스는 카예스를 넘어설 수 있는 인물이었을 뿐만 아니라, 다른 정치체제를 구축할 수 있는 능력 또한 갖추고 있었다. 이렇듯 카르데나스는 권력을 제한할 수 있는 일련의 새로운 규칙을 마련하는 한편, 정치 활동의 방향을 제시하는 새로운 가치를 전반적으로 정립했다.[3)]

정치·사회 영역에서 카르데나스는 노동조합의 초안을 만들고, 이를 통해 국가의 노동 부문을 구축했다. 그 전에도 없었고, 그 후에도 없을 시위의 결과였다. 1935년 전체 노동자의 절반이 시위에 참여했다. 카르데나스는 그 시위를 이용해 카예스 세력을 몰아내는 한편, 노동운동을 국가에 종속시켰다. 시위의 성격을 군중 행동에서 농지 개혁으로 단숨에 변화시켰다. 이 농지 개혁으로 당시 생산 단위인 아시엔다 제도를 없애고, 대지주제를 해체하며, 농민 세력을 구축했다. 말하자면, 농지 개혁 운동을 제도화시켰는데, 이것은 내전시대가 아닌 1920년대의 현상인 것이다.

정치 행정 영역에서 카르데나스는 종신직 장관제를 폐지하고 장관의 임기를 대통령 임기와 동일한 6년으로 정함으로써 대법원(Suprema Corte de Justicia)을 휘하에 둘 수 있었다. 그렇게 카예스의 추종 세력을 약화시키며 주지사들도 자신의 세력 하에 두었으며, 1938년부터는 멕시코 은행(Banco de México) 운영까지 개입했다. 의회는 카예스 시대에 이미 대통령 휘하에 종속되었기 때문에 별다른 조치가 필요하지 않았다.

경제 영역에서는 카예스에 의해 시작된 사회주의적 성향이 완전한 조합주의적 틀로 바뀌었다. 이 틀 안에서 대통령은 노사 분규에 심판자

---

3) 민족주의의 신화에 관해서는 다음을 참고할 것. M. Schettino, "El peso del mito," en *Nexos*(en prensa).

역할을 맡는다. 조합주의 피라미드는 정점에 대통령 본인이, 가장 아래 부분에는 노동자와 소규모 생산자들이, 그 위에는 노동조합 지도부 및 관료화된 사업가들이 위치한다.

멕시코혁명당(Partido de la Revolución Mexicana: PRM)은 토지구조와 부문으로 나누어진 사회구조라는 이중구조에 기대어 이러한 변화들을 공고히했다. 전국 어디에서나 대통령은 조합주의의 양날로 체제의 디딤돌을 놓을 수 있는 것은 물론이고, 양쪽 날 중 하나로 원하는 바를 이룰 수 있게 되었다.

3. 위대한 신화: 혁명적 민족주의

혁명 신화의 구축은 소노렌세들과 함께 시작되었다고 할 수 있다. 오브레곤과 카예스가 직면했던 문제는 정당성의 확보였는데, 이 문제는 카르데나스가 등장하고서야 비로소 해결되었다. 포르피리오 디아스가 노쇠했다는 것이 정권교체의 유일한 이유라고 한다면, 10년간의 전쟁이 가져온 파괴가 무슨 의미가 있었을까? 평화로운 30년을 보낸 후, 혁명이 가져온 30년의 무질서는 일종의 트라우마가 되어버렸다. 포르피리오 디아스를 자리에서 끌어내리려다 보니 그런 무질서는 어쩔 수 없었다는 설명으로는 충분하지 않았다. 역사적 과정에 신화적 요소가 필요한 것은 단지 폭력을 합리화하는 것이 아니라 새로운 체제에 정당성을 부여하기 위한 것이다. 이 새로운 신화가 "혁명적 민족주의"가 되어 자유주의 원리를 부여잡고 그것을 민중으로 치장했다. 자유주의를 주창하는 것은 꽤 괜찮은 핑계거리가 되어주었는데, 포르피리오 디아스는 국민을 비참함 속에 버려두고, 국가 자산을 외국인에게 팔아넘김으로서 자유주의를 배신했다고 여겨졌기 때문이다. 결국, 포르피리오 디아스는 권좌에서 끌려 내려온 것은 물론이고, 끔직한 폭군으로 비난받으며 역사에서 퇴장해야 했다. 새로운 혁명 정부들은 포르피리오 디아스 정권에 대한 이런 식의 평가를 통해 어느 정도의 정당성을 확보해갈 수 있었다.

새로운 형태의 민족주의의 건설은 1920년에서 1938년 사이에 이루어졌다. 보통 그렇듯이, 의식적으로 민족주의를 형성해간 것은 아니지만, 활용한 것은 사실이다. 당시 예술가들이 헌신적으로 기여한 것이 그 예가 될 수 있겠다. 예술가들 가운데 사회주의 성향을 보였던 다수가 새로운 권력에 쉽게 협력했다. 19세기의 마지막 15년에 태어나서 자유주의 교육을 받은 예술가들에게 멕시코스러움(mexicanidad)이란 침략받고 왜곡된 식민 시대를 보냈음에도 분명히 긍정적이라 할 수 있는 원주민의 과거를 통해서만 이해될 수 있는 것이었다. 따라서 19세기는 교회로 대변되는 식민 시대가 물려준 지배체제를 무너뜨리기 위한 대중투쟁의 시기로 해석하는 것이 마땅할 것이다. 식민 지배에 맞서는 원주민이라는 이미지의 베니토 후아레스는 여기서 문제가 되지 않았으나, 외국인 투자를 주도하는 메스티소로서 포르피리오 디아스는 후아레스와는 달랐다.

멕시코처럼 문맹률이 높은 국가에서 벽화운동은, 일부 기념비적인 건축물들과 함께 혁명적 민족주의 건설에 유용한 방법이었다. 멕시코 교육부 장관으로 임명되었던 호세 바스콘셀로스(José Vasconcelos)는 교육부 설립 초기인 1921년부터 벽화 운동을 장려했다(Tobler, 1994: 423). 1922년 다비드 알파로 시케이로스(David Alfaro Siqueiros), 호세 클레멘테 오로스코(José Clemente Orozco), 디에고 리베라(Diego Rivera)는 국립 예비학교(Escuela Nacional Preparatoria) 벽에 혁명적 민족주의 신화를 그리기 시작했다(Benjamin, 2000: 74~77). 리베라의 벽화들은 정부의 혁명선전에 매우 유용했으나, 리베라는 정부에 매수되었다는 티나 모도티(Tina Modotti)와 같은 공산주의 동료들의 비판을 감수해야만 했다(O’Malley, 1986: 122; Florescano, 2002).[4)]

혁명에서 비롯된 민족주의에 대한 성찰은 자연히 더 느리게 진행되었다. 아마도 혁명을 시각화하는 작업이 끝나가고 있을 때 나타난 「멕시코인과 문화의 변모(El perfil del hombre y la cultura en México)」가 첫 번째 시도였을 것이다. 작가 사무엘 라모스(Samuel Ramos)는 이렇게 말했다.

> 민족주의 경향에서 외국적인 것에 대해 갖는 반감에 서려 있는 모든 것을 벗겨내면 …… 멕시코를 위한 의심할 수 없는 가치의 도덕적 내용이 남는다. 이것이 긴 시간 우리의 운명에 대해 귀머거리로 지낸 뒤에 마침내 처음으로 듣고자 했던 우리 내면의 진실한 목소리이다(Ramos, 1938: 147).

몇 년 뒤 옥타비오 파스(Octavio Paz)도 이와 유사한 말을 하게 된다. “멕시코 혁명은 우리들을 우리 자신에게서 나와 역사 앞에 마주하게 했다. 우리는 우리의 미래와 제도를 만들어내야 했다.” 또한 이렇게 말했다. “우리의 모순을 해결하지 못한 혁명은 죽은 것과 다름없다”(Octavio Paz, 1994: 162). 그러나 초기 멕시코 혁명에 대해 그가 언급한 것을 살펴보면 시간에 따른 의식의 변화가 있었음을 알 수 있다. 1970년대 말에는 “멕시코 정치는 헌법과 공식적 수사에도 불구하고, 17세기의 세습제를 유지해오고 있다”(Octavio Paz, 1990: 323)고 말했으며, 1980년대

---

4) 문맹률이 높은 국가에서 벽화의 중요성에 관한 글 가운데 벽화 예술의 목적론적 비전에 대해 강조한 글로는 다음을 참고할 것. Carlos Monsivais, “El muralismo: la reinvención de México” en Ilán Semo(coord.), *La memoria dividida. La nación: íconos, metáforas, rituales*(México: Fractal/Conaculta, 2006), pp.179~198.

중반에는 "사실상 카르데나스의 멕시코혁명당은 개인이 아닌 노동조합과 기타 사회집단으로 구성된 정당이었다. 그것은 조합주의 정당이었고 현재까지도 그러하다"(Octavio Paz, 1994: 282n.)라고 언급했다. 1990년대 초반에는 같은 이유로 심지어 경제에 대해서도 거론했다. "그 정책에서 국가 개입주의의 영향과 더불어 유럽 절대주의를 계승한 세습제의 흔적을 본다는 것은 대가를 치러야 하는 일이다"(Octavio Paz, 1994: 291n.)라고 언급했다.

혁명적-민족적 신화 구축의 기간은 명확하다. 베누스티아노 카란사(Venustiano Carranza)의 죽음(혹은 오브레곤의 집권, 혹은 호세 바스콘셀로스의 멕시코 교육부 장관 임명)으로 시작되었고 1938년 석유의 국유화 및 멕시코혁명당의 설립으로 끝이 났다. 달리 말하면, 남은 20세기 멕시코를 통치하게 될 체제를 성립하면서 끝이 났다고 할 수 있겠다.

4. 석유와 신화

앞서 언급했다시피, 라사로 카르데나스는 멕시코 체제의 위대한 건설자이다. 국가 차원에서 노동자와 농민을 조직하는 데 성공한 인물이며, 다른 정부기관과 권력을 굴복시킨 인물로 석유 산업을 국유화하는 데 성공함으로써 최고의 업적을 낳았다. 이 국유화는 미국에 맞선 멕시코의 위대한 승리이자 멕시코 역사의 핵심이 되었다. 이러한 맥락에서, 국영화란 단순히 기술적 문제나 경제적인 문제로 치부할 수 없는 가장 중요한 정치적인 결정이었다. 또한 이것은 멕시코에서만 중요성을 가지는 것이 아니었다. 카르데나스가 지나간 길 – 지하자원은 국가소유이다 – 을 그 후 많은 나라들이 따르게 되었기 때문이다.

이러한 특징 때문에 멕시코 석유 산업은 일반적인 논쟁의 범위를 넘어서는 주제로 변화해왔다. 혁명 체제를 공고화하고, 실제로 체제 형성을 마무리하는 기능을 하게 되면서 석유 산업의 국유화는 일반적인 경제정책(혹은 공공정책)의 범위를 넘어서게 되었다. 이는 모든 의미에서 역사적인 사건이었다.

석유 산업의 국유화는 오랜 기간 잊고 지내던 산유국으로서의 멕시코를 상기시켜주었다는 점에서 중요성을 지닌다. 과거에는 산유국이었으나 1970년대 말에 이르러서야 산유국으로서 특권적 지위를 되찾게 된다. 1938년 국영화가 이루어졌을 당시, 석유 생산량은 국내 소비량에도 미치지 못했으며 이는 그 후 35년 동안 크게 다르지 않았다.

<그림 2-1>에는 20세기 첫 3/4분기 석유 생산 추이가 나타난다. 1911년부터 1921년까지 석유 산업은 첫 절정기를 이루는데, 이는 베라크루스, 산루이스포토시 및 타마울리파스 주에 걸친 우아스테카(Huasteca) 지역의 발견과 개발 덕분이었다. 그러나 이 지역의 석유 생산이 감소하기 시작했을 때, 석유 사업자들은 감소량을 회복시키기 위한 투자를 충분히 하지 않았다. 또한 같은 해인 1921년 베네수엘라의 마라카이보(Maracaibo) 만에서 석유가 발견되었는데 이는 멕시코의 석유보다 양질인데다가 더 용이한 채굴 조건을 가지고 있었다. 게다가 1917년 개정 헌법에 따라, 지하자원은 국가에 귀속된 자원이기 때문에 이전에 석유 사업자들에게 부여되었던 채굴권마저 무효화되었다.

멕시코가 지하자원의 주인은 국가라고 선언한 사실은 석유 사업자들에게 유쾌한 일이 아니었다. 그들은 이전에 확보한 채굴권을 유지하기 위해 헌법 27조를 소급 적용하지 말 것을 요구했다. 두 가지 일시적인 조정이 이루어졌다. 하나는 부카렐리 조약(Tratados de Bucareli)[5]이고 다른 하나는 미국 대사 드와이트 모로(Dwight Morrow)와 플루타르코 엘리

〈그림 2-1〉 1900~1974년 멕시코 석유 생산량

(단위: 1000배럴/일)

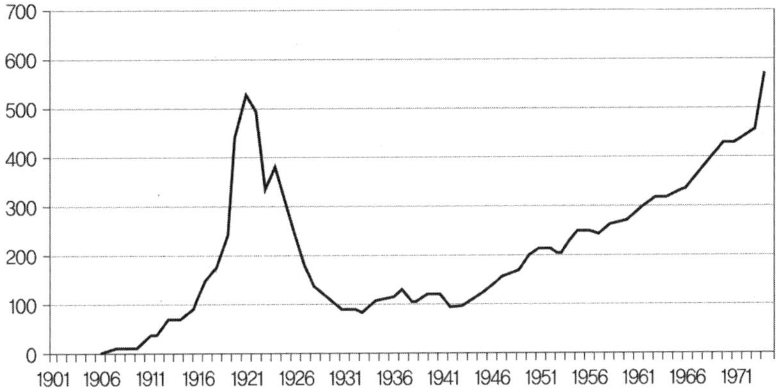

자료: 다음을 바탕으로 저자가 계산함. 멕시코 통계청(Instituto Nacional de Estadística, Geografía e Informática: Inegi), 역사통계(Estadísticas históricas), 표 11.1.

아스 카예스 간에 이루어진 합의였다(Meyer, 1972: 189~218). 그러나 이러한 협상에도 불구하고, 카르데나스가 집권했을 때, 석유사업자들과 멕시코 정부의 관계는 또 다시 어려움을 겪어야 했다.

1936년 7월 20일 멕시코석유노동자조합(Sindicato de Trabajadores Petroleros de la República Mexicana: STPRM)은 그들의 첫 노동단체협약을 위한 협의회를 가졌다(Meyer, 1972: 306~312).[6] 처음부터 사측에서 단체협약을 못마땅하게 여겼던 것은 아니지만, 협약의 조항들은 지나치게 여겨졌다. 사측의 계산에 따르면, 임금 부담이 6500만 페소에 이르렀기 때문이

5) 헌법 27조는 광산의 지하 소유권을 국가 소유로 명시하여 국가 석유 자원을 회복할 수 있는 법적 근간을 마련했으나, 1917년 이전부터 원유 채취를 시작한 외국 석유회사들의 자산에는 헌법 27조를 적용하지 않기로 인정하는 조약으로 1928년 8월 15일 체결되었다. —옮긴이

6) 아래 이어지는 국유화에 관한 내용에 대해서는 pp.312~340을 참조할 것.

다. 이 갈등은 쉽게 해소되지 않았다. 1937년 사측에서는 노동자들의 요구에 대해 최대 1400만 페소로 선을 그었고 멕시코노동자연합(Cofederación de Trabajadores de México: CTM)은 이 안을 거의 수용할 뻔했으나, 결국 거부했다.

1937년 12월 18일, 조정위원회(Junta de Conciliación)는 기업들에 2600만 페소를 조금 넘는 임금인상분을 지급할 것을 명령했다. 그러나 기업들이 이를 거부하고 이의를 제기했다. 1938년 상반기는 꽤나 힘든 시기였다. 멕시코은행이 외환보유고에 대한 강한 압박을 받고 있었기 때문이다. 석유 사업자들은 멕시코 국내에서 자신들의 예치금을 인출하는데 이 상황을 이용했고, 이는 환율을 매우 불안정하게 만들었다. 카르데나스는 관세율을 인상하여 수입을 줄이는 방식으로 대응했다.

1938년 3월 1일, 대법원이 기업들의 이의 제기를 거절하고, 2600만 페소 지급을 명령했다. 조정위원회는 3월 7일을 지급 기한으로 지정했다. 3월 8일 사법상 일시 중지를 통해 지급기한이 3월 12일까지로 연장되었다. 그러나 이때, 석유 사업자들은 미국 대사 조세퍼스 다니엘스(Josephus Daniels)를 통해 멕시코 정부의 요구를 받아들이지 않을 것이며, 멕시코에서 얻을 이익을 포기하겠다는 의사를 밝혔다. 이 날 카르데나스는 석유 사업자 대표들과 회의를 하고, 이어서 내각회의를 가졌다. 그러나 합의에 도달하지 못했고, 마침내 대통령은 이러한 상황이 계속될 경우 석유 산업을 국유화하기로 결정했다.

며칠 뒤인 1938년 3월 12일, 독일이 오스트리아를 병합하는 사건이 발생했다. 이 사건은 멕시코 내 설립된 석유회사들의 본국을 비롯한 세계 강대국들의 이목을 집중시켰다. 3월 15일, 조정위원회는 당일 오후 5시 이전에 지급을 이행하라고 통보했으나 거부당했다. 다음 날, 미국 대사 다니엘은 석유회사들이 2600만 페소를 지급할 의사를 밝혔으나 행정적 조항에 대해서는 합의에 도달하지 못했다고 전해왔다. 18일, 카르데나스는 다시 한 번 석유회사들과 조율을 시도했으나, 역시 행정적 합의를 이루지 못했다. 결과적으로 1938년 3월18일 저녁10시, 카르데나스는 라디오를 통해 석유 산업의 국유화를 공표했다.

5. 석유와 국가 경제

당시, 멕시코의 석유 생산량은 일 10만 배럴에 이르는 적은 양으로, 1930년대부터 제2차 세계대전이 끝날 때까지 그 생산량을 유지하고 있었으며 후에 국내 수요의 증가로 생산량을 증가시키게 된다. 그러나 멕시코는 석유 산업을 국유화시킨 이후부터 1970년대 중반에 이를 때까지 실제로 석유 수출을 개시하지 못했다. 1973년 석유수출국기구(OPEP)가 석유봉쇄정책을 통해 기존 배럴당 3달러였던 원유의 가격을 12달러로 올렸을 때조차도, 사실 멕시코는 석유 수입국이었다. 그러나 3달러로는 유카탄 반도 대륙붕에서 석유를 생산하는 것이 현실적으로 어려웠던 멕시코가 이 가격 상승 덕분에 석유생산을 시작할 수 있게 되었다.

그즈음 유카탄 인근 해역에서 세계에서 가장 큰 오일 지층 중의 하나가 발견되었다. 1979년 칸타렐(Cantarell) 유전에서 첫 번째 석유 추출이 이루어졌다. 칸타렐이라는 이 유전의 이름은 바다 표면에 떠 있는 기름을 발견하고 PEMEX에 제보했던 어부 루데신도 칸타렐(Rudecindo Cantarell)의 이름을 딴 것이다. 이 유전은 300억 배럴 이상의 석유가 매장되어 있을 것으로 추정되었으며, 대단히 빠른 속도로 생산이 가능할 것으로 기대를 모았다. 1981년에 칸타렐의 일일 생산량은 100만

〈그림 2-2〉 경작지와 인구

(단위: %, 1930년=100)

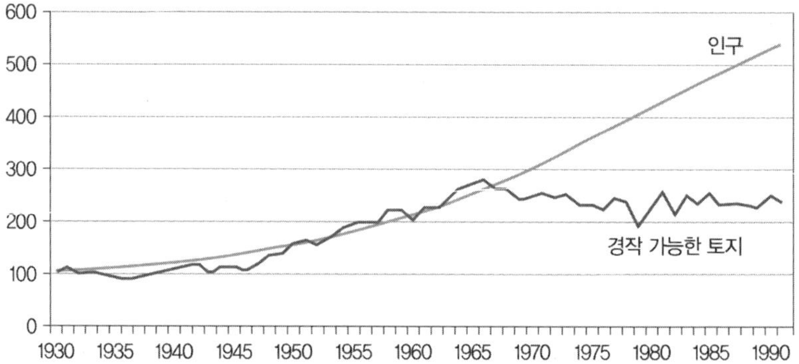

자료: 멕시코 통계청(Inegi), 역사통계(Estadísticas históricas)를 바탕으로 저자가 계산함.

배럴에 이르렀으며 이를 통해 비로소 멕시코는 언제나 꿈꿔왔던 석유 강대국으로 변신했다.

이 모든 일이 일어났던 그 시대는 매우 특별했다. 1965년 이후, 멕시코는 성장 방식에 한계를 드러내기 시작했다. 서구 세계 대부분이 그랬듯 멕시코도 전쟁 후에 가파른 성장률을 보였다. 1946년부터 1971년까지 멕시코의 1인당 GDP 성장률은 연 3%에 이르렀다[앙구스 메디슨(A. Maddison)에 따르면, 세계 평균 성장률과 유사하다].7) 다른 라틴아메리카 국가들의 경우와 마찬가지로, 멕시코의 성장 역시 지속적으로 생산할 수 있는 경작지가 증가하는 일종의 영토 확장으로 설명될 수 있다. <그림 2-2>에서는 1930년 이후, 인구의 증가와 함께 경작지가 증가했음을 확인할 수 있다. 30년에 걸쳐 많은 양의 토지가 인구증가에 비례하여 경작지로 통합되어갔다. 생산 가능 인구의 증가는 생산성의 증가를 가져올 수 있었다. 그러나 이러한 증가현상도 1965년 이후에는 지속되지 못했다.

---

7) A. Maddison, *Historical Statistics for the World Economy 1-2006 AD.*

그러나 멕시코는 계속 성장하길 원했다. 더 이상 토지는 성장의 동력이 될 수 없었고 다른 방법의 성장 동력이 필요해졌다. 그래서 멕시코는 해외 차관을 들여오기 시작했다. 자본의 해외 이동을 자유롭게 했던 브레튼 우즈(Bretton Woods) 체제를 포기한 1971년부터 그 뒤에 이루어진 석유 가격의 상승에 따라 이 과정에 속력이 붙기 시작했다. 가격 상승은 세계적 수준의 인플레이션을 유발시켰다. 또한 동시에 산유국에 커다란 소득을 안김으로 화폐 유통량을 늘렸는데, 이런 방식은 멕시코처럼 가능한 선을 넘는 성장 수준을 유지하고자 했던 국가들이 채택한 금융제도였다.

멕시코 외채는 1964년 20억 달러에 이르렀는데, 이는 1970년 두 배가 되었고, 1976년에는 열 배에 달하게 되었다. GDP 대비 부채비율이 30% 이상을 차지하며 이는 페소의 평가절하로 이어졌다. 다행히 석유가 중요한 달러 공급원 역할을 함에 따라 매우 심각한 수준의 경제 위기는 모면할 수 있었다. 1974년 이후 멕시코는 다시 석유 수출국으로 변화했으며 1976년부터는 멕시코 만 유역의 대륙붕에 다량의 석유가 매장되어 있다는 사실이 확인되면서 멕시코는 입지를 다지게 되었다. 비록 그 후 3년 뒤에야 원유 추출이 시작되긴 했으나 칸타렐 유전은 부의 원천이었고, 호세 로페스 포르티요(José López Portillo) 대통령이 1976년 말 취임 당시 멕시코의 특별한 미래를 자신 있게 공표할 수 있게 해주었다.

1970년대 중반 멕시코는 폐쇄 경제 상태에 가까웠다. 외채 의존도가 매우 높았고, 석유는 달러의 공급원으로서 부채를 갚는 데 사용되었다. 그럼에도, 계획 경제의 약점이 알려지기 전이며, 사회에 관한 토론이 대학과 연구기관에서 더 큰 비중을 차지하던 그 당시에는 멕시코가 실패의 길로 들어서고 있음을 확신할 수 없었다. 반면, 멕시코가 세계 굴지의 경제력 있는 나라로 변모해가고 있다는 믿음이 정부 내부에서뿐만 아니라 민간 부문과 국민들 사이로 널리 퍼져나갔다. 그렇게 핑크 빛 미래를 상상하며 대규모 건설 사업과 장기 프로젝트들이 실행되었다.

1980년 미국은 자신들이 직면한 인플레이션 문제에 정면으로 맞서기로 결정했다. 미국 연방준비제도 이사회 의장이었던 폴 볼커(Paul Volcker)는 기준 금리를 인상했다. 1970년대 1/2분기에 8%였던 금리는 1980년 15%까지 상승했다. 은행에서 우대 고객에게 적용하던 우대 금리는 22%까지 상승했다. 그 우대 고객에는 멕시코도 끼어 있었다. 외채가 나라를 집어삼켰다. 1974년에서 1978년 사이 60억 달러이던 부채는 1979년 120억, 1980년 210억, 1981년 270억 달러나 되어버렸다. 그동안 부채를 지탱해오던 석유 수출로는 더 이상 증가세를 감당할 수 없었다. 멕시코 석유 수출액은 1980년 100억 달러, 1981년 130억 달러로 부채액의 절반 정도밖에 되지 않았다.

1970년대 멕시코 경제사는 라틴아메리카의 다른 국가들과 매우 유사하다. 라틴아메리카의 국가 모두 자원의 소비를 통한 성장의 길을 쫓았고, 1960년대 말 그 목적을 이루었다. 1970년대에는 국제 자금의 지원을 통해 일정 수준 이상의 성장을 유지할 수 있었으며, 이는 정치가들에게 유리한 상황을 제공했다. 당시 많은 남미 국가들은 독재를 경험하고 있었는데, 독재자들은 자신들의 권력을 유지하기 위한 수단으로 부채를 늘려갔다. 물론, 멕시코는 오랫동안 남아메리카의 독재체제와는 다른 체제를 유지하고 있었지만, 상황은 유사하게 펼쳐졌다.

가장 큰 차이점은 석유 자원의 보유 여부였다. 1982년 외채 위기 당시, 특히 멕시코에서의 위기가 두드러졌던 그 때, 남미의 권위주의 정권은 빠르든 늦든 권력을 내려놓아야 했다. 그들에게는 정당성도, 경제력도 없었다. 그들이 정권을 유지할 수 있는 유일한 수단은 탄압이었으나, 탄압으로는 오래 기간을 버텨낼 수 없었다. 그러나 멕시코는 체제를 유지할 수 있을 만큼의 충분한 경제력을 석유가 제공해줄 수 있었다. 1982년 이후 멕시코가 심각한 경제적 위험에 처해 있었다는 것은 의심할 여지가 없었다. 그럼에도 그 위기는 국가 존폐를 위협할 정도는 아니었다. 이 상황은 1986년에 역전되었다. 3년이나 계속된 경제 위기로 지쳐 있는 상태에서 1985년 9월 대지진이 강타했고, 여기에 석유 가격의 급락이 겹쳤다. 일련의 사건들이 멕시코가 처한 상황을 매우 복잡하게 만들었다. 그 해 월드컵의 열기와 재정 통제력을 포기한 정부의 결정 덕택에, 멕시코는 혼돈을 피할 수 있었다. 1986년, 적자액은 GDP의 16%, 연 인플레이션은 100% 달했다. 이는 당시 다른 라틴아메리카의 국가들에서도 관찰될 수 있던 초인플레이션이었다.

이렇게 1986년 멕시코에서는 중대한 정치적 변화가 시작되었고, 그 결과 현재의 멕시코가 등장하게 된다. 정부 소득의 30~40%를 차지하며, 연간 70억 달러를 지원해 다른 대외무역 부문의 적자를 막아준 석유자원 덕택에 변화는 평화롭고 점진적으로 이루어질 수 있었다. 즉, 1970년대 말 이후부터 석유, 구체적으로 말하자면 칸타렐의 기적 덕택에 멕시코는 평화를 유지할 수 있었다.

6. 기적은 끝나고 개혁을 도모하다

칸타렐은 기적이었다. 그러나 그 기적은 이익보다는 상처를 더 많이 남겼다. 존 스타인벡(John Steinbeck)은 『진주(La perla)』라는 자신의 저서를 통해, "기적은 종종 저주가 되었다"고 말한 바 있다. <그림 2-3>은 멕시코의 석유 생산량과 그중 칸타렐 유전이 차지하는 비율을 보여준다. 칸타렐의 생산량을 제외하면 1979년에서 2008년 사이 멕시코 석유

〈그림 2-3〉 1975~2005년 석유 생산량: 칸타렐과 그 외의 유전

(단위: 100만 배럴/일)

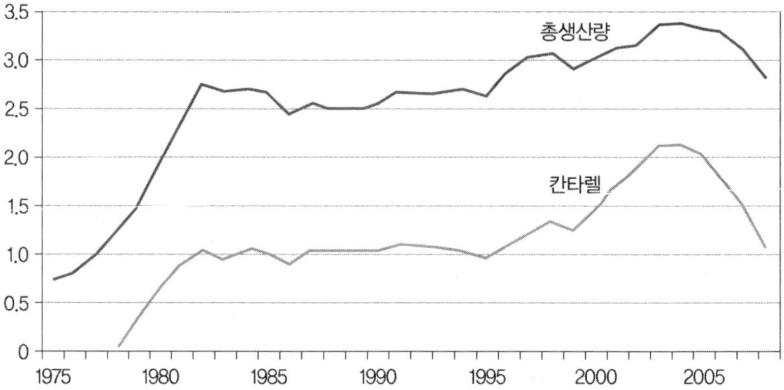

자료: 멕시코 통계청(Inegi) 및 멕시코석유공사(Petróleos Mexicanos: PEMEX).

생산량은 일일 120만 배럴에 불과하며 이는 평균 130만 배럴에 달하는 국내 소비량조차 감당할 수 없는 양이다. 이렇듯 칸타렐 유전을 발견하지 못했다면 멕시코 역사 또한 다르게 흘러갔을 것이다.

그래프에서 확인할 수 있듯이 칸타렐은 2004년 하루 생산량 212만 배럴로 최고 생산량에 도달하고 그 이후 빠른 속도로 감소했다. 2005년 생산량이 203만 배럴이었던 데에 비해 2007년 생산량은 178만 배럴에 불과했다. 약 30만 배럴의 감소는 이어지는 두 해에도 유사하게 나타났는데, 2008년에는 간신히 연평균 101만 배럴 정도를 생산했다. PEMEX는 매년 하락세가 회복될 것이라는 전망을 내놓았지만, 매년 계속되는 감소 추세는 전망을 비껴갔다.

사실, 언제 하락 추세가 멈추고 안정적인 생산을 할 수 있을지 알 방법은 없다. 그러나 추후 몇 년간 낮은 생산량이 계속되리라는 것은 예상할 수 있었다. 2009년엔 하락세가 멈출 수도 있고 아니면 계속될 수도 있다. 앞에서 살펴봤듯이 칸타렐 유전 없이는 국내 수요를

감당할 수 없다는 것이 확실한 이상, 칸타렐 유전에서 발생하는 모든 일은 곧 멕시코의 수출과 직결될 것이다.

이제 우리는 석유 개혁에 관한 논쟁을 살펴볼 것이다. 거대 유전 칸타렐의 특성은 멕시코 석유 산업 운영 방식에 수정이 필요함을 일깨워주었다. PEMEX의 실질적 운영 방식이 비효율적이었다 하더라도, 자원 생산량이 공공 재정을 유지할 수 있고 외부 지출을 감당할 수 있을 때에는 그 비효율성이 큰 문제가 되지 않았다. 그러나 자원 생산량이 충분하지 않을 경우, 그 비효율성은 큰 문제가 된다.

2006년 PEMEX는 976억 달러의 수익을 냈는데, 그중 576억을 사업비용으로 지출했다. 뉴욕의 석유 기업들이 발표하는 것과 비교해봤을 때 마치 대단한 이익을 거둔 것처럼 보인다. 그러나 PEMEX의 산출 방식대로 이 기업들의 사업비용을 계산해본다면, 그 결과는 다르다.

예를 들어, 엑슨 모빌(Exxon Mobil)의 경우 2006년 거의 PEMEX의 4배에 해당되는 3776억 달러를 판매했으나, 그들의 세전 수익은 PEMEX가 보고한 수익보다 조금 높은 681억에 불과했다. 그러나 PEMEX의 계산 방식과 동일하게 수익을 계산해보면, 엑슨 모빌은 세후 수익이 1331억이 되며 이 금액은 PEMEX의 수익과 비교해볼 때 엄청나게 큰 액수이다. 이런 차이는 PEMEX가 다른 기업들과 다르게 권리 비용과 로열티에 대한 계산 및 추출 비용에 대한 계산을 정확하게 하지 않았기 때문에 발생한 것이다.

여기에 근로자 수 문제까지 고려해보면, 그 비효율성은 더욱 확연히 드러난다. 2006년 PEMEX의 근로자수는 총 14만 1300명으로 4배 이상 생산하던 엑슨 모빌의 8만 2100명보다 많았다. PEMEX와 회사 규모가 비슷한 베네수엘라 국영석유회사(Petróleos de Venezuela, Sociedad Anónimas: PDVSA)에는 PEMEX 근로자의 1/3이 일한다(2006년 당시 5만 2800명).

더 확실한 비교를 위해, 근로자 1인당 수익을 비교해보면, 2006년 PEMEX는 69만 1000달러, PDVSA는 188만 달러이다. 스페인 기업 렙솔(Repsol)의 경우, 197만 달러, 런던에 본부를 두고 있는 BP사의 경우 270만, 엑슨 모빌은 450만에 이른다. 즉, PDVSA의 1인당 수익이 PEMEX의 170%이며 엑슨 모빌은 545% 이상의 수익을 거두고 있는 것이다. 유용성에 관해서는 언급된 방식으로 계산해보았을 때, PDVSA는 1인당 110만 달러, 엑슨 모빌은 162만 달러의 수익을 얻었으나 PEMEX는 37만 9000달러에 그쳤다.[8)]

결국 2008년 유전자원을 포함하지 않은 국영기업 PEMEX의 순수 가치는 0에 불과했다. 자산은 1조 2800억 페소(1140억 달러)로 집계되었으나 부채 역시 비슷한 양인 것으로 집계되었다. PEMEX의 부채액은 5380억 페소(480억 달러), 노동 부채(14만 1000명의 근로자에게 지급되어야 하는 금액)가 5040억 페소(450억 달러)로 총합계가 1조 400억 페소(927억 달러)에 이르렀다. 그리고 이 부채 계산에는 이연 투자 프로젝트(Proyectos de Infraestructura Diferidos en el Registro del Gasto: Pidiregas)를 통해[9)] 이루어진 투자는 포함되지 않았다. 최근 9년간 이 프로젝트에 투자된 금액은 857억 달러로, 이를 페소로 환산하면 9000억 페소가 넘는 금액이다.

---

8) 각 기업의 재무제표는 기업의 홈페이지에서 확인 가능하다.

9) 장기 인프라 프로젝트 자금 조달 프로젝트로 공공 부문에 이연 금융 일정으로 제공되었다. 특히 에너지(석유 및 전기) 분야에서 이루어지는 인프라 프로젝트에서의 공공 부채를 회계 처리하지 않으려는 멕시코 정부의 회계 방식을 뜻한다. 2008년부터 사라졌다. ㅡ옮긴이

7. 개혁과 멕시코 현 정책

멕시코에는 1997년까지 행정부로부터 독립된 의회가 없었다. 1871년 베니토 후아레스 시절부터, 의회는 연방 대통령의 직속 기관으로 존재했는데, 이는 거대 패권을 지닌 제도혁명당이 권력을 유지하는 동안 계속되었으며, 의사 결정 능력을 지닌 입법권을 지니지 못했다. 불행하게도 1997년처럼 2000년과 2003년 입법 회기 시에도 국가의 주요 문제들에 대한 토론을 이끌어낼 수 있는 정당 간 안정적 연합을 만드는 데 실패했다. 그로 인해, 비센테 폭스(Vicente Fox, 임기 2000~2006년) 대통령이 추구했던 금융 개혁 시도도 실패로 끝나버렸다.

그러나 2006년 선출된 의회는, 대통령 선거를 둘러싼 팽팽한 긴장에도 불구하고, 비록 부분적인 성과에 그쳤으나 핵심 부분에서 다양한 개혁을 추구하고 교섭할 능력을 갖춘 연합을 만들어내는 데 성공했다. 의회는 사회보장, 금융, 범죄 및 선거에 관한 깊이 있는 개혁을 구체화했다.

그렇게 의회가 보여준 능력을 바탕으로 펠리페 칼데론 대통령은 본질적인 변화가 필요한 석유 산업에 관련된 법률 개혁의 초안을 만들었다. 다른 개혁들처럼, 의회에서 토론이 이루어졌으나 충분한 합의에 이르지는 못했다. 에너지 개혁의 경우, 논의는 매우 복잡했다(일부 의원들의 의회 점거, 도로 폐쇄는 물론이고 대중들의 반대 시위까지 있었다). 그러나 이 논의는 피상적인 것에 불과했다. 본질적으로 개혁의 문제는 정치 계급이 국가가 직면한 변화의 과정을 이해하기 어렵다는 것과 연결된다.

권위주의 정권이 혁명적 민족주의처럼 정당성 확보를 위한 논거를 견고하게 만들어내는 데 성공한 후에는 그런 논리에서 벗어나기란 매우 어려워졌다. 제도혁명당만큼이나 민주혁명당도 석유 산업 국유화에 의미를 부여하는 혁명의 유산을 공유하고 있었다. 따라서 이념적 편견에 빠지지 않은 채 에너지 자원이라는 주제를 다루는 것은 매우 어려운 일이었다.

다른 중요한 정치 세력인 국민행동당은 전통적으로 혁명 이념에 반대 입장을 고수했으나, 변화를 주도하지 못했다. 역사적으로 반대 위치를 고수하다가 막상 통치의 책임을 진다는 것은 쉽지 않다. 그리고 사실상 거의 9년간 이 책임을 짊어졌음에도 새로운 방향을 제시하는 데 실패했다. 더 구체적으로 말한다면, 국민행동당은 혁명 정권의 시대 동안 생겨난 이익 집단 – 노동조합, 농민 조직, 과점 기업들 – 에 맞설 수가 없었다. 멕시코의 정치 변화는 석유의 도움으로 온화하게 이루어질 수 있었으나, 또한 같은 이유로 늘 불완전했다.

그러나 멕시코의 지난 30년을 지탱해오고, 수출 국가로서의 가능성을 주었던 기적의 칸타렐은 끝나가고 있다. 그러면 더 이상 외국 자본의 재정 지원이나 공공 지출을 지원할 방법이 없을 것이다. 그리고 이 상황은 아마 세계 경제에 위기가 찾아왔을 때 발생하게 될 것이다. 멕시코 역사는 변화해야 할 때이다.

참고문헌

Benjamin, Thomas. 2000. *La Revolución. Mexico's Great Revolution as Memory, Mith and History*. Austin: The University of Texas Press, pp.74~77.

Florescano, Enrique(coord.). 2002. *Espejo Mexicano*. México: CNCA/FCE.

Meyer, Lorenzo. 1972. *México y los Estados Unidos en el Conflicto Petrolero* (1917-1942). México: El Colegio de México, pp.189~218; para el acuerdo Morrow-Calles, pp.276~282.

Mussachio, Humberto. 1989. *Diccionario enciclopedico de México*, 4 vols. México: Andres Leon editor.

O'Malley, Ilene. 1986. *The Myth of the Revolution: Hero Cults and the Institutionalization of the Mexican State, 1920~1940*. Nueva York: Greenwood Press, p.122.

Paz, Octavio. 1990. *El Ogro Filantropico*(1979), 9 reimpresión. México: Joaquín Mortiz, p.323

_____. 1994. *El Peregrino en su Patria. Historia y Política de México en Obras Completas*, vol.8. México: FCE, p.162.

Ramos, Samuel. 1938. *El Perfil del Hombre y la Cultura en México,* 2a edición aumentada. México: Pedro Robredo, p.147.

Tobler, Hans Werner. 1994. *La Revolución Mexicana. Transformación social y cambio político, 1876-1940*. México: Alianza, p.423.

제3장

선거를 맞이한 멕시코

호세 월덴베르그 _김유리 옮김

멕시코에서 최초로 다당 정치를 가능하게 했던 최근의 민주화 움직임은 현재 약세를 보이고 있다. 불평등, 빈곤, 치안불안과 같이 해결이 어려운 고질적인 문제와 비관적인 경제 전망이 겹쳐서 선거 정국이 더욱 복잡해졌다. 2009년 총선에는 하원의원, 6개 주의 주지사, 또한 여러 지방자치의회와 장을 뽑게 된다. 이 글은 예년 선거 결과를 되돌아보고, 이번 선거 결과를 예측하여 이에 따른 가상 시나리오를 제시하며, 어려운 과제로 가득한 총선을 앞둔 멕시코 좌파의 역할을 비판적으로 분석한다.

호세 월덴베르그 José Woldenberg 멕시코 사회학자. 1996~2003년 연방선거관리위원회(Instituto Federal Electoral) 위원장을 역임했다. 여러 권의 공저가 있으며 멕시코 사회와 정치에 대한 다수의 저작이 있다. 현재 멕시코국립자치대학교(UNAM) 교수이자 잡지 *Nexos*의 편집장이다.

* 이 글은 ≪Nueva Sociedad≫ 220호(2009년 3~4월)에 실린 글을 옮긴 것이다.

2009년 선거에서는 전국적으로 하원의원, 주지사 6명, 지방자치단체장 606명, 11개 지역의 지자체 의원, 그리고 멕시코시티에서는 시의회의원과 구청장 16명을 선출한다. 이 글은 다음의 다섯 개 항목을 통해 이번 선거를 총체적으로 분석하고자 한다. 첫째, 아직 성숙하지 않은 멕시코 민주주의가 앞으로 극복해야 할 과제들. 둘째, 주지사, 지자체 의원, 지방단체장 선거를 앞두고 있는 6개 주의 기존 선거 관련 통계. 셋째, 다가올 7월 하원의원 선거 결과에 따른 예상 시나리오. 넷째, 신생 법안(2007년에 통과됨)의 적용 과정이라는 어려운 과업을 선거관리위원회가 어떻게 수행할 것인가. 그리고 마지막으로 멕시코 좌파가 겪고 있는 어려운 현 상황을 살펴볼 것이다.

1. 전체적 윤곽

멕시코는 비관적인 예측을 뒤엎고 전국적으로 다양한 정당의 공존을 이룩했다. 지속적인 정치적 움직임과 갈등을 겪은 덕분에 다년간의 실질적인 일당 정치가 끝나고 이제는 행정부뿐 아니라 입법 기관에까지도 다당 정치가 가능하게 되었다. 이는 매우 험난한 과정이었으나 복잡다양한 멕시코 사회에 국가의 주파수를 맞추게 되었으니 다행스러운 일이라 할 수 있다.

오늘의 정계를 20년 전과 비교해보면 큰 차이를 느낄 수 있다. 다양성이 확보되었고, 자유의 폭이 넓어졌으며, 정부 세력을 견제할 수 있는 국가기관들이 존재하고 복수정당 정치가 시작되었다. 이 밖에 행정부 권한의 한계가 명확해졌고, 본래적 의미의 연방주의가 시작되었으며, 국정 보고의 범위가 확대되었다.

그러나 이러한 민주화 과정이 위협을 받고 있다. 정치권 밖의 사회적 삶의 현실은 더욱 암울하기 때문이다. 경제성장 위축, 사회적 불평등의 지속과 그에 따른 소외, 범죄율의 명백한 급증, 시민들의 편을 가르는 화합 불능의 집단들, 병약한 불구자가 된 법치국가, 대중들의 폭력적이며 상식 밖의 일로 가득 찬 생활, 이런 것들이 민주화로 가는 과도기에 일어나고 있다. 한 마디로 이야기하자면, 라틴아메리카 카리브 경제위원회(Comisión Económica para América Latina: CEPAL)가 지적한 바와 같이 사회적 응집력이 희박한 점이 문제이다.

이런 점은 어제오늘의 이야기가 아니다. 하지만 이제 걸음마를 시작한 민주주의가 쇠퇴하지 않기를 바란다면 민주주의를 좀먹고 주요 시민층의 호응에 찬물을 끼얹는 이런 현실을 직면할 필요가 있다. 국제기구, 여러 정부와 정당, 학자들은 처음에 희망의 원동력이었던 것이 실망으로 이어질 것이라고 경고한다. 비극적인 군사독재 또는 권위적 정부의 지속(우리의 경우) 후 라틴아메리카의 정치적 지평선은 더욱 폭넓은 연합체를 형성하라고 눈짓을 보내는 듯했다. 좌와 우는 이 제의를 받고 서로 한 점으로 모였으며 수많은 시민들은 이런 노력에 동참했다. 그러나 민주화의 첫 시기가 지나가자 이 열기는 식은 것 같다.

충분한 사회적 지지를 받을 만한 대안 모델이 딱히 존재하지 않는 가운데, 민주주의에 대한 실망(더 정확히 말하면 민주주의의 도구인 정당, 정치가, 하원의원에 대한 실망)을 도처에서 느낄 수 있다. 학교, 직장, 언론매체, 친구들과 함께한 식탁, 그리고 물론 여론조사에서도 나타난다. 큰 꿈은 아니나 다를까, 다시 환멸로 변했다.

이는 과도기에 대한 지나친 기대 때문이라고 볼 수도 있겠지만 그렇게 한다면 분석에 의지한 연약한 위로일 뿐이다. 민주주의는 정치적 다양성의 공존뿐 아니라 정부의 권력 남용 규제, 자유의 범위 확장과 강화를 약속했다. 또한 민주주의는 마치 기차역과 같았다. 그곳에 도착하면 내부적 합의를 이룬 사회를 발견할 수 있을 것 같았다.

문제를 깊이 분석해보면 이런 실망감은 지나친 기대의 결과가 아니라 현존하는 현실의 결과이다. 이로 인해 국민들은 의기소침해지고, 정치권에 분노를 느꼈으며, 정당이나 정치기관의 냄새가 나는 모든 것들은 집단적인 경멸의 대상이 되었다. 이는 물론 좋은 소식은 아니다. 하지만 유권자와 대표자들 사이의 다리가 다시 끊어져도 서로에게 아무런 후유증이 없을 것이라고 안이하게 생각하는 국내 정치권 내에 팽배한 자기준거적인 무기력증이 더 큰 걱정거리이다.

새로운 정치판의 전망은 좌우의 공존을 좀먹는 현상들을 무시할 수 없다. 눈앞에 닥친 위기와 제로 성장, 아니 마이너스 성장의 전망 — 이는 곧 비공식 취업의 증가, 공식적 취업 기회의 감소, 그리고 그렇지 않아도 조상 대대로 불평등하기로 이름난 이 나라에서 빈곤이 더욱 늘어난다는 것을 의미한다 — 을 직면하여 2009년 선거는 근심이 가득한 분위기에서 치러지게 된다. 아무도 소외되지 않고, 평등하며 공정한 환경에서 살기를 바란다면 멕시코 사회의 이러한 구조적 특성을 직면해야 한다.

이것은 어제의 (그리고 언제나 중요한) 논점이지만 오늘날, 아마도 멕시코 역사상 처음으로 국가적인 틀 안에서 복수정당의 맥락에서 다루어야 한다. 막 걸음마를 하고 있는 멕시코 민주주의가 풀어야 할 가장 힘든 과제는 나쁜 조짐과 최악의 민심으로 가득한 적대적 분위기 속에서 성장해야 한다는 것이다. 멕시코 민주주의를 유지하려면 공통적 지반, 즉 민주주의에 걸맞은 시민(권리를 유지하고 이행할 수 있는)을 만들어낼 수 있는 하나의 공통된 전망이 필요하다. 이를 위해서는 물질적인 생활환경과 충분한 문화적 환경(그중 가장 중요한 것은 교육이다)을 갖춘 기본적 지반이 필수적이다.

멕시코의 민주화가 자발적이든 억지로이든 간에 정부와 야당의 합동 노력에 민간단체, 언론매체, 학자, 지식인들이 합세한 덕분에 가능했다면, 점점 계급, 단체, 종족, 패거리로 조각조각 분리되고 있는 멕시코를 통합할 하나의 공통된 집을 건설하기 위해서는 오늘날 그때와 비슷한 노력이 요구된다.

2. 전례들

올해 멕시코는 하원위원, 주지사 6명, 지방자치단체장 606명, 지자체 의원 11명, 그리고 멕시코시티 구청장 16명과 시의회의원을 새로 선출한다. 7월 5일은 연방선거로써 멕시코 11개 지역에서, 10월 18일은 2개 주에서 시행된다. 공정 경쟁의 조건하에서 치러지는 다섯 번째 연방선거이다. 앞선 네 차례의 선거에서는 어떤 당도 하원 의석의 과반수를 얻지 못했다. 따라서 1997년부터 법규 개정을 상정하기 위해서는 반드시 국회에서 두 개 이상의 정당 사이에 의견 일치가 필요하게 되었다. 이런 현상이 반복될지 곧 알게 될 것이다.

7월 5일 캄페체, 콜리마, 누에보레온, 케레타로, 산루이스포토시, 소노라, 과나후아토, 할리스코, 멕시코, 모렐로스 10개 주에서 시장과 지자체의원을 선출하고, 이 중 앞의 6개 주에서는 주지사를 선출한다. 멕시코시티에는 이미 언급한 바와 같이 구청장과 시의회의원을 뽑는다. 10월 18일은 타바스코 주에서 시장과 지자체의원을, 코아우일라 주에서는 지방자치단체장만을 뽑는다.

그러나 대중과 전문가의 관심을 끄는 것은 6개 주의 주지사 선거와 하원의원 선거이다. 이어서 이 여섯 개 주의 이전 선거 결과를 살펴봄으로써 이번 선거의 결과를 예측해보겠다.

캄페체 주지사는 언제나 제도혁명당에서 나왔다. 1997년에 41.4%를 얻은 민주혁명당을 47.9%로 누르고 승리했다. 6년 후 제도혁명당은 41.9%을 얻어서 40%를 얻은 국민행동당을 물리쳤다. 2006년 국회의원 선거에는 제도혁명당이 37.99%, 국민행동당이 32.88%, 민주혁명당, 수렴당(Convergencia), 노동당(Partido de Trabajo: PT)의 야권연합이 18.42%를 얻었다. 3년 전에는 제도혁명당 42.2%, 국민행동당 37.12%, 민주혁명당 3.50%였다. 오늘날 캄페체 주 의회 구성은 다음과 같다. 제도혁명당 16석, 국민행동당 13석, 민주혁명당 3석, 수렴당 2석, 새연합(Nueva Alilanza)당 1석. 제도혁명당은 캄페체 주의 57.8%에 달하는 6개 지역을 장악하고 있다. 국민행동당은 2개 지역(주 인구의 30.4%)을, 민주혁명당-수렴당-노동당 연합은 3개 지역(주 인구의 11.9%)을 차지했다.

콜리마 주지사도 언제나 제도혁명당 출신이었다. 1997년 제도혁명당의 득표율은 42.56%, 국민행동당은 38.22%, 민주혁명당은 16.30%였다. 6년 후 결과는 제도혁명당 42.46%, 국민행동당 34.97%, 민주혁명당 16.20%였다. 2005년 주지사 사망으로 시행된 특별 선거에서는 제도혁명당 중심의 연합이 51.5%로 1위, 국민행동당 중심의 연합이 47.24%였다. 2006년 지역의회 선거에서 제도혁명당은 멕시코녹색환경당(Partido Verde Ecologista de México: PVEM)과 손잡고 42.24%의 득표율을 올렸다. 국민행동당은 41.08%, 민주혁명당은 11.54%였다. 3년 후 결과는 제도혁명당 41.18%, 국민행동당 34.58%, 민주혁명당 10.18%였다. 주 의회에서는 제도혁명당은 12석, 국민행동당은 10석, 민주혁명당은 2석, 멕시코녹색환경당은 1석을 얻었다. 제도혁명당은 8개 지역(인구 62.05%), 국민행동당은 2개 지역(37.95%)을 차지했다.

앞의 두 개 주와 달리, 누에보레온 주에서는 교체의 바람이 불었다.

2003년, 제도혁명당 중심의 연합은 58.38%를 얻어 34.83%를 얻은 국민행동당과 겨우 1.06%를 얻은 민주혁명당을 제치고 압승을 거두었다. 그 당시 노동당은 5.14%를 얻었다. 2003년, 국민행동당은 48.60%, 제도혁명당은 41.98%, 민주혁명당-멕시코녹색환경당은 3.16%를, 노동당은 5.86%를 얻었다. 2006 하원의원 선거에서 국민행동당은 43.82%, 제도혁명당-멕시코녹색환경당은 38.30%를 얻었다. 민주혁명당-노동당연합의 득표율은 8.60%였다. 2003년 결과는 다음과 같다. 제도혁명당 중심연합 52.16%, 국민행동당 37.18%, 노동당 5.63%, 민주혁명당 2.57%. 현재 국민행동당은 22석을 얻어 주 의회 의석 다수를 차지한다. 제도혁명당은 15석, 노동당은 2석, 새연합당은 2석, 민주혁명당은 1석을 얻었다. 제도혁명당-멕시코녹색환경당은 34개 지역을 차지했다(그러나 주 인구의 42.44%밖에 안 된다). 국민행동당은 15개 지역의 57.45%의 인구를 관리한다. 민주혁명당-노동당은 주 인구 0.32%에 해당하는 2개의 작은 지역을 차지했다.

케레타로 주에서는 두 번 연속으로 국민행동당이 주지사 자리를 차지했다. 2003년에는 47.92%를 얻어 44.01%를 얻은 제도혁명당-멕시코녹색환경당 연합을 제쳤다. 민주혁명당은 6.90%를 얻었다. 1997년의 득표율은 각각 국민행동당 46.90%, 제도혁명당 41.51%, 민주혁명당 7.61%이다. 2006년 하원의원 선거 득표율은 국민행동당 48.62%, 제도혁명당-멕시코녹색환경당 27.16%, 민주혁명당 13.43%이다. 2006년 국민행동당이 44.59%로 다시 승리했다. 제도혁명당-멕시코녹색환경당은 41.69%, 민주혁명당은 7.73%를 기록했다. 국민행동당은 의회의 16석, 제도혁명당은 5석, 민주혁명당은 2석, 수렴당은 1석, 새연합당은 1석을 얻었다. 국민행동당은 10개 지역의 주 인구 82.8%를 관할하고, 제도혁명당은 5개 지역(11.3% 인구), 민주혁명당은 2개, 수렴당은 1개 지역을 관할한다.

산루이스포토시 주는 국민행동당의 통치하에 있으나 6년 전에는 제도혁명당의 치하에 있었다. 2003년 득표율은 국민행동당 44.09%, 제도혁명당 35.52%, 민주혁명당 10.53%이다. 그러나 1997년 제도혁명당은 46.91%를 얻었고, 국민행동당은 39.38%, 민주혁명당은 8.60%를 기록했다. 2006년 하원의원 선거 결과는 국민행동당 43.85%, 제도혁명당 24.23%, 민주혁명당 11.94%였다. 하지만 3년 전 하원의원 선거에서는 득표율 차이가 줄어들었다. 국민행동당은 43%, 제도혁명당 중심의 연합은 39.25%, 민주혁명당은 7.36%를 얻었다. 국민행동당은 28개 지역(주 인구 73.54%), 제도혁명당은 23개(인구 22.36%), 나머지 당은 6개 지역(인구 4%)를 관할한다.

마지막으로, 소노라 주는 제도혁명당 관할이었다. 그러나 최근 주지사 선거(2003년)에서 박빙의 우위를 차지했다. 제도혁명당이 45.56%, 국민행동당이 45.45%의 득표율을 기록했다. 이때 민주혁명당은 6.41%를 얻었다. 1997년 결과는 다음과 같다. 제도혁명당 41.44%, 국민행동당 32.35%, 민주혁명당 23.24%. 2006년 지역의원 선거에서 국민행동당은 41.13%, 제도혁명당-새연합당 40.91%를 기록했다. 3년 전 제도혁명당은 40.16%, 국민행동당은 39.93%, 민주혁명당은 11.90%를 얻었다. 현재 제도혁명당은 주의회 14석, 국민행동당은 13석, 민주혁명당은 3석, 노동당은 1석, 새연합당은 2석을 차지하고 있다. 제도혁명당은 31개 지역(주 인구 68.88%), 국민행동당은 35개 지역(28.59%) 민주혁명당-노동당-수렴당 4개 지역, 멕시코녹색환경당 1개 지역, 수렴당은 1개 지역을 관할한다.

3. 하원의원 선거

하원은 멕시코 국가 기관 중 최초로 복수정당 정치가 시작된 곳이다. 앞서 언급한 바와 같이, 1997년부터 어떤 정당도 절대과반수를 얻지 못했으므로, 서로 간에 대화, 협상, 합의가 필수적이 되었다. 현 의회 임기가 끝나면 기존 정치판을 심히 변화시킨 이런 힘의 균형이 12년 연속으로 지속된 셈이다. 1997년까지 오직 한 개 정당, 즉 제도혁명당이 국회에서 누구의 동의를 얻지 않고 법규의 개정안을 통과시켰지만 그 이후로는 복수정당으로 구성된 하원에서는 복잡한 절차를 거치게 되었다.

7월 5일은 하원의원 선거일이다. 앞으로 몇 주 동안, 모든 당과 연합체는 정책을 다듬고 후보를 지정해야 할 것이다. 이 과정은 연방선거관리위원회(Instituto Federal Electoral: IFE)가 같이할 것이며 연방선거재판소(Tribunal Electoral del Poder Judicial de la Federación)는 선거 관련 고발 사항을 담당할 것이다. 그러나 선거 결과에서 파생되는 몇 가지 시나리오들을 예측해볼 필요가 있다. 다음의 세 가지 시나리오를 가정해보았다.

시나리오 1

어떤 당이나 연합체도 의회의 과반수를 얻지 못한다. 8개 정당이 참여했고 그중 하나가 42.2%의 득표율을 기록하고 의석의 50.2%(251석)를 차지해야 한다는 점을 고려하면 이것이 가장 가능성 높은 시나리오다. 어떤 당도 여기에 도달하지 못하면 우리에게 익숙한 일들이 벌어질 것이다. 즉, 정부와 여당, 여러 야당이 필연적으로 대화, 합의, 협상을 해야만 한다는 것이다. 그렇다면 의회는 복수정당이 지배하는 곳이 될 것이며, 모두들 적의 말을 들을 수밖에 없을 것이다. 물론 어느 당이 의석의 50% 하고도 한 자리를 더 차지하는 것에 근접한다면 이야기는 달라질 것이다. 이 경우 거대 정치권력 중 하나와 협력할 수도 있지만 지지도가 낮은 정당 한 두 개와 연합을 시도해볼 수도 있을 것이다.

시나리오 2

국민행동당이 의석 절대과반수를 차지한다. 이렇게 될 가능성은 별로 없어 보인다. 집권당이 절대과반수를 얻은 적이 없었을 뿐 아니라 – 2000년이나 2006년 대선 때의 경우가 그랬다 – 위기 상황, 경제 불황, 치안 불안 등으로 민심이 반정부적으로 돌아섰기 때문이다. 그러나 이 시나리오가 현실화된다면 그야말로 정치적인 대승리라 할 수 있다. 그렇게 된다면 정부는 지출 예산안을 여당 의원들의 표만 가지고 통과시킬 수 있다(지출 예산안에 선결 과제와 주요 공공사업, 경제 지원의 증가 또는 감축을 담고 있다는 사실을 기억하자). 그건 그렇다 치고, 헌법 개정이나 법규 개정 시 정부는 여전히 의회의 다른 정당에 의지해야 할 것이다. 상원(불변함)에서 절대과반수의 부재는 대통령의 업무에 영향을 미치기 때문이다.

시나리오 3

야당 하나가 의회 과반수를 차지한다. 이것도 별로 가능성이 없다. 3대 정당 중 하나가 선거에 참패를 해야 일어날 수 있으니까. 만일 현실로 일어난다면, 민주주의의 논리와 계산에 따라, 정부는 그 엄청난 정치적 사건을 인정하고 그 세력과 일종의 공동 정부를 구성할 수밖에 (거의) 없을 것이다. 이것은 최근 80년간 전대미문의 경우이기 때문에 전에 없던 새로운 해답이 요구될 것이다. 사실상, 1929년부터 1988년 사이에 대통령과 여당은 양원에서 과반수를 차지했을 뿐 아니라 압도적 다수를 기록했다(헌법 개정 요구 시 필요한 인원으로 전체의석의 2/3). 1988년에서 1997년까지, 대통령은 하원에서 과반수를, 상원에서 압도적 다수를 차지했다. 만일 어떤 야당이 원내 의석 절대 과반수를 확보한다면, 정부는 전에 없던 방식을 채택해야 할 것이다. 여론조사에 따르면 현재 이런 결과를 얻을 가능성이 제일 높은 당은 제도혁명당이며, 이는 민주혁명당의 지지율이 명백하게 하락했기 때문이다. 하지만 모두 알다시피, 선거라는 것은 1월에 확실했던 것이 7월에 증발해버릴 수도 있다.

어떤 결말이 오든 간에 확실한 것은 이번 선거에 관심을 가지지 않을 수 없다는 사실이다. 우리처럼 대선(아니면 주지사나 지방자치단체장 선거)에 극도의 관심을 쏟는 풍토에서는 하원의원 선거의 중요성을 간과하기 쉽다. 이것은 대통령이 권력 중의 최고 권력이요, 국가의 원수요, 국가의 상징이 된 현실 속에서 비롯된 해묵은 무기력과 최근 십여 년간 형성된 새로운 정치 현실에 적응하지 못한 무능력 때문이다.

2009년 7월 5일 선거는 또다시 중대한 선거가 될 것이다. 그 결과에 따라 정부의 자유와 의회에서 야당 측이 행사하는 영향력의 범위가 정해질 것이다. 즉, 민주주의적 계산법은 단순하고 투명하며 공정하다. 단순하다는 것은, 만일 한 정당이 국회에서 충분한 표를 행사할 수 있다면 자기네들 표만으로도 안건 통과를 할 수 있다는 말이다(이게 불가능하다면, 할 수 없이 다른 당들과 협상해야만 한다). 투명하다는 것은 당내 규율이 존재한다면 미리 어느 당에서 몇 표가 나올지 알 수 있고, 따라서 결국 필요한 다수표를 얻기 위해 어떤 협상을 어떻게 해야 할지 어렵지 않게 계산할 수 있다는 이야기다. 그리고 공정하다는 것은 국민의 대표자가 투표를 통해서 선출되어 의회에 나타난다는 뜻이다. 어떤 국가 조직도 의회만큼 대표성이 높을 수가 없다.

4. 새로운 도전적 과제

2006년 총선이 갈등과 관심으로 가득했던 만큼, 정당들은 선거법 개혁에 몰두했다. 그리고 합의를 거쳐 새로운 규정을 제정했다. 이번 선거에는 새 선거법이 처음으로 적용된다. 이 새롭고 야심 찬 규정의 장단점을 실감할 수 있는 첫 선거가 될 것이다.

새 선거법은 선거전의 비용 감축과 형평성 강화를 위해 다음과 같이 제정했다.

- 라디오와 TV의 유료 광고 금지. 선거 홍보비용의 상당액이 바로 이 광고로 들어간다는 보고가 있었다. 이 때문에 선거운동 비용이 올라갈 뿐 아니라 그 내용이 가벼워지고 천박해지는 경향이 있다. 따라서 유료 방송 광고를 제한하기로 했다.
- 정부가 TV나 라디오 방송 시간을 할당해줌으로써 정당들이 그 매체들을 실제로 더 많이 활용할 수 있게 한다. 이렇게 해야만 유료 방송 광고 제한으로 인해 정당, 정책, 후보들이 알려지지 못하게 되는 것을 막을 수 있다.
- 선거운동 기간을 제한하고 예비 선거운동 기간의 연장을 확정할 것.
- 정당의 홍보비용에 관한 재정 지원을 상당 부분 감축할 것(평상시 비용의 지원은 별로 감축하지 않고 있음).
- 선거운동 기간에 정부의 모든 선전을 중지할 것.
- 선거인 명부에 등록된 시민의 수에 따라 정당에 제공되는 공적 재정지원금을 산출하는 새로운 방식을 확립할 것(이로써 지원 총액을 등록된 당의 수에 맞출 필요가 없어진다).
- 사적 재정지원금에 새로운 상한선을 제시하여 그 총액을 줄일 것.

- 공적 재정지원금 배분 시 30%는 동일하게 지급하고 70%는 최근 선거 득표율에 비례해서 지급할 것.
- '특수 활동'(교육, 연수, 연구, 출판 관련 작업)을 위한 고정 재정지원금 문제를 확정할 것. 이전 법규는(자금이 들쑥날쑥했다) 늘 정당과 정부 간에 갈등을 초래했다.
- 등록이 취소된 정당의 경우 그 재산이 개인 소유가 되지 않고 국고로 환수되도록 하기 위하여 정당 재산 처분 방식을 정할 것.
- 공정한 경쟁이 이루어질 수 있도록 선거운동 기간 동안 제3자가 유료 방송 광고를 지원하는 것을 헌법 수준에서 금지해야 한다.
- 정부기관 주체의 홍보물에서 특정 공무원의 개인적 홍보가 될 수 있는 '이름이나 모습, 음성 또는 상징'의 포함을 금지할 것.

일반적으로 살펴보면, 새 개정안은 제법 잘 짜인 듯하다. 비록 선거운동 기간에 사실상 정치적 광고를 팔 수 없게 된 TV와 라디오 방송국 측의 거센 비난을 받긴 했지만, 홍보비용의 절감과 동시에 공정 경쟁의 기반을 다지게 될 것이다.

한편, '흑색 선거운동'에 관한 방침이 어떻게 해석되는지 지켜보는 것은 흥미로울 것이다. 입법의원들의 결정에 따라 네가티브 선거운동 금지 법안이 의회에 상정되었다. 선거전의 수준을 올리려는 시도이기는 하나 무엇이 합법적인 비판이고 무엇이 '폄하하는 표현'인지 가리는 기준을 명백히 정하는 것은 정부에게 어려운 일이 될 것이다. 아마도 이 법안은 잦은 소송을 야기할 가능성이 높을 것이며 선거재판소 판결을 통해서 기준을 차차 정해 나가게 될 것이다.

마지막으로, 연방선거관리위원회(IFE)에게 어려운 과제가 새로 주어졌다는 사실을 지적해야겠다. 라디오와 TV 방송에 정당이 출연할 때

기준이 잘 지켜졌는지 감시하는 한편, 언론 매체가 관련 법규를 위반하지 않았는지 모니터해야 한다. 이 새로운 난제를 잘 수행하는가는 2007년 개정법규의 평가에 크게 좌우된다. 다시 말하지만, 2007년 개정법규는 이미 쌓아올린 것 – 공정한 선거운동 조건 – 을 유지하면서 이것의 비용을 절감하며 제3자의 개입을 차단한다는 것이다. 이를 위해서는 정당, 후보, 언론사들이 옆길로 새면서 새 법규의 깊은 뜻을 훼손하는 일이 없어야 하겠다.

5. 좌파와 선거

2006선거에서 멕시코 좌파는 눈부시게 성장했다. 0.56%라는 근소한 차이로 대선에서 졌고 의회에서도 제2위 세력으로 부각되었다. 하지만 선거 후 팽팽하게 양극화된 상황에서 좌파는 어려운 상황에 처했다.

2006년 민주혁명당(의심할 여지없이 멕시코 최강 좌파)은 노동당 및 수렴당과 연합체를 결성했다(모두의 이익을 위해서였다). 하지만 오늘날 노동당과 수렴당이 민주혁명당을 버리고 둘이서 새 동맹을 맺으려는 징후가 보인다. 게다가 2006년 대통령 선거 후보로서 좌파 지지율을 전례 없이 크게 높였던 안드레스 마누엘 로페스 오브라도르가 현재 당의 노선에 비판적인 거리를 취하고 있으며 노동당-수렴당 동맹체와 원만한 대화를 지속하고 있다는 사실을 고려하면, 민주혁명당의 표가 갈리는 것뿐 아니라 당운이 기울어가는 것을 걱정해야 한다. 끝없는 당내 분쟁 때문에 대외적으로 전보다 비호감의 인상을 주기 때문이다.

좌파를 뒤흔드는 갈등의 밑바닥에는 쉽게 화해할 수 없는 두 개의 논리, 두 개의 영혼이 있다. 매순간 둘의 차이가 수면에 떠오른다. 국회라는 경기장에서 이러한 차이점이 빈번하고 심각하게 나타나고 있다. 그 예는 한두 가지가 아니다. 민주혁명당 의원 대다수가 예산안, 세제 개혁, 선거법 개정, 연방선거관리위원회의 위원들에게 찬성표를 던졌지만 적지 않은 소수는 반대표를 던졌다.

논평가들, 그리고 열혈운동가들도 민주혁명당이 계속 하나의 당으로 유지될지 아니면 가까운 미래에 분열할지 의문을 가진다. 물론 답을 제시하기는 어렵다. 그러나 개인적으로는 민주혁명당 당내 계파들의 차이를 넘어서 하나로 이어주는 것은 무엇이고, 그들을 분열시키는 것은 무엇인지 돌아보자. 그런 다음 전망을 예측해보겠다.

민주혁명당을 하나로 묶어주는 것이 적지는 않다. 그 이유는 세 가지로 요약할 수 있다. 다른 당과 마찬가지로 민주혁명당은 정권 획득을 목표로 한다. 이렇게 뻔한 이야기를 하는 것은, 이 목표 달성을 위해서는 공통적인 삶을 지속하는 것이 필수불가결한 조건이라는 점에 의견 일치를 한다는 점이 바로 정치적 견해 차이를 하나로 묶어주는 접착제라고 할 수 있기 때문이다. 두 번째 이유는 민주혁명당은 우리가 좌파라고 통칭하는, 별자리만큼 다양한 각양각색의 세력들이 모인 곳이기 때문이다. 문제점이 많기는 하지만 그래도 이런저런 자리에 선출되기 위해서는 민주혁명당이 효과적인 발판임이 증명되었고 정치 싸움에서도 언급해야 할 대상이 되어주었다. 세 번째로 통합을 유지해주는 요소는 민주혁명당이 정당으로서 누릴 수 있는 특권과 권리이다. 즉, 돈이 있으며 TV와 라디오에 출연할 수 있고 우편 요금 면제, 면세, 모든 국내 선거에 후보를 내보낼 수 있다는 것이다. 따라서 현재 분열된 계파는 민주혁명당 당내에서 지금 누리고 있는 특권을 되찾으러 어쩔 수 없이 화해로 이르는 길을 구비구비 돌아갈 수밖에 없다. 내가 보기에는 이러한 논리들이 민주혁명당을 하나의 통합된 당으로 유지해주는 것 같다. 하지만 분열된 계파들이 앞으로 노동당이나 수렴당에서 지금 민주혁명당이 제공하는 것과 비슷한 발판을 발견한다면 분열의 기세가 더욱 가열될 것이다.

이런 분열은 앞에서 보았듯이 적어도 두 개의 상이한, 그리고 심지어 대립적인 영혼들이 오래전부터 민주혁명당 안에 공존하고 있기 때문이다. 전 민주혁명당 의원이며 현 노동당 의석의 책임자인 리카르도 몬레알(Ricardo Monreal)은 이 현상을 단순명료하게 묘사했다. "당내에는 두 개의 전망과 계획이 대립한다. 대화와 무시, 협상과 다툼, 동의와 반박, 참가와 저항, 합의와 분열, 연합과 고립, 국가기관 진출과 길거리 투쟁."

이 두 영혼은 서로 아주 딴판이다. 하나는 열정에서 비롯된 논리파이고 다른 하나는 현 정부를 불법으로 심판하려는 복수심으로 뭉친 계파이다. 일단 대선이 부정선거였다는 그릇된 판단을 내린 뒤, 이에 따른 '논리적'인 결과로 정부를 부정하며 (거의) 모든 방법을 동원해서 비난하는 일이다. 자신들이 당한 피해와 모욕(사실이건 아니건 간에)에 대한 증오가 지나친 나머지, 정부와 그의 연합세력의 대외적 명성과 능력을 폄하하는 것이 이들의 주요 목표가 되었다. 이러한 동기로 인하여 때로는 적의 업무를 훼방하다가(의회에서 대통령 취임식 방해를 기도하거나, 멕시코시티의 주요 도로인 레포르마 거리를 가로막는 등의 행위) 오히려 스스로의 이미지에 먹칠을 하며 자책골을 먹기도 한다.

다른 논리를 내세우는 계파는 적을 악마 대하듯이 저주하는 것은 불가능하며 자신들이 앞서 나가려면 저들과 공존하고 협상할 필요가 있다고 생각한다. 민주혁명당이 대선 결과를 부정할 경우 정신이 나갔다는 비난을 받을 것이라는 사실을 알고 있다. 그런 비난을 초월하여 지지기반을 확대하고, 나아가서 정치적 이미지의 세계에서 존재감을 넓혀 나가려고 한다. 그들은 행동을 할 때 점진적인 태도를 취하고

(민주혁명당의 거의 모든 이와 마찬가지로) 종말론적-혁명가적인 말투와 옷차림을 벗어버리려고 노력한다. 하지만 여전히 의혹의 시선으로 이들을 지켜보는 세력과 공존해야 한다.

이렇듯 두 가지 동인이 공존하며 매일 피드백을 주고받으며 (뒤섞인 상태로) 새로운 선거를 향해 간다. 미래는 미지의 영역이고 아무도 결과를 예측할 수 없다. 하지만 결과가 민주혁명당에 불리하다면, 만일 득표율이 감소한다면, 그들 하나하나는 편견의 색안경을 통해서 각자의 결론을 내릴 것이다. 어떤 이는 실패가 유화적인 태도 때문이라고 탓할 것이고 다른 이들은 대외적 이미지가 극좌파처럼 보인 것 때문이라고 단언할 것이다. 알다시피 현실이라는 것은 미리 만들어진 렌즈를 통해서 바라보기 마련이 아니던가.

제4장

민주주의의 주변부에 선 제도혁명당

2010 멕시코 선거 이후

이스라엘 코바루비아스 _김유리 옮김

제도혁명당의 주지사 후보 12명 중 9명이 당선된 최근 선거에서 제도혁명당의 끈질긴 생명력을 확인할 수 있었다. 연방 권력의 정권교체는 제도혁명당을 민주주의의 적으로 인식하는 방법을 통해서 이루어졌으며, 이것이 민주주의 정치 질서 모색 과정에서 심각한 결과를 낳게 되었다는 점을 이 글에서 지적할 것이다. 현재 제도혁명당은 민주주의의 내부를 구성하는 한계점으로 작용한다. 따라서 민주주의의 적에서 친구로 극적으로 변신했다. 이렇듯 제도혁명당은 국가의 공적 생활(사적 생활도 마찬가지)의 중심부를 차지하고 있다. 물론 그 곳은 텅 빈 공간일 가능성이 많지만 말이다.

이스라엘 코바루비아스 Israel Covarrubias 이탈리아 플로렌시아대학교(Universidad de Florencia) 정치학 박사. 현재 멕시코시티자치대학교(UACM) 전임 교수이자 연구원이며, 멕시코 잡지 ≪메타폴리티카(Metapolítica)≫ 편집장을 맡고 있다.

* 이 글은 ≪Nueva Sociedad≫ 230호(2010년 11~12월)에 실린 글을 옮긴 것이다.

2010년 7월 4일 선거 이후 멕시코 정치계에는 우려스러운 현상이 있었다. 주지사 12명이 선출되었고 14개 주에서 선거가 실시되었다. 이 선거에서 모든 당이 패배함과 동시에 '무언가'를 얻었다는 평이 있었다. 이를 어떻게 설명할 수 있을까? 오랜 역사를 지녔고 한 때 패권을 장악했던 제도혁명당은 결국 주지사 자리 세 곳을 잃었다. 이 3개 주는 오아하카, 푸에블라, 시날로아 주이며 영토 면에서 역사적인 거점지역이었고 지금까지 정권교체가 전혀 없었다. 사카테카스, 틀라스칼라[민주혁명당이 패배했음] 주와 아과스칼리엔테스[국민행동당이 집권했음] 주에서도 마찬가지로 12년째 계속 정권교체가 없었다. 하지만 이번 선거에서 제도혁명당은 12개 주지사직에서 9개를 획득하여(그중 3개 주에서 민주혁명당과 국민행동당이 패배함) 국토의 약 50%를 통치하게 되었으므로 아직도 멕시코 정치 무대와 선거에서 자리를 잡았을 뿐 아니라 공적 생활에서 중요한 위치에 있음을 증명했다. 게다가 오아하카, 푸에블라, 시날로아에서 제도혁명당이 겪었던 패배는 민주혁명당과 국민행동당이라는 서로 너무나 다른 당이 연합한 결과이다. 2년 전만 해도, 특히 지난 대선의 정치적·사회적 파장 때문에 연합은 불가능하게 여겨졌다. 그러나 사실, 적어도 오아하카와 푸에블라의 경우, 2년 전부터 조짐이 엿보였고 지난 7월 현실이 되었다. 퇴임하는 주지사들 즉, 오아하카 주의 울리세스 루이스(Ulises Ruiz), 푸에블라 주의 '소중한 주지사(el gober precioso)' 마리오 마린(Mario Marín)[1]은 전략적 소통 연구소(Gabinete de Comunicación)가 실행한 2008년 전국 여론조사에서 각각 4.4%, 4.6%를 얻어 가장 평판이 나쁜 주지사 명단의 상위에 올랐다(Patterson, 2008:

1) 2006년에 부정행위에 연루된 적이 있었는데 전화 녹취 내용에서 상대방이 주지사를 이렇게 부름. —옮긴이

234~235).

이번 선거 결과로 정당을 통한 민주 정치의 사회화 기제가 분명하게 작동하지 않게 된 국내 정치의 현주소를 확인할 수 있었으며, 민주주의적 관점(알다시피 선거로만 한정지을 수 없는)에서 보면 모든 당이 패배했음이 드러났다.[2] 그리고 이것의 가장 명백한 예는 제도혁명당이 대선에서 패배하고 10년 후에 도달한 정치적·사회적·법적 위치이다.

1. 친구가 없는 민주주의

2000년도 대선에서 패배한 이후에 제도혁명당이 담당하고 대표하며 다시 현역으로 등장하여 차지한 정치적 위치는 무엇인가? 우선, 과도기에 처한 과거가 현재의 민주주의 시간 속에, 특히 우리의 역사적 경험에 균열이 생긴 순간에 심어놓은 영원한 역설의 정권이라는 표현을 쓸 수 있겠다. 멕시코로 하여금 국가적인 고질적 문제를 해결할 가능성이 높은 차원으로 진입하게끔 하려던 의욕을 우리 사회, 그리고 우리의 민주적 과정이 상실했다는 징후이다. 현재로서는 멕시코가 공적 생활과

---

2) 파블로 카바냐스 디아스(Pablo Cabaña Díaz)가 최근 발표한 글에서 명백히 밝혔듯이 선거연합 전략에서 가장 큰 덕을 본 쪽은 국민행동당이었다. 자신들이 원하는 방식으로 (그리고 전 제도혁명당 후보들과 함께) 연합을 구성할 수 있도록 민주혁명당이 양보하고 그 안을 수용하게 만들었고, 2006년 대선 결과를 '4년 만에' 공식적으로 인정하게 했다. 덧붙여, "국민행동당이 여당으로 거듭난 것은 민주혁명당의 패배뿐만 아니라 그 도움을 통해서 가능했다"는 점을 지적한다. 다음을 참고할 것. P. Cabaña Díaz, "Las dificultades de las izquierdas en México," en *Metapolítica*(vol.14, No.71, 10-12/2010), p.75.

정부를 수십 년간 지배해온 해묵은 미해결의 모순들을 해결하는 것은 불가능하다. 이 모든 것은 현재의 민주주의 속에서 연방 정부뿐 아니라 국민행동당과 민주혁명당의 또 다른 자만심 안에서 제도혁명당을 앞으로 절대 허용해서는 안 되는 것으로 치부하지만, 행동으로는 그 반대를 보여주기 때문이다. 2010년 소위 선거연합이라는 자살적 시도는 제도혁명당을 앞으로 절대 허용해서는 안 된다는 정치적 장벽을 쳤지만, 제도혁명당은 다른 지향의 정치-선거 과정과 실천에 등을 돌리지도 않고, 그렇다고 민주적인 공동의 삶을 발전시킬 새로운 장을 제공하지도 않은 채로 여전히 그 자리에 전에 없던 활기를 띠고 남아 있다.

두 번째로, 2010년 선거는 2000년에 있었던 여야 교체에 대해 비판적 평가를 해볼 기회를 준다. 2000년 비센테 폭스가 선거에서 승리하면서, 그 긴 20세기 멕시코 정치사에서 처음으로 제도혁명당이 아닌 다른 당 소속 후보자가 대통령이 되었다. 이 선거는 정치적 그리고 상징적으로 일종의 '시간의 균열'로 작용했다. 즉, 그 해부터 불안한 매혹이 시작되어 현재까지 이어지고 민주주의의 시작을 알리는 구호들이 도처에서 우리를 쫓아오기 시작했다. 2000년 이후로 멕시코 정치판은 확연히 달라졌다. 사실, 전과 같은 것은 아무것도 없다. 그러한 민주주의의 시작 이후로 무엇인가가 완전히 막혀버렸다. 즉, 정권 획득뿐만이 아니라 민주적 질서 확립을 위한 정치적 메커니즘을 새로 만들어내는 과정이 시야에 들어오지 않았다.

이 현상에서 가장 확실하게 밝혀진 것은 제도혁명당은 현재의 시간이자 장소라는 것이다. 이것은 무슨 뜻인가? 제도혁명당을 20세기의 마지막 20년 동안 민주주의를 표방한 모든 것의 적으로 몰고 간 순간부터("로스 피노스의 대통령 집무실에서 제도혁명당을 추방하는 날 민주주의가 올 것이다")[3] 대통령 관저에서 제도혁명당을 몰아내려는 소망이 너무나 강하고 폭력적인 나머지 그 소망은 강박적인 쳇바퀴를 돌다가 부메랑처럼 되돌아왔다. 수십 년간 누려왔던 권좌에서 제도혁명당을 '몰아내고', '지워버려야' 할 필요성을 하도 반복하다 보니, (때로는 폭력적인 사태에 이르기로 하고) 급기야 제도혁명당이 주인공이자 스스로 상대 악역(타자)이 되어버렸다. 절대 고독 속에서, 다시금 필요해진 불가능성의 형태로 존재하는 단일자인 것이다. 참으로 독특한 투쟁이다! 제도혁명당을 제도혁명당 자신의 적으로 만들다니! 제도혁명당과 제도혁명당의 그림자, 제도혁명당과 제도혁명당의 정부, 제도혁명당과 제도혁명당의 역설, 아직 굳건히 서 있는 중력의 중심 밖에서 돌기 시작했던 모든 타자들(다른 정당, 반대파, 시민 영역)에게 필요한 제도혁명당. 이들이 제도혁명당을 거의 새롭게 완벽한 방법으로 움직일 수 있게 해준다. 헤라르도 아발로스 테노리오(Gerardo Ávalos Tenorio)는 이렇게 지적했다.

> 대선의 패배 이후에도 제도혁명당은 분해되지 않고 자신들의 영역의 일부를 유지한 채 여전히 지역의 권력 요소에 남았으며 주와 연방 의회의 의석에서도 강력한 존재감을 과시했다. 비센테 폭스의 국민행동당 정부가 경험 부족으로 대통령 업무를 제대로 수행하지 못하는 것도 제도혁명당이 와해되지 않았던 요인으로 설명할 수 있다. 또한 폭스 정부는 한편으로는 경제 안정을 보장하며 권력층과 특권층을 보호하는 동시에 실직적인 민주주의를 열망하는 시민들의 기대도 충족시켜야 한다는 모순에 빠져 있었다.

---

3) 제도혁명당은 민주주의의 '적'이라는 개념이 멕시코의 공적 영역에 등장한 그 순간부터 −비센테 폭스가 한 말임을 잊지 말자 − 우리는 '후퇴'를 목도하고 있다. 정치, 국가, 시민권 사이의 고유한 관계들이 친구와 적이라는 기능적 분화를 능가한다는 반향을 불러일으키는 회귀이다. 대통령 관저에서 적을 몰아내고 나면 누가 민주주의의 친구가 된다는 걸까?

폭스 정부는 부패, 경제 위축, 시민들의 실망에 항복했다(Tenorio, 9-10/2009: 65).

이제는 근저에 숨은 악영향을 지적할까 한다. 제도혁명당을 민주주의의 적으로 돌리는 방법을 통해서 멕시코 같은 나라에 민주주의를 도입하는 것은 민주 정치 질서의 모색에 심각한 피해를 초래했다. 민주주의라는 측면에서 제도혁명당을 '우리'라는 허구적 실체의 적으로 삼게 되면서, 역사적으로 제도혁명당이 누렸던 중심성을 지우려는 노력을 마주하게 된다. 끈질기게 제도혁명당을 타자화하면서, 다시 말해 멕시코의 비민주적인 주변부로 치부하면서 멕시코의 공적 생활에서 다양한 길로 뻗어나갈 수 있는 자유롭고 열린 장(모든 민주적인 미래를 선물한 것이다!)을 제도혁명당에게 제공해주려는 것이다.

세 번째로 제도혁명당의 '적'들의 고의적인 망각을 지적하겠다. 그들은 중심이 더 이상 필요 없다는 것을 잊었다. 왜냐면 정치체제로서의 민주주의, 특히 국가로서 민주주의는 중심을 유지할 수 없으며 중심 자체가 없다. 민주주의의 기본적인 성격은 불안정성이기 때문이다. 변화는 더 거세지고, 경쟁은 더 치열해지고, 민주주의가 더 확장된다는 점을 덧붙인다면, 이정표는 바로 중심이 점점 사라지는 가운데 등장한 새로운 정치무대였다. 따라서 제도혁명당은 주변부라는 위치를 받아들였고, 국가협약들을 성사시키는 데 중요한 역할을 맡으며 "새로운 연방 행정을 정치적으로 작동시키기 위한 중요한 이음새 노릇을 하는 것뿐만 아니라 정치의 새로운 무게중심을 그려 나가는 데 제도혁명당이 주변부에서 해온 활동은 결정적이었다"(Baliño, 2008: 135). 따라서 현재 제도혁명당은 민주주의의 내부를 구성하는 **외부**이며 한계점이다. 따라서 적은 극적으로 민주주의의 '벗'으로 탈바꿈한다. 마지막으로, 제도혁명당이

민주주의의 적이라는 생각은 허구의 딜레마를 만들어냈다. 사실 세 가지 갈등을 포함하는 딜레마이다. 그 무엇으로부터도 제도혁명당을 배제하지 않으면서 민주주의라는 놀이에 포함시키기, 아니면 배제하면서 포함시키기, 아니면 없애버리면서 배제해서 예외로 만들기. 여기서 예외라는 것은 (자산과 표상으로서) 제도혁명당의 이름이 아직 국가 차원의 사안 결정에 중요하다는 뜻이다. 여기서 알 수 있는 것은, 제도혁명당이 사라진다는 것은 연방 정부의 집권당이 바뀌었다는 사실뿐 아니라 사실 집권당이 위치를 변경하고 옆으로 이동함을 의미한다.

2. 한 유령이 멕시코를 떠돌고 있다, 제도혁명당이라는 유령이

제도혁명당이 대통령 집무실을 비워주게 된 것은 이미 몇 년 전부터 예고된 몰락이었다. 하지만 바로 몰락의 정치 시간 속에 새로운 덕목이 탄생한다. 이 문제에 관하여, 알베르토 아시스 나시프(Alberto Aziz Nassif)는 이것은 제도혁명당 자체의 위치와 움직임보다는 그 적들의 태도와 위치 때문이라고 말한다(Nassif, 9-10/2009: 59). 따라서 정적들과 늘어나는 (특히 사회적인) 반대파에게 매장되지 않은 제도혁명당은 오늘날 멕시코의 존재론적인 골절 부위에 생기와 형상을 부여하는 유령과도 같다. "집권당으로서의 제도혁명당이 (현재로는) 사라지더라도 그 유령은 남아 있다"고 우고 피피토네(Ugo Pipitone)가 말했다(Pipitone, 10/2009: 74).

따라서 현재 멕시코가 처한 어려운 순간에 우리가 무엇을 해야 하는지 물어보기 전에 정치적·국가적 상황의 정돈이라는 중요한 문제를 끈질기고 진지하게 탐구하기 시작해야 한다. 우리를 (적어도 세 가지 의미에서: 법적, 상징적, 실제적으로) 대표하는 정권이 남긴 엄청난 적자(문자 그대로 빚을 의미한다)라는 문제를 말한다. 이 적자는 제도혁명당이 규제와 관리를 맡은 주요 권력기관의 상실, 그리고 현재 보여준 정치 변화 참여의 예외적인 방식으로 인해 정치 시스템이 처한 공백에서 뱅겨난 것이다. 즉, 제도혁명당은 아직도 마치 법규 그 자체와 같은 예외적인 존재라는 인상을 주며, 따라서 정권 체제 (헌법적·정치적) 그 자체나 다름없다. 넓은 의미로 보면 법처럼 존재한다고 감히 말할 수도 있겠다. 이것은 우리에게 체제의 종말이 결코 구체화되지 않았다는 사실을 알려준다. 왜냐면 예전 체제는 2000년 선거의 제도혁명당의 패배와 함께 끝나지 않았고 2010년 정치 분열에서도 끝나지 않을 것이다. 그 대신 정치적·헌법적인 끔찍한 모호함이 자리 잡았다. 이것은 헌법적·사회적으로 국가를 통치하는 정당과 엘리트들이 민주주의의 방향으로는 거의 움직이지 않았다는 징후이다. 라파엘 에스트라다 미첼(Rafael Estrada Michel)의 말을 들어보자.

그래서 제도혁명당은 우리 민주주의가 갓 벌인 잔치에 초대된 불편한 손님이 된 것이다. 제도혁명당의 전통적인 뭐라고 정의하기 힘든 정체성, 어떤 것에도 열려 있는 개방성, 사상적 규정의 불가능성으로 인하여, 좌파와 우파의 탄탄한 파벌주의의 메커니즘 속에 형성되어 확고하게 체계를 갖춘 두 입장의 균형을 잡아야 하는 과도기의 중심부에 부조화가 일어나고 합의가 약해진다. 이 모호성을 헌법적으로 통합하기는 불가능하다. 제도혁명당이 어떤 종의 짐승인가 궁리하는 동안, 제도혁명당의 규정 불가능한 논제는 헌법적으로 무지한 환경에서 주도권을 잡게 될 것이다(Michel, 11-12/2008: 54).

단계적으로, 특히 2006년 이후 멕시코의 민주주의적 변화의 깊이에 대해 의심하기 시작했다면 제도혁명당이 6년 전 대선에 실패하고 국내 정치의 전략적인 지역 몇 곳을 잃었다고 하더라도 제도혁명당이 의식하고 있고 제도혁명당이 건설한 역사성의 영역들은 일부만이 사라졌고, 다른 영역으로 대체되거나 민주주의적 질서 생산의 기제로 향해 가기 위해서 재구성되지도 않았다. 멕시코에서는 제도혁명당의 비공식성을 대체하는 메커니즘(정치적으로 사회화하고, 통합하고, 교육하는 삼중 기능을 함)의 부재가 '제도혁명당식'의 권위적이고 대통령 중심 풍토에 물든 국내 정치와 공공생활을 '해독'하겠다는 섣부른 결정으로 대체되었다. 이것은 국민행동당의 정권교체 10년 이후 언론과 현실에 마약 거래라는 지역적·경제적 분쟁과 그에 따른 최근 몇 년간의 폭력을 초래함으로써 정치 질서(민주주의적인 의미가 아닌 것도 포함하여) 생산의 상실이라는 우려할 만한 신호를 확인해준다.

3. 누가 누구에게 빚을 졌나?

제도혁명당은 2000년 7월 2일 이후 죽지 않았다. 2010년 이후에도 마찬가지이다. 죽은 것은 타자들(현재 멕시코에 관한 어떤 토론이나 논쟁, 글 속에 등장하는 민주적인 '우리')이며 이들은 자기 무덤을 파는 논리의 정치제도 안에서 제도혁명당을 끌어내리고 싶어 했다. 그들의 논리는 민주주의의 승리/탄생은 제도혁명당의 패배/죽음이다. 이로써 얻어낸 것은 민주주의적 전망인데, 이 전망은 역으로 뒤집어진 '영원한 부채'를 동반한다(대통령직 상실의 결과). 즉, 제도혁명당에 몇 년간의 역사적·사회적인 청구서를 들이대며 무한한 대금을 수금하더라도 결국 제도혁명당은 청구서들 가운데 많은 것을 지불하게 될 것이다. 심지어 1994년

루이스 도날도 콜로시오(Luis Donaldo Colosio)의 암살과 같이 국가적으로 엄청난 손실까지도 말이다. 그러나 빚을 다 갚지는 못했다. 왜냐면 대통령직의 상실이 의미하는 상징적인 중요성에도 불구하고 '죽은 것이나 다름없는 삶'이었다고 주장하는 대신 제도혁명당은 모습을 바꾸고 있기 때문이다. 이제 빚을 진 것은 시민들이며 빚은 지속적이며 영속적인 것으로 변하고 프랑스 철학자 루이 알튀세르(Louis Althusser)의 말을 빌자면 아주 긴 미래로 던져졌다.[4] 그래서 우리가 무언지 알 수도 없고 채권자도 이름도 없는 청구서를 어떻게 갚아야 하는지도 모르게 되었다. 여기서 어떤 결과가 나왔는가? 제도혁명당이 참여할 수 있는 게임의 형식과 모양을 허용하지 않는 역사적인 봉쇄이다. 그러나 제도혁명당은 사실상 계속 게임에 참여한다. 하지만 이전과는 다르고 덜 사납고 더 개방된 게임이다.

그렇다면 2000년 선거, 그리고 좌파가 승리를 거둔 (그리고 국민행동당의 겉치레뿐인 도덕심으로 물든 열광적인 경주를 막기 위한) 2006년 선거 후에 우리가 발견한 것은 두 가지이다. 첫째, 정점에 있던 정치적 엘리트는 내리막길에 접어들었고, 저 아래 사회에서는 목소리, 시선, 저항, 기대심이 헛되이 상승했다. 사실, 제도혁명당은 우리에게 자유의 확장과 그에 따른 저항의 형식 사이에서 방황하는 여러 가지 표현으로 가득한 공백을 남겼다. 이 자유란 오래 전 이마누엘 칸트(Immanuel Kant)가 꿈꿔왔듯

---

4) 최근 연방선거관리위원회(IFE)가 올해 20주년 축하 행사에 카를로스 살리나스 데 고르타리(Carlos Salinas de Gortari) 전 대통령을 초대해 21세기 민주주의에 대한 연설을 하도록 한 결정은 역설적인 동시에 유감스러운 일이다. 오늘날 그가 권력을 잡은 방식에 대해 민주적이지 못했다는 평가가 내려졌고, 그의 재임 기간(1988~1994년) 동안 이루어진 수많은 결정은 더욱 그렇다. 그뿐만 아니라 그는 정치 엘리트층 자체는 물론이고 사회의 주요 부문들에 등을 돌렸다.

이 바로 권력과 복종의 영역을 대면하기 위해 탄생한 것이다.

멕시코 정치에서 현재에 지속 가능한 해결책을 생각하고 있는 이들에게는 변화는 위가 아니라 아래에서 온다. 변화와 조정의 처음이자 마지막은 정치 기관이 아니라 총체적인, 특히 내부적으로 서로의 차이점을 인정하는, 개인과 다수가 동시에 존재하는 사회이다. 이런 면에서 보면, 권력층의 엘리트들의 물갈이가 곧 멕시코 민주주의 안에서, 멕시코 민주주의를 위한 사회와 공존의 다른 대안을 의미하지는 않는다. 제도혁명당 – 또한 (어찌 잊으리!) '폭스의 친구들'[5]과 최근 정계의 주요 인물들 – 을 민주주의 최고의 적으로 상정하자, 제도혁명당에 사상적 비난이 퍼부어졌다. 이는 정치적 변혁이라는 현실 자체와 이를 위한 토론의 깊이와 명확성에 해가 되었고 이 비판은 우리를 출구가 없는 구석으로 몰아넣었다. 그 비판들은 이미 우리의 감정 상태로 스며들어와 우리가 구사하는 용어와 형용사의 규범에 영향을 끼치고, 눈에 띄지 않고 무책임한 익명성 아래 우리의 공적 생활에 자리 잡은 다음, 토론의 수준과 강도를 정의하고, 우리의 '공적' 존재에서 무엇을 말할 수 있고 무엇은 생각조차 금지되었는가를 규정한다.[6] 문제는 제도혁명당이 대통령궁에서 나

---

5) 리노 코로디(Lino Korrodi)가 그랬듯 '폭스의 친구들' 중 몇몇이 다음과 같이 자기 입으로 내린 결론, 어쩌면 고백이 가장 명쾌하게 이 점을 말해준다. 검은 돈, 그래서 익명의 불법자금 없이 비센테 폭스는 대선에서 결코 승리할 수 없었을 것이다. 제도혁명당만이 구습에 따라 선거 논란(선거 과정의 변화)을 돌파한 것이 아니라 최근 10년간 민주주의의 장에 있었던 새로운 동료들도 제도혁명당을 막기 위해서 그들이 비판했던 불법을 저질러야만 하는 것이다.

6) 하비에르 로드리게스 레데스마(Xavier Rodríguez Ledesma)는 이 점을 명백히 지적했다. "비난의 손가락질은 자신의 담론 테두리 안에서 담론을 업데이트하지 않은 자들을 가리킨다. 그들이 만일 자신의 담론을 새롭게 수정했더라도, 거울 속에 스스로를 비춰보는 일에서 스스로를 면제시킨다. 이런 자기만족은 그 주체뿐 아니

가자, 제일 처음으로 패배의 냄새를 풍긴 것은 사회적·정치적 국면들과 기관들이었다는 것이다. 모든 것의 패권을 잡고 싶어 했던 당의 선거 패배 후, 분명하게 밝혀진 것은 오늘날까지 멕시코 역사가 허락해온 당의 지속기간에는 손해가 되더라도 변화를 드높여 부르짖는 주체들이 증가했다는 것이다. 지속 기간이라 함은 권위적인 제도혁명당 정부의 문화적·정치적 패권을 말한다.

따라서 무책임, 비상사태,[7] 범죄가 가까이서 일어나 우리가 현재 겪고 있는 변화의 사각지대에 자리 잡은 것이 우연은 아니다. 이 현재에 대해서 아직 토론할 것이 많다. 여러 분야(도덕, 정치, 문화, 사회, 존재적)의 금지된 것과 금지되지 않은 것 사이의 이해할 수 없는 경계는 경첩이, 그리고 현재 멕시코 정계 곳곳에 산재하는 일련의 이미지와 조각들은 거울이 될 수 있다.

그 경우의 극적인 것은 제도혁명당을 그 모든 것의 장본인이라고 지적하는 것을 그만두고 따라서 지도(예를 들어 '우산과 같은 민주주의' '정부의 노력', '마약조직과의 전쟁' 또는 다른 것들과의 전쟁, '경제 위기에 대항하는 국가의 전선')가 영토는 아니라는 사실을 잊는 고의적 망각이다.

결론적으로, 제도혁명당에 대한 분석과 비판의 점검과 건설은 단순한 제안에 도달하려면 그의 **동형체**[8]에서 출발할 필요가 있다. 우리는 국가

라 그것의 새 동반자들을 포함한다. 지식인의 선언은 경험적인 것을 대체한다. 침묵은 공유되며, 공범자 의식은 '우리 모두는 민주주의자이다'라는 구호의 눈부신 후광에 가려 희미해진다."["Silencios intelectuales. La crítica en tiempos de crisis," en *Metapolítica*(vol.13, No.66, 9-10/2009), p.91].

7) 6년간의 민주주의 이후(2000~2006년), 이제 '마약테러리즘'과 '실패한 국가'라는 말이 나왔다.

8) 즉, 동형체는 일련의 현상, 과정, 사실, 장소, 제도, 그리고 심지어 국가 자체도

의 구조를 정당의 조직 안에서 재생산하기 위해 동일시했던 낡은 제도적 구조가 안고 있던 복합성의 위기 앞에 있다. 그렇기 때문에 당 전체가 국가 형태, 국가의 구조와 양식, 실천 방식을 갖추었던 것이다. 당 자체가 이 나라의 정치적 충실도를 그대로 재현한 모방품이므로. 그러나 우리는 복잡성의 위기를 논하는 것이 정치와 정치의 현재 준거기준을 탐구하는 것은 아니라는 것을 지적해야 한다. 왜냐면 이 두 번째 가정 속에서 우리는 '복잡한' 어떤 위기라는 명칭으로 표현되는 진부한 표현을 말하는 것에 불과할 것이기 때문이다. 이 위기를 오판하는 것은 범죄이나, 이 범죄의 절정을 대중들이 보고 있다. 그리고 마찬가지로, 수년간 권위적 정부와 그 이후 정부의 초기 몇 년 동안 정치적 위기가 남겼던 범죄에 대한 비판이 쇠퇴하는 것도 눈에 띈다. 국민행동당 정부 내부에서는 전에 없던 방식의 권위주의가 생겨나서 당분간은 돌이킬 수가 없다. 비평은 바로 이 점을 지적한다. 정치와 정치 행위자는 사막 속에 있다. 이 사막 속의 엘리트 지도층의 특징은 불모성과 적대성이다.

멕시코에서 우리는 파급 효과와 문제점과 의문점의 시대에 살고 있는 듯하다. 사회적·제도적 재난에 대한 답이 해답이 되지 못하고, 오히려 사실상 문제의 시작이 된다. 전보다 더 투명하고 민주적인 시대지만 공적인 무대에 두 가지 의미에서 고통스러운 불투명성을 밀어 넣었다. 한편으로는 사회적·경제적·도덕적 채무는 정돈되지 못한 형태로, 몇 배로 늘어난 불법성, 폭력, 재정과 금융 활동의 전매와 통제 불능과 당분간 동일시된다. 시기에 맞지 않는 중세 무역법이 귀환하자 소수들만이 그 법으로 덕을 보게 되고 이뿐만 아니라 반대파와 분쟁을 해결하기 위해 사용되는 언어의 질이 끔찍할 정도로 하락했다. 다른 한편,

---

자신의 중력의 가장자리로 끌어당기는 가능성이다.

국가 재건을 위한 방안을 마련하기 위해서, 적들의 패배와 내재적 질서의 상실 이면에 경계선을 구축하는 일은 피할 수 없는 일이다. 즉, 공존체제 자체의 경계선 속에 살아남고 존재하는 수밖에 없다고 할 수 있다. 그 경계선 속에서는 모든 것이 불가능하므로 어떤 상황도 가능하다. 2010년 선거 후, 잠정적인 결론이 곧 눈앞에, 아마도 간접적으로 나타날 것 같다. 제도혁명당은 계속 국가의 공적생활(그리고 또한 사적생활)의 중심 주변에 자리 잡고 있다. 비록 그 곳이 텅 빈 공간일 가능성이 매우 높지만.

참고문헌

Baliño, Juan Pablo Pampillo. 2008. *El PRI, el Sistema Político y la Transición Democrática. Historia, Balance y Perspectivas*. México, DF: Ediciones de Educación y Cultura, p.135.

Michel, Rafael Estrada. 11-12/2008. "Constitucionalismo y fin de régimen en México." *Metapolítica*, vol.12, No.62, p.54.

Nassif, Alberto Aziz. 9-10/2009. "El severo deterioro del Estado mexicano." *Metapolítica*, vol.13, No.66, p.59.

Patterson, Jorge Zepeda. 2008. "Los Gobernadores. La república corrompida." en J. Zepeda Patterson(coord.). *Los Intocables*. México, DF: Planeta, pp.234~235.

Pipitone, Ugo. 10/2009. "Retardos costosos." *Letras Libres*, año. XI, No.130, p.74.

Tenorio, Gerardo Ávalos. 9-10/2009. "El Estado mexicano en disolución." *Metapolítica*, vol.13, No.66, p.65.

제 2 부

경제적 민주주의를 둘러싼 사회변화

제5장

멕시코의 불평등과 사회정책

클라라 후시드만 _고인경 옮김

멕시코는 라틴아메리카에서 가장 불평등한 나라 중 하나다. 최근 몇 년간 농촌 사회의 경제활동이 다양해지고 해외송금이 늘어나면서 소득 분배에 일부 개선이 확인되었지만 상황은 여전히 심각하다. 멕시코에서의 불평등은 복합적이고 다기능적인 문제로 인종, 성, 거주지역의 차별과 관련되어 있다. 이 글은 먼저 불평등 상태를 진단한 뒤, 복지국가 건설 시도에서부터 새로운 소득이전 프로그램에 이르기까지 여러 세대에 걸친 상이한 사회 프로그램들을 분석하고, 불평등 문제에 대처하기 위해서는 사회적 권리의 보편성을 향해 전진해야만 한다는 결론을 내린다.

클라라 후시드만 Clara Jusidman 경제학자, 전 멕시코시티 사회개발부 국장, 현재 시민단체인 시민발의와 사회개발(Iniciativa Ciudadana y Desarrollo Social)의 회원이며, 멕시코시티 인권위원회(Comisión de Derechos Humanos del DF)와 유니세프 멕시코 지부 고문이다. 또한 멕시코국립자치대학교(UNAM) 사회정치연구소(Seminario de Política Social)와 멕시코 문화연구세미나(Seminario de Cultura Mexicana)의 회원이다.

* 이 글은 ≪Nueva Sociedad≫ 220호(2009년 3~4월)에 실린 글을 옮긴 것이다.

멕시코에서 불평등은 역사적으로 뿌리가 깊고 점점 더 복합적인 양상을 띤다. 즉, 다양한 방식으로 표현되며 복합적인 요인을 지니고 있다. 불평등은 개인마다, 또 인구 집단마다 삶의 조건, 수준, 기대치에서 편차가 대단히 크고, 노동과 교육 궤적에도 영향을 끼쳐 이 차이를 다시금 심화시킨다.

멕시코에서 불평등은 사람들이 일생동안 자원과 소득을 획득하고 보유할 가능성을 결정짓는 개인적·관계적·구조적 속성으로 설명될 수 있다. 루이스 레이가다스(Reygadas, 2004: 7~25)는 불평등에 관한 연구 – 그리고 아마도 사회정책들 – 는 보통 다음 세 가지 중 하나를 선택한다고 지적한다. 즉, 개인의 자원과 능력, 개개인의 관계, 사회적 구조이다. 개인주의 이론은 사람들 사이의 능력과 자원 분배에, 상호관계 이론은 관계 규범과 불평등한 교환에, 전체론적 이론은 사회 구조의 비대칭적인 특징에 초점을 맞춘다. 레이가다스는 에릭 울프(Eric Wolf)에 의거하여 불평등은 해소되지 않는 권력관계에 따른 현상이라는 입장이다(Wolf, 2001: 20).

불평등을 논할 때면 경제적 불평등, 특히 소득 불평등이 바로 떠오른다. 하지만 소득 불평등은 다양한 원인에서 비롯된 일련의 불평등의 결과이다. 또한 다른 수많은 불평등의 기원을 설명해주기도 한다.

근본적인 불평등 – 더구나 세대를 거치면서 축적된 불평등 – 의 한 유형은 토지, 천연자원, 자본(부동산, 장비, 기계), 재원 등등 생산 혹은 수입 창출을 위한 재산과 자원의 차별적 소유와 관계있다. 몇몇 인물과 몇몇 가문의 막대한 부를 비난하면서도 소수 독점 사회인 멕시코에는 부의 분배 실상에 대한 통계학적 증거를 갖춘 연구들이 없다. 이처럼 비록 신뢰할 만한 정보는 결여되어 있지만 모든 정황상 소득 분배보다 부의 분배에서 격차가 훨씬 더 심각하다. 게다가 자원, 재화, 공공 서비스

운용을 위한 최근의 각종 예산정책과 민영화정책은 권력을 쥔 집단과 가까운 사람, 기업, 가문에 호의적이었다.

이런 맥락에서 이 글은 다양한 자료와 통계를 바탕으로 멕시코의 최근 불평등 역사에 대해, 또한 가구 소득구조의 추이에 대해 살펴보고자 한다. 나아가 불평등이 성·인종·거주 지역의 차이는 물론 이 차이를 차별화시키는 방식과 관계있다는 것을 밝힐 것이다. 세 번째로, 이 글은 복지국가 창설을 위한 여러 시도에서부터 가장 최근의 소득이전 프로그램들까지 불평등에 대처하기 위한 사회정책들을 분석하고 있다. 마지막으로 멕시코에서의 불평등과 빈곤 문제를 타파하기 위한 필요조건으로 보편성을 제안하는 바이다.

1. 최근 소득 불평등 추이

멕시코는 세계에서 가장 불평등한 대륙인 라틴아메리카 내에서조차 고도의 소득 분배 불평등을 겪고 있다. 대단히 높은 불평등 지수를 보이는 브라질, 콜롬비아, 칠레, 과테말라, 엘살바도르, 온두라스만이 멕시코를 능가할 뿐이다.

경제개발협력기구(OECD)의 최근 연구는 1980년대 중반에서 1990년대 중반까지 10년 동안 멕시코에서 불평등이 증가한 반면에, 그 이후 10년 동안은 감소 추세라는 결론을 내렸다(OECD, 2008). 그러나 다른 분석들에 따르면 이 추세 전환의 최대 수혜 가구들조차 그 소득이 가족들이 가난만 간신히 면할 정도라고 강조한다(CEFP, 2008).

공식 자료에 입각한 두 지수는 멕시코 소득 분배의 불평등을 잘 보여준다. 첫째는 인구 중 가장 부유한 십분위의 평균 소득과 가장 가난한 십분위의 평균소득과의 관계를 계산한 것이다. 가장 부유한 10%의 2000년도 가구별 평균 화폐소득은 가장 가난한 10%의 35배였다. 이 차이는 2006년에 30배로 줄어든다. 그래도 여전히 상당한 차이이다. 두 번째 지수는 지니 계수로 2000년도에 0.501에서 2006년도에는 0.473으로 낮아져 소득 분배가 개선되었음을 보여준다.1)

이와 병행하여, 빈곤 역시 감소했다. 국가평가위원회(Consejo Nacional de Evaluación)가 실시한 빈곤 측정은 2000년에서 2006년 사이에 빈곤이 감소했음을 보여준다.2) 식량 빈곤은 가구의 18.5%에서 10.6%로, 여력 빈곤은 25.2%에서 16.1%로 감소했고, 재산 빈곤은 45.7%에서 35.5%로 감소했다.

이미 불평등이 극심하지만, 만일 측정을 다시 한다면 훨씬 더 심각할 수도 있다. 페르난도 코르테스(Fernando Cortés) 같은 몇몇 전문가는 분석에 사용된 소득 분배 현황에는 최상위 부유층에 대한 조사가 결여되어 있어 '불완전한' 자료라고 주장한다. 대기업과 금융 투기자본이 수익 발표를 강력하게 회피하고 있고, 이와 더불어 불법적·범죄적 활동에 대한 참여가 증가함으로써 최상위 부유층의 소득이 과소평가되어 있는 것이다.

---

1) 지니계수는 소득 분배의 불평등 측정에 광범위하게 사용되는 지수다. 0에서 1사이 값으로 나타내며 0에 가까울수록 분배가 더 평등하다.

2) 국가평가위원회는 세 가지 유형의 빈곤을 측정한다. 첫 번째는 식량 빈곤(pobreza alimentaria)으로 1인당 화폐소득이 멕시코 통계청(Inegi)-라틴아메리카 카리브 경제위원회(CEPAL)의 장바구니 지표에 못 미치는 경우이다. 두 번째는 여력 빈곤(pobreza de capacidades)으로 화폐소득이 식량, 의복, 신발 등의 기본 소비액보다 적을 경우이다. 세 번째는 재산 빈곤(pobreza de patrimonio)으로 화폐소득이 식량, 의복, 신발, 주택, 보건, 대중교통, 교육 등의 기본 소비액보다 적을 경우이다.

〈표 5-1〉 2000~2006년 가구 십분위에 따른 3개월 단위 가구당 평균 화폐소득*(2006년 불변가격)

가구 십분위	변화율(%)		
	2000~2002	2002~2004	2004~2006
I	4.4	-1.4	19.6
II	2.3	5.2	14.3
III	6.7	4.9	11.3
IV	5.6	5.8	8.8
V	4.9	3.9	9.6
VI	3.3	2.8	9.7
VII	3.4	3.1	8.7
VIII	2.6	3.3	8.9
IX	0.2	2.6	7.9
X	-8.4	4.8	7.6
전체	-1.7	3.9	8.7

주: * 소득이 0인 가구들도 포함한다.
자료: Inegi, "Dirección General de Estadística," *Enigh 2006*(presentación en Power Point de julio de 2007), p.9.

2006년도 가구소득과 소비에 대한 국가 조사(Encuesta Nacional de Ingresos y Gastos de los Hogares: Enigh)에 따른 소득 구조에 따르면 가구 화폐소득의 83.5%는 노동소득에서 나오는데 64.3%의 종속노동과 19.2%의 독립노동으로 구성된다고 한다. 단 4%만이 부동산 소득이며, 12.4%는 이전소득(연금, 송금, 보조금, 기부금, 증여)이다(Inegi, 2006).

사실 고도의 불평등은 소득 원천의 변화와 밀접한 관련이 있다. 1970년대부터 가구 소득은 공식 부문 노동과 합법적 기업 활동에 대한 의존이 점점 더 줄어들었다. 반면 비공식 부문, 이민, 불법적이고 범법적인 활동에 대한 의존도가 점점 더 늘어나는 추세다. 이는 멕시코 인구 역사 단계에서 청년 노동자들이 대거 공급된 최근 몇십 년 동안 낮은

〈그림 5-1〉 2006년 십분위별 전체 소득 구성

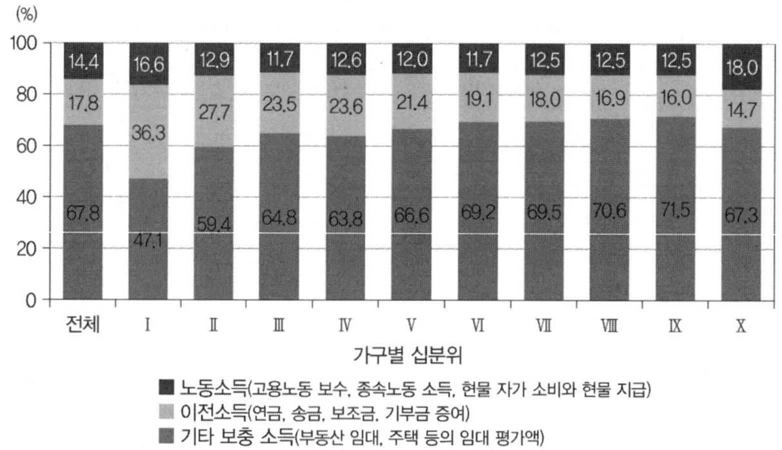

자료: Inegi, "Dirección General de Estadística," *Enigh 2006*(presentación en Power Point de julio de 2007).

경제성장, 정규직 증가 비율의 축소, 노동 유연화에 따른 불안정성이 빚어낸 결과이다.

멕시코 통계청(Inegi)에 따르면, <표 5-1>에서 보는 바와 같이 2004년과 2006년 사이, 가장 빈곤한 1~3십분위 계층의 가구 평균 화폐소득이 눈에 띄게 증가했음을 알 수 있다. 변동폭은 가장 빈곤한 1십분위에서 19.6%, 2십분위에서는 14.3%, 3십분위는 11.3%였다. 같은 기간 동안, 가장 높은 10십분위에서는 7.6%의 소득이 증대했다. 다시 말해 이 공식 자료에 따르면 불과 2년 만에 인구 중 가장 가난한 10%가 국가 평균 증가율인 8.7%의 2배에 이르는 평균소득 증대를 기록했다.

2006년도 가구소득과 소비에 대한 국가 조사(Enigh) 결과는 가장 빈곤한 가구들이 <그림 5-1>에서 보는 바와 같이 이전소득(연금, 송금, 증여, 기부, 보조금)에 많이 의존하고 있다는 사실을 보여준다. 가구 전체의 평균은 이 항목이 전체 실질 소득의 17.8%였다. 반면에 가장 빈곤한 1십분위의 가구 소득은 36.3%로, 2십분위는 27.7%로 나타난다. 다시 말해 가장 빈곤한 가구들은 소득의 1/3 이상을 해외에 있는 가족, 정부와 민간 사회구제 프로그램의 도움에 의지하고 있다는 말이다.

최근의 이러한 불평등 및 빈곤 감소를 어떻게 설명할 수 있을까? 다수의 연구자들은 이주 노동자들이 멕시코의 가족에게 보내는 송금액이 눈에 띄게 증가한 점을 가장 빈곤한 가구들의 소득 개선의 주요 요인으로 확신한다. 2000년부터 멕시코 순 이민자 수는 매년 평균 60만 명이다. 송금으로 얻는 소득은 2007년에 가장 높았으며 그 액수는 260억 달러였다. 즉, 미국 이민은 멕시코 노동시장의 압력을 고려하면 중요한 탈출구가 되었고, 국내에 남은 가족에게 중요한 소득 원천이 되었다.

가장 빈곤한 계층의 소득 개선을 설명할 수 있는 또 다른 점은 농촌의 경제활동이 더 다양화되었다는 점이다. 불행히도 이런 다양화의 일정 부분은 마약 거래에 가난한 농민들이 연루된 탓이다. 즉, 마약 파종, 경작, 운반에 참여하고, 조직범죄를 위한 비밀 사병 역할을 하는 청년들도 있다.

여러 연구는 소득 불평등의 주요 원인이 노동 보수의 차이에서 비롯된다는 데 일치하고 있다. 고위 관료와 사기업 중역들이 급여 이외에 실제로 받는 혜택까지 더한다면 그 차이는 틀림없이 더 커질 것이다. 이런 상황이 예를 들어 연방선거재판소(Tribunal Electoral del Poder Judicial) 판사의 소득(월급이 45만 페소, 즉 3만 1000달러에 이른다)과 한 달에 2000페소, 즉 138달러를 수령하는 최저임금 노동자 간의 차이를 둘러싼 불평등 논란의 쟁점이 되었다. 이 부문의 차이는 법정 최저임금을 억제하는 정부정책 때문에 점점 더 확대되고 있다. 연방의원과 지방의원, 주지사, 시장들처럼 매년 본인들의 급여를 물가인상률에 따라 스스로 정하고 상향 조정하는 공공기관 종사자들과의 차이가 벌어질 수밖에 없는 것이다.

생활수준을 유지하기 위해 각 가정은 어쩔 수 없이 여성, 청년, 심지어 어린이까지 더 많은 가족 구성원을 일하러 보내야 했고 노동 시간을 늘려야만 했다. 이는 설문조사의 가구별 평균 수령액의 증가 이유를 설명해주고, 또 1970년대 이후 노동시장에서 여성 참여 비율이 눈에 띄게 증가한 이유도 부분적으로 밝혀준다. 노동의 필요성은 청소년이 학교에 머무는 시간을 제한한다. 또 가족 구성원들의 임금노동 시간이 증가하면서 양육과 가사에 할애하는 시간도 줄어든다. 가장 많은 소득을 버는 계층은 양육과 가사를 위해 가장 빈곤한 계층의 여성들을 고용할 수 있다. 반면 이 여성들은 자기 자녀를 보살필 기회를 박탈당하고 있는 셈이다.

국가의 사회보호 체계가 취약한 멕시코와 같은 시장 경제 상황에서 소득 불평등은 국민의 삶의 수준과 질을 결정하며, 심지어 보건 서비스의 파편화 탓에 질병이나 사고와 직면했을 때는 결정적으로 삶과 죽음을 가를 수도 있다. 예를 들어 몇몇 지방에서는 근처에 전문 보건 서비스가 부족하거나 더 큰 규모의 도시에 있는 병원으로 이송할 비용이 없어서 임산부 사망률이 높다.

2. 불평등과 차별

멕시코의 불평등은 소득 분배에만 국한되지 않고, 성(性)·종족·거주지역의 차별과도 연관되어 있다. 다른 많은 국가와 마찬가지로 동일한 교육 수준을 갖춘 여성이 동일 업무에 동일 노동시간을 종사해도 남성보다 열악한 보수를 받는다. 또한 역사적으로 여성들에게 부과된 가사와 돌봄 노동은 경제적으로 제대로 평가 받지 못하고 있다. 그래서 이 일에 종사하는 많은 젊은 원주민 여성이 국가의 보호를 받지 못하며 낮은 보수에 얽매여 있다. 심지어 교육이나 보건처럼 인간 개발과 돌봄의 확장 분야로 간주되는 분야에서도 마찬가지이다. 이들 분야에는 여성의 노동 참여 비율이 높은데, 상대적으로 적은 보수를 받고 있고 직업군들 중에서 가장 낮은 층위에 속한다.

인종 차별과 관련하여, 원주민들은 소득도 적을 뿐만 아니라 보수가 형편없는 노동, 특히 농목업과 건설업에 종사할 수밖에 없다. 더구나 상당수 원주민이 보건·교육·수도 서비스를 받을 수 없을 정도로 작고 외진 마을에 산다. 빈곤 가구 중 상당히 높은 비율이 원주민 가구이고, 사회적으로 가장 낙후된 지역이 원주민 공동체가 거주하는 산악과 건조 지역들이다. 보건, 주택, 위생 인프라, 과학 및 기술 발전의 혜택 관련 지수들은 인종에 따라 엄청난 격차가 존재한다는 점을 보여준다.

또한 거주지와 근무지에 따른 커다란 불평등도 존재한다. 멕시코 남부 지역의 임금이 북부나 대도시에서 받는 임금보다 훨씬 낮다. 마찬가지로 지방 노동자의 임금이 도시 노동자보다 열악하다. 이런 격차는 심지어 공식적인 성격까지 띠게 되어, 몇 년 동안 법정 최저임금이 지역에 따라 그리고 도시 노동인지 지방 노동인지에 따라 고착되었다.

이 모든 사항이 계층 구조를 결정한다. 멕시코의 사회계급 구성에 대한 일반적인 평가는 소득 상위계층은 스페인, 혹은 유럽, 미국, 라틴아메리카의 백인 이민자들의 후손으로 대다수가 가톨릭 신자인 백인 인구로 구성되어 있다는 점을 확인해준다. 한편 중산 계층은 백인과 메스티소로 구성되고, 반면에 가장 낮은 사회 계층은 기본적으로 원주민 출신 인구로 이루어져 있다.

상위계층은 사업형 활동(산업, 법률, 회계, 금융 기관 소유주나 종사자)을 하고, 중산계층은 공무원, 정치인, 전문 서비스 제공자, 연구원, 교사, 교수, 산업체와 서비스 직종의 숙련 노동자들로 구성되었다. 마지막으로 하층계층 구성원들은 가사서비스, 농목업과 수공예 활동, 그리고 산업, 건축, 서비스, 비공식 상업 부문에서 비숙련 노동을 하고 있다.

한마디로 말해 종족적·인종적 출신 요인이 축적된 부 및 사회적 자본 요인과 결합하고 있으며, 더욱이 되먹임 효과를 일으키는 교육과 차별화된 직업군 진입 양상과도 결합하고 있다. 이는 귀속 계급은 물론 계급 간 사회적·문화적·경제적 차이를 영속화시키는 경향이 있다. 그 때문에 멕시코의 소득 분배 불평등의 상당 부분은 인종, 종족, 성 차별로 설명된다. 다시 말해 문화적 형태로 깊게 뿌리를 내려서 각 인구 집단의 부의 축적 기회를 결정하게 된다.

3. 정부의 개입

멕시코 내의 불평등은 대단히 복잡하고 다양한 요인에 그 기원을 두고 있기에 단순하고 일방적이며 단일한 공공 프로그램으로는 대처할 수 없다. 문제 극복을 위한 정치적 의지는 물론이고, 문제의 원인과 해결책에 관한 상이한 해석과 입장을 지닌 집단들과의 대화 능력도 요구된다. 국민의 적극적인 참여를 요구하는 일이기에 국가의 개입은 국민의 요구, 관심사, 우려를 반영한 진정한 공공정책이 되어야 한다. 정권이 바뀔 때마다 정권을 잡은 측이 단독으로 결정하는 정책이 되어서는 안 되는 것이다. 불평등의 복잡성 때문에 이를 퇴치하기 위해서는 경제적, 정치적, 사회적, 문화적 분야의 다양한 정책 수단을 연계할 필요가 있다. 결국에는 권력의 비대칭 관계를 바꿔야만 한다는 의미이다.

사회정책에서는 국가의 객관적이고 믿을 만한 정보 수집과 평가가 필수불가결하다. 이 과정에서 법률, 제도, 사회 서비스 관련 공무원 양성과 투입 인력, 개입 모델, 기술, 투입 가능 예산액, 프로그램 들 간의 예산 배분을 두루 고려해야 한다.

시행 중인 사회 프로그램들은 혼란스러운 복합물이다. 멕시코 근대사의 다른 국면마다 발달시켜온 국가의 사회적 책임에 대한 상이한 개념들이 합쳐진 결과이다. 즉, 서로 다른 세대의 사회 프로그램들이 계속해서 중첩되었고 몇몇 경우는 전제부터 많은 수정을 겪기도 했다.

이런 변화들 중 하나가 가구의 소득 원천과 연관되어 있다(이는 사회 프로그램들을 재정의하기도 했다). 20세기 초부터 소득 원천은 농목업과 광업 활동에서 점점 더 도시의 산업, 상업, 서비스 생산 분야의 정규 임금노동으로 옮겨갔다. 1970년대에는 이 소득에 비공식 부문 활동에서 얻은 소득이 보완되었다(심지어 정규 임금노동 소득을 능가하기도 했다). 이와 동시에 멕시코 이민 역사가 매우 오래되긴 했지만 21세기 초부터 해외 이민과 송금이 많은 가정에서 소득의 기본 원천이 되었다. 끝으로 불법·범죄 활동이 현재 시골 지역과 도시 소외지역의 많은 젊은이와 주민의 소득원이 되고 있다. 심지어 상당히 많은 가구가 이를 생존 전략으로 삼고 있으며 이를 정당화시키기까지 한다. 잘못된 시장경제 하에서 합법적인 활동으로는 빈곤과 낮은 보수에 시달릴 수밖에 없다는 것이다.

이런 변화에 직면하면서 기존의 경제 전략과 사회 프로그램들은 마비되었다. 공식 시장경제의 틀 안에서 임금 고용을 창출하겠다는 유토피아의 덫에 걸려서 새로운 현실에, 그리고 사회적·문화적·경제적 변화에 어떻게 적응할지 모르고 있다.

최근 사회 프로그램들의 역사를 돌이켜보면 4세대로 구분할 수 있다. 각 세대 간에 단절이 있었다기보다는 각 단계마다 지배적인 사회정책이 있었다. 서로 다른 사회적 개입들이 겹치는 바람에 이전 행정에서 사용했던 몇몇 수단은 그대로 유지되고, 많은 경우 새로운 개입의 토대로 작용하기도 하며 심지어 수십 년에 걸쳐 창출된 사회적 인프라의 경우처럼 새로운 프로그램들의 시행을 용이하게도 했다.

멕시코에서는 사회 프로그램들이 일단 시작되면 취소되는 경우는 드물다. 그 때문에 새 정부마다 우선 본인들의 새로운 사회정책 개념에 맞추어 현재 실행 중인 수십 개의 프로그램과 조치를 정돈하고자 한다. 비센테 폭스 정부의 소위 '당신과 함께 하는 전략(Estrategia Contigo)'이나 펠리페 칼데론의 '더 잘살기(Vivir Mejor)' 프로그램들은 새로운 것이라는 논리에서 출발하여 이전 세대의 사회 프로그램들을 재정비하려 한 사례들이다.

사회정책을 바꾸면 이전 단계들의 사회 서비스에 손실과 피해가 발생하기 마련이다. 즉, 인프라를 포기하거나 무너지게 하기도 하고, 관련 인력 양성을 축소하고 제한을 두며, 정책적 개입을 위한 기술, 장비, 정책 모델들을 유지하지 않거나 현재화시키지 않기도 한다.

멕시코의 최근 역사에서 4세대의 프로그램들을 분석할 때 제1세대는 멕시코의 산업화 과정에 발맞춰 복지국가로의 발전 전략을 계획하고 실행했다는 점을 지적해야 하겠다. 이는 1940년대에 시작하여 1970년대까지 확대되어왔다. 그 목적은 새로운 산업노동자들의 사회보장(보건서비스 포함)과 노동 보호(노동조합, 최저임금, 법정 노동시간, 노동 안전과 위생, 각종 혜택)였다. 더 평등한 사회로 나아가기 위해 정규 고용을 통해 국민을 기본적인 사회보호망에 점진적으로 포함시키자는 것이 전략이었다. 물론 멕시코 경제 근대화의 혜택을 공유하게 함으로써 새로운 도시 산업 근로자들과 그들의 단체들을 통제하는 데도 유용했다.

이와 병행하여, 평등과 포용을 위한 또 다른 강력한 수단으로 초등교육의 보편성, 무상화, 세속성, 의무화를 확립했다. 그 이후에 중등교육으로, 더 최근에는 취학 전 아동 보육으로 확대되었고, 현재는 고등교육(educación media superior)으로 확대하려는 중이다. 멕시코에서는 교육을 받을 권리만이 법적으로나 실질적으로 보편적 권리의 범주에 이르고 있다. 그 기반이 바로 이 제1세대 프로그램들로 거슬러 올라가며, 이 프로그램들은 국제적 기구가[3] 명시한 사회적 권리, 혹은 경제적·사회적·문화적 권리에 가깝다.

이 제1단계 사회정책들은 교육, 보건, 사회보장, 식량안전보장, 도시 인프라 및 서비스 등 다섯 분야에서 제도, 법, 인프라, 매우 강력한 인적 자원의 발전을 이룩했다.

1970년대 들어 복지국가 건설 전략이 처음으로 삐거덕거리기 시작했다. 농촌 인구의 배제와 낙후가 두드러졌고, 경제정책이 생산성 낮은 경제활동에 종사하는 농촌 노동자들을 생산성이 더 높고 더 많은 보호를 받을 수 있는 도시화된 경제활동으로 이전시키기 위한 충분한 고용 창출을 유지하는 데 무능함이 점차 드러났다.

이렇게 하여 소위 '도시 비공식 부문'이 출현하기 시작했다. 공식 부문 테두리 밖에 소자본과 낮은 기술력의 독자적인 소규모 경제활동이 기능하게 된 것이다. 이러한 상황에서 비공식 부문 경제활동은 도시 노동시장에서 이미 발생하기 시작한 긴장에서의 탈출구가 되었다. 비공식 경제는 농촌에서 이동한 노동자들을 산업 발전만으로 흡수해야 하는

---

3) '세계인권선언', '경제적·사회적 및 문화적 권리에 관한 국제규약', '산살바도르 의정서' 등을 보라.

부담은 물론, 매우 높은 인구성장 결과 도시에서 태어난 새로운 젊은 세대들을 흡수해야 하는 부담도 덜어주었다.

제2세대 사회 프로그램은 1970년대 중반에서 1980년대 말 사이에 출현했다. 농촌과 농촌 인구의 방치와 착취를 보상하고 도시의 발전에 따른 불평등을 완화시키는 데 초점을 둔 특별 프로그램이다. 상징적인 두 프로그램으로는 1977년에 시작된 '침체지역과 소외집단에 대한 국가계획의 전반적인 조정(Coordinación General del Plan Nacional de Zonas Deprimidas y Grupos Marginados: Coplamar)'과 1989년에 생긴 '연대를 위한 국가 프로그램(Programa Nacional de Solidaridad: Pronasol)'이 있다. 두 프로그램은 소외된 지역과 공동체, 특히 농촌에 중점을 두었다. 이 프로그램들은 다섯 가지 특징을 띤다. 첫째, 보건, 식품, 위생 인프라 구축 등의 사회적 관심과 도로 건설, 소규모 관개 사업, 소규모 사업에 대한 자금 조달과 지도, 통합형 농장, 농목업 신용자금 등의 생산적 요소들을 결합시킨다. 두 번째 특징은 국가가 사회 서비스의 공급자 역할을 한다는 것이다. 세 번째는 새 프로그램들이 이전 세대 프로그램들, 특히 농촌에서 발전시켜온 사회 인프라를 이용 – 심지어 확대 – 하는 것이다(Pronasol 프로그램도 도시 소외지역에서 기존 사회 인프라를 이용하기 시작한다). 네 번째 특징은 다문화적 시각을 수용한다는 점이다. Pronasol 프로그램의 경우는 젠더의 시각도 수용한다. 마지막으로 몇몇 프로그램과 활동을 추진하면서 계획 입안, 시행, 통제, 유지, 평가 과정에 공동체들의 참여를 장려했다. 여기에는 가사 영역에 머물러 있던 농촌 여성들을 포함시키기도 했다. 두 프로그램은 역사적으로 농촌 주민들의 소득을 착취하고 불평등을 심화시킨 권력 구조들, 예컨대 농촌 생산품과 기초 농산물을 상업화시키는 권력 구조 타파를 모색했다.

제3세대 사회 프로그램들은 빈곤이나 취약한 상황에 처한 집단들에 초점을 맞춘 계획이다. 그 기원은 1990년대 말의 '진보(Progresa)' 프로그램으로 거슬러 올라가며, 오늘날의 '기회(Oportunidades)' 프로그램까지 계속되고 있다. 이 유형의 프로그램은 세 항목 - 식량, 보건, 교육- 의 복지만을 다루며 주로 농촌에 초점을 두고 있다. 공공 서비스가 제공하는 기회를 통해 인적 능력을 발전시키는 것을 토대로 삼는다. 이는 본질적으로 현금을 지급하는 프로그램이다.

현재 그 수혜자는 2500만 명에 이르며, 사회정책에서 중요한 시각 변화였다. 우선, 개인에 초점을 맞추는 것이지 공동체에 대한 개입이 아니다. 현금을 지급받는 가정, 특히 여성은 그 대신 자녀를 학교와 보건소에 보내야 하며, 또한 여성 자신도 능력 양성 코스에 참여해야 한다. 이 프로그램은 아이들을 위한 것이지만 이를 위한 매개체가 여성이라는 아이디어에 입각해 있다. 수혜자들은 소득과 생활수준 정보에 따른 산정 프로그램을 통해 선정된다. 현금으로 지급되는 돈은 시장에서 식량 구입에 사용된다.

이 세대의 프로그램들은 과거에 구축한 보건과 교육 인프라에 상당 부분 기대고 있다. 집단적이고 별로 복잡하지 않은 프로그램들이며 물질이나 능력 면에서 개인적으로 부족한 점을 주목하는 빈곤 해석에 입각해 있고 개개인이 노동시장 투입 자격을 갖추는 것을 지향했다. 프로그램의 설계, 시행 혹은 평가에 국민 참여는 고려하지 않는다. 부차적이고 보완적인 방식으로 사회 인프라 건설과 주택 개선 프로그램을 병행한다. 또한 생산과 관계된 기회 개발 병행 전략도 포함되지 않는다. 시민의식, 참여, 책임감, 연대감을 고취시키지도 않는다. 이런 형태의 계획들은 의존성을 낳고, 진취성을 파괴하고, 개인주의를 조장하고, 공동체 내의 사회조직에도 악영향을 끼치는 경향이 있다. 광범위한 범위를 대상으로 하기는 하지만 멕시코 내 사회적 문제의 복잡성을 다루기에는 개념이 초라한 프로그램들인 것이다.

다른 소득이전 프로그램들은 취약한 집단에 초점을 맞추고 있다. 노인들을 위한 식품 지원, 싱글맘이나 미혼여성, 가정 폭력에 시달리는 여성, 장애인을 위한 지원금이 그것이다.

제4세대이자 마지막 세대의 사회 프로그램들은 복지와 서비스 마련에 민간 부문이 참여하는 것으로 국가는 사회 서비스의 제공자 혹은 실행자 지위에서 물러나 단지 재정 책임자로 변신했다. 이 프로그램들은 서비스 민간화를 겨냥하여 애초부터 운영을 시민사회단체들에 맡기고, 관련 소기업들도 장려한다. 대중보험(Seguro Popular) 프로그램의 원래 설계, 멕시코 사회보험청(Instituto Mexicano del Seguro Social: IMSS)의 보육 서비스, 현 정부의 유아 수탁 프로그램(Programa de Estancia Infantiles)이 4세대 사회 프로그램의 사례들이다. 폭스 정부 시절, 집단 소유지였던 토지에 대한 민간 기업의 부동산 프로젝트를 통한 사회적 목적의 주택 개발을 적극 추진한 것도 마찬가지이다.

사회정책의 우선순위와 전략의 추이를 분석해보면 패러다임의 변화를 관찰할 수 있다. 예전의 사회정책은 국가가 사회적 권리와 관련된 의무들을 수행하고, 사회적 비용 지출을 통해 부와 소득을 재분배하고, 역사적으로 배제되었던 부문의 국민을 포함시키는 수단이었다. 그러나 지금은 빈곤에 처한 가정들을 관리하는 사회정책 패러다임으로 대체되었다. 이 패러다임에 따르면 빈곤 가정에 대한 사회 서비스 지원은 필요하지만, 이를 민간 기업의 사업 영역(비록 소규모 사업이라 해도)으로 본다.

패러다임의 이러한 변화와 함께 공공 부문이 직접 제공하던 사회 서비스들이 방기되거나 그 질이 유지되지 못하고 있다. 사회정책의 중요한 세 기둥 – 사회적 안전, 보건, 교육 – 이 심각하게 손상되어 기술적

지체, 저임금, 인력의 자질과 책임감 부족, 시설 유지 미흡, 이용자들의 권리에 대한 관심과 존중의 축소로 나타났다. 여러 공공 사회 서비스, 그 재원, 심지어 관련 일자리마저 공급 기업(약국, 설비 업체, 유지와 청소 서비스 업체, 보안기업 등등), 정치적 힘을 지닌 전문직 엘리트, 반민주적인 공공 노조, 수혜자 들이 만든 중개 단체의 포로가 되었다. 이 모든 것이 사회 서비스의 질 저하와 권리자들에 대한 소홀을 야기하고, 나아가 사회 공공서비스의 필요성에 대한 대중의 인식을 퇴보시킨다.

4. 끝맺는 말

불평등을 해소하는 데 초점을 맞춘 21세기형 사회정책은 기예르모 오도넬(Guillermo O'Donnell)의 개념인 "국가에 대한 권리(derecho al Estado)" 회복부터 시작해야 할 것이다. 즉, "법 체계와 제도를 통한 민주적 체제에 입각해 정치적 시민권을 제재하거나 지지하는 것 이외에도 모든 국민의 시민적, 사회적, 문화적 권리에서 부상하는 폭넓은 범위의 권리를 지지하는 국가"(O'Donnell, 2008: 31)의 회복 말이다.

하지만 멕시코는 이익 집단들의 포로, 또 정치 계급을 지배하고 사적 이익에 예속시키는 부패의 포로가 되어 불평등과 배제에 맞서기보다는 이들을 확산시키는 경향이 있다. 그렇다면 근본적인 문제는 현재의 국가가 정의와 법치에 기초하며 더 공정하고 연대감 있는 사회 형성을 지향하는 사회정책을 설계하고 시행할 능력이 있는가이다.

이 정책은 식량, 사회적 안전, 보건, 교육, 주택, 기본적인 위생 서비스에 대한 권리, 일자리에 대한 권리와 노동 권리, 기본 소득에 대한 권리에 대한 실질적인 보편성의 인정에서부터 출발해야만 한다. 이런 권리들과 계획, 프로그램 들 그리고 또한 가능한 재원을 최대한 이용하는 것에서부터 출발하여 보편적인 보호를 달성할 때까지 점진적으로 보호막이 되어줄 수 있는 기본 규범들을 명시한 사회적 보장을 분명히 법으로 밝혀놓아야 한다는 뜻이다.

이는 불가능한 생각이 아니다. 보편성을 향한 진보의 한 예가 교육을 받을 권리의 확대이다. 이미 언급했듯이 교육 서비스는 모든 어린이와 청소년이 접근 가능하도록 확대되어왔다. 다만 이런 진전에도 불구하고 교육은 공공 교육과 민영 교육으로 양분되어 있고, 지역적 불균형이 심하고, 그 질에 심각한 차이가 존재하고, 국민의 사회적·문화적 다양성에 부합하지 못하고 있다. 그럼에도 교육 분야의 진보는 중요했다.

멕시코 정부의 정책들이 수백만 명의 도시 인구와 아직 지방에 거주하는 인구들이 겪고 있는 결핍, 불안정, 취약함을 바꾸지 못하고 있다는 사실이 점점 더 명백해지고 있다. 성, 종족, 사회 계급, 출생 지역과 관련된 불평등의 덫에 걸린 사람들이 존재하고, 삶의 과정에서 능력을 개발하고 재원과 소득을 얻을 기회를 좌지우지하는 문제들이 존재한다고 말할 수 있다. 은폐된 인종주의, 보수주의적 입장이 강화시킨 남성우월주의, 19세기적 계급주의, 만성적인 부패가 여전히 작동하는 나라에서 '출신이 곧 운명이다'라는 말은 현실인 듯하다.

참고문헌

Centro de Estudios de las Finanzas Públicas de la Cámara de Diputados. 2008. *Distribución del Ingreso y Desigualdad en México: un análisis sobre la Enigh 2000-2006*. CEFP/009/2008.

Instituto Nacional de Estadística y Geografía(Inegi). 2006. *Encuesta Nacional de Ingresos y Gastos de los Hogares*.

O'Donnell, Guillermo. 2008. "Hacia un Estado de y para la democracia." *Democracia / Estado / Ciudadanía, Serie Contribuciones al Debate*, II. PNUD: Unión Europea, Lima, p.31.

OECD, 2008. *Growing Unequal? Income Distribution and Poverty in OECD countries*. París: OECD.

Reygadas, Luis. 2004. "Las redes de la desigualdad: un enfoque multidimensional." *Política y Cultura*, No.22, otoño de 2004, pp.7~25.

Wolf, Eric. 2001. *Figurar el Poder: Ideologías de dominación y crisis*. México: Ciesas, p.20.

제6장

멕시코, 신에게서는 너무 멀고 위기에는 너무 가까운 나라

북미의 경제적 전염력의 메커니즘

오스카르 우가르테체 _김선영 옮김

2007년 8월 소위 대불황이 시작되었다. 대불황은 단계적으로 진행되었으며, 미국을 진원지로 하여 세계 여러 나라로 퍼져나갔다. 외견상 두 개의 속도를 지닌 세계경제가 그려지고 있다. 미국에 덜 종속된 나라들이나 국제금융시장에 덜 연결된 나라들은 경제 위기의 충격을 덜 받고 있다. 미국을 시작으로 다른 북미 국가들과 카리브 지역으로 확산된 위기는 유럽 국가들에서 진행된 위기의 양상과는 다르다. 이렇게 다른 형태로 나타난 이유는 재정적인 문제 외에도 다른 연쇄작용으로 인한 다양한 문제들, 즉 이주와 송금, 단기 투자와 장기 투자, 관광과 국제무역과 같은 문제들이 맞물려 있기 때문이다.

오스카르 우가르테체 Oscar Ugarteche 멕시코국립자치대학교(UNAM) 경제연구소(IIEC)의 선임연구원이자 라틴아메리카경제관측소(Obela) 책임자이다.

* 이 글은 베를린자유대학 라틴아메리카연구소에 체류하고 있을 때 쓴 글이다. 이주에 대한 자료와 시각을 제공해준 멕시코국립자치대학교 경제연구소 아나 마리아 아라고네스(Ana María Aragonés)와 값진 기술적 도움을 준 멕시코국립자치대학교 경제연구소 내 경제관측소의 프란시스코 마르티네스 세르반테스(Francisco Martínez Cervantes)에게 감사를 표한다. 또한 이 글에 대해 함께 고민해준 베를린자유대학 라틴아메리카연구소 팀에도 감사의 마음을 전한다.

* 이 글은 ≪Nueva Sociedad≫ 237호(2012년 1~2월)에 실린 글을 옮긴 것이다.

1. 위기의 본질

2007년 8월을 시작으로 이제 6단계[1]에 접어든 대불황의 진원지는 미국, 그리고 미국과 북미자유무역협정(NAFTA)을 맺은 캐나다와 멕시코이다.[2] 많은 경제연구가는[3] 이 경제 위기가 콘드라티예프 파동(Kondratiev wave)[4] 위기라고 주장한다. 카를로타 페레스(Carlota Pérez)의 관점에서 보자면(Pérez, 2004: 217~242), 우리는 B단계 막바지에 있다. 즉, 기술 혁신에 따른 하나의 주기가 소진되고 앞으로 도래할 번영의 50년을 기다리고 있다. 이와는 반대로 미국 쪽 분석[폴 크루그먼(Paul Krugman, 2009), 조셉 스티글리츠(Joseph Stiglitz, 2010), 사이먼 존슨(Simon Johnson, 2010)]은 금융 요소에 주로 초점을 맞추는데, 그들에 따르면 경제 위기는 1980년대에 시작되어 1999년 빌 클린턴 정부의 그램·리치·블라일리법(Gramm-Leach-Bliley Act)[5]으로 정점에 달한 규제 완화 정책의 결과다.

1) 경제 위기의 단계에 대해서는 다음을 참조하라. Oscar Ugarteche, *La crisis global y la regionalización. Una visión desde América Latina, Latindadd*(Lima, 2009).

2) 위기의 여섯 단계는 다음과 같이 요약할 수 있다. ① 서브프라임 위기와 1차 금융 위기, ② 신용 경색, ③ 1차 불황, ④ 재정 위기, ⑤ 국가 부채 위기와 2차 금융 위기, ⑥ 2차 불황.

3) 가령 다음을 보라. Jürgen Schuldt, *Trasfondo estructural y sociopolítico de la crisis estadounidense*(Lima: Universidad del Pacífico), 2011.

4) 콘드라티예프 파동이란 두 단계로 구성된 50년 주기를 말한다. A단계에서는 기술 혁신이 높은 이윤을 가져온다. B단계에서는 점점 수익성이 줄어들어 또 다른 기술 혁신이 요구된다.

5) 1934년 금융업자들의 경제적 권력 집중을 막고자 금융 규제가 시작되었다. 1980년대에 이 법이 폐지되고, 금융 세계화가 필요하다는 생각이 전 세계로 수출되었다. 1999년 상업은행과 투자은행의 결합을 허용하면서 이 과정은 정점에 도달했다. 또한 새로운 규제책들의 도출도 완화되었고, 이것이 서브프라임 위기를 촉발했다.

라틴아메리카 쪽 분석은 장기적인 양상에 초점을 맞추어, 1970년대부터 위기 상황이 시작되었다고 주장한다. 이 '만델(Mandel)주의자' 같은 전망은 기술의 구조적 측면을 강조한다는 점에서 콘드라티예프 장기 파동과도 맥을 함께한다. 또한 아르투로 기옌, 호세 데니스, 그레고리오 비달(Arturo Guillén, José Deniz y Gregorio Vidal, 2010)과 세우스 푸르타두(Red Celso Furtado) 팀의 의견에 따르면, 헤게모니의 이동과 국제 역학관계의 변화와도 관계가 있다. 테우토니우 두스 산투스(Theotonio dos Santos, 2010) 카를루스 에두아르두 마르칭스(Carlos Eduardo Martins, 2011), 클라우디오 카츠(Claudio Kats, 2010)는 지금의 경제 위기는 1973년 미국 달러의 기축통화로서의 역할이 흔들리면서 시작된 헤게모니 위기가 정점에 달한 것이라고 주장한다.

현재의 혼란이 복잡한 성격이라는 점에는 의심의 여지가 없다. 일련의 기술 혁신이 대량 소비를 야기해 전 지구적 과열을 낳고, 노동시장에 혁명적 충격을 주고, 수출에 의거한 자본축적 모델의 위기를 초래했다. 그리하여 어떤 사회는 능력 이상으로 소비하고, 가난한 사회는 적정 소비를 하지 못하고 잘 사는 나라들의 배만 불리고 있다. 이런 상황은 극단으로 치달아 '부채 위기'라는 지경에 이르게 되었다. 단순한 국가부채 문제가 아닌 것이다. 이는 사회가 빚을 진 채 살도록 허용한 금융의 위기이자 삶의 방식의 위기, 또 경제이론의 위기이다. 이런 의미에서 이번 위기는 1930년, 1870년, 1820년 등에 일어난 다른 대위기(Marichal, 2010)와 구별된다. 비록 본질적으로는 모든 위기가 공통점을 갖고 있지만 말이다(Reinhart & Rogoff, 2011).

2. 북미 경제의 동시성

멕시코와 미국의 경제성장은 역사적으로 상호 관계가 있다. 그러나 1990년대부터 양국 경제의 동시성이 강화되면서 양국 간 상호의존성이 더욱 증가했다. <그림 6-1>에서 보면, 1996년 1사분기와 2007년 3사분기(위기의 시작점) 사이에 6개월 간격으로 두 경제의 명백한 동시성이 보이며, 큰 규모의 경제가 작은 규모의 경제를 선도하고 있음을 알 수 있다. 그렇지만 2006년 미국의 국내총생산이 하락했을 때, 멕시코 경제의 하락폭은 기존에 비해 상당히 적었으며 이에 대처하기 위한 멕시코의 경기 정책도 긍정적인 효과를 냈다는 점을 간과할 수 없다.

2008년과 2011년 사이의 자료를 보면 그런 경향을 확인할 수 있다(<그림 6-2> 참고). 즉, 양국 경제의 상호관계는 6개월 시간차를 두고 하나가 다른 하나를 뒤따르고 있어서 경기 대책을 장기간 시행할 여지

〈그림 6-1〉 1996~2007년 사이 미국과 멕시코 국내총생산의 상호 관계 (국내총생산의 3분기 경제성장률)

(단위: %)

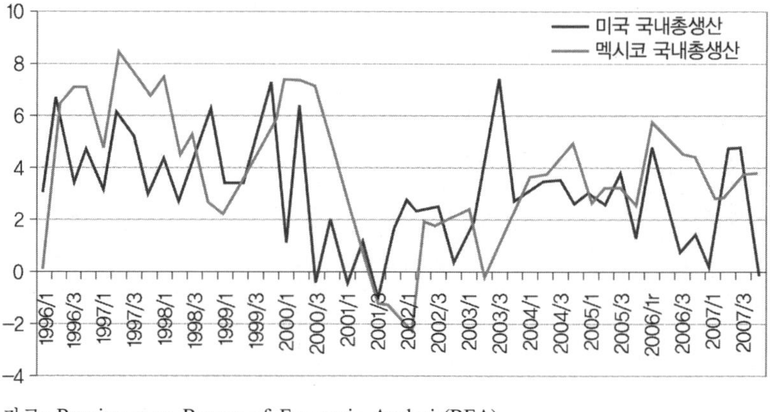

자료: Banxico y us Bureau of Economic Analysis(BEA).

〈그림 6-2〉 2008~2011년 사이 미국과 멕시코 국내총생산의 증가율

(단위: %)

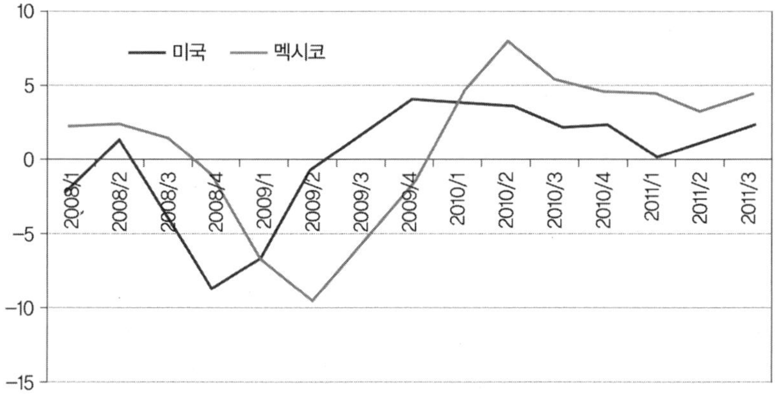

자료: BEA e Instituto Nacional de Estadística y Geografía(Inegi).

를 주지 않는다. 1996~2007년 사이에도, 또 2008~2011년 사이에도 이와 반대되는 경향은 없으며, 작은 경제(멕시코)가 큰 경제(미국)에 좌우되지 않고 독자성을 획득한다는 것은 생각조차 할 수 없다. 이는 곧 양국 경제의 생산 라인이 밀접하게 연계되어 있으며, 양 지역 사이의 불균형 문제가 전반적으로 심각한 상황임을 시사한다.

양국의 이러한 상호 관계는 최소한 다음과 같은 다섯 가지 영역에서 서로 연결되어 있다는 점을 보여준다.

① 이주
② 단기자본 이동
③ 해외직접투자(IED)
④ (석유를 포함한) 재화의 이동
⑤ 관광 서비스

비록 캐나다와 멕시코 모두 미국과 매우 긴밀한 관계를 맺고 있고, 양국 모두 자신들의 생산 시스템을 해체하고 미국의 생산 시스템과 재결합시켰음에도, 왜 멕시코가 미국의 경제적 변화에 캐나다보다 더 큰 충격을 받는지는 이 영역들을 관통하는 경향을 통해 설명될 수 있을 것이다.

3. 이주

멕시코인의 이주에서 가장 눈에 띄는 점은 이주자의 98%가 지역적 근접성, 역사적·가족적인 이유로 미국을 선택한다는 점이다. 이주자 상당수는 전통적으로 멕시코 사람들이 거주했고 스페인어가 널리 보급된 캘리포니아와 텍사스로 간다. 아나 마리아 아라고네스, 에스페란사 리오스, 우베르토 살가도(Aragonés, Ríos y Salgado, 2011: mimeo)는 서류미비 이주자들을 포함하여 멕시코에서 미국으로 가는 이주자들의 수가 감소했다고 지적한다. 이는 미국의 증가하는 실업률 때문인 것으로 보인다. 그렇다고 미국에서 다시 멕시코로 돌아오는 사람 수가 증가하고 있지는 않다고 한다. 이주민 실업자들은 고향에 돌아오기보다 미국에서 다른 직업을 얻어 버티는 것으로 보인다. 이는 노동 유연성 수준이 높기 때문에 가능하다. 연구자들은 2007~2010년 사이 불법월경자들의 수는 약 40만 명 정도로 감소했고, 합법적 이주자들은 지속적으로 증가하고는 있지만, 경제 위기 이전에 비해 대체로 낮은 상승률을 보이고 있다는 데에 동의한다.

아라고네스, 리오스, 살가도(Aragonés, Ríos y Salgado, 2011)에 따르면, 미국인들과 비교해보았을 때 고등교육을 받은 멕시코 이주자들의 실업

〈그림 6-3〉 2006~2009년 미국으로 이주한 멕시코인 수와 멕시코로 귀국한 멕시코인 수의 추이

(단위: 1000명)

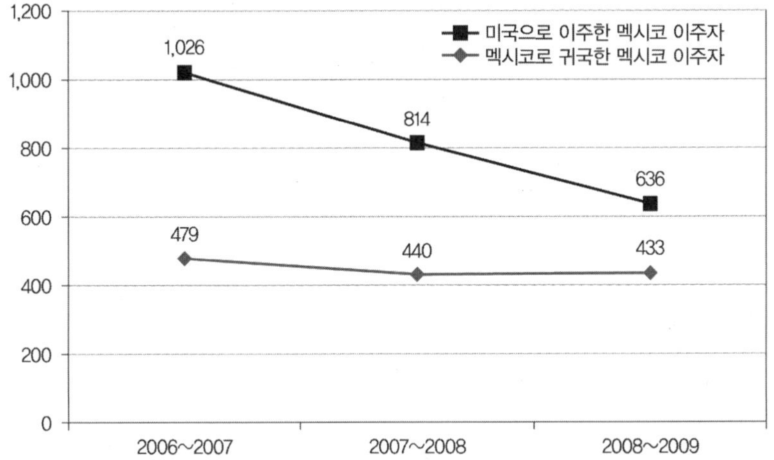

자료: Michael Fix, Demetrios Papademetriou, Jeanne Batalova, Aaron Terrazas, Serena Yi-Ying Lin & Michelle Mittelstadt, "Migration and the Global Recession. A Report Commissioned by the BBC World Service"(Washington, DC: Migration Policy Institute 2009) en Aragonés, Ríos y Salgado(2011).

이 증가했다는 점은 이주를 계획했던 사람들을 단념하게 만들었다. 그러나 2011년 11월 『BBVA 멕시코 이주 전망』에 따르면, 더 높은 수준의 교육을 받은 전문직 종사자들 상당수는 여전히 미국으로 이주하여 고소득 영역에 고용되고 있다(BBVA Bancomer/BBVA Research, 11/2011). 여기에 해당되는 이주자들은 멕시코 북부 지역의 치안이 불안해지면서 합법적으로 이주를 선택한 사람들일 것이다. 이러한 현상은 이주자들의 유형을 차별화시킨다. 박사학위나 석사학위까지 마친 고학력자, 학부 졸업자나 기술적인 전문교육을 받은 사람, 중등교육까지만 마친 사람 들 간에 간극이 생긴 것이다.[6)]

경제활동에 대한 더 구체적인 분석에 따르면, 경제 위기는 이주자들

의 일자리 중 특히 건설 및 채굴, 생산, 요식업, 농업, 수산업, 임업, 관리직 분야에서의 실직을 가져왔다고 한다. 그러나 실직자들은 건물 청소직과 관리직, 운송업, 판매직, 장비 설치나 관리직 등의 일자리로 이동했다. 이런 직종의 대체 과정은 교육 수준이 높은 계층에서도 발생했다. 그 때문에 원치 않게 본국으로 돌아가는 일을 피할 수 있었다. 이주자들의 이러한 태도 변화의 결과, 송금액은 경제 위기의 충격에도 불구하고 경미한 감소세만 보였을 뿐 급격하게 줄지는 않았다.

송금

1990년대와 2000년대에 대멕시코 해외직접투자액은 송금액과 유사한 규모가 유지되었다. 그러다가 경제 위기의 영향으로 송금액 규모가 뒷걸음질 쳐서 결국에는 해외직접투자가 우위를 점했다. 아무튼 송금액 규모의 높은 비중은 멕시코 경제 모델이 마치 재화를 수출하듯 노동력의 수출에 바탕을 두고 있고, 해외직접투자가 멕시코에서 일자리를 창출해 이주를 감소시키는 것이 아니라, 의미 있는 일자리를 창출하지 못하는 영역에 이루어짐으로써 오히려 이주를 부추기고 있음을 의미한다.

---

6) 아라고네스, 리오스, 살가도는 이주자 유형의 차이에 대해서 분석하는데. 이는 『멕시코 이주 전망』과 일치한다. 그들에 따르면, 특수재능 소유자 비자(O-1 비자)는 1996년 171건에서 2009년 3147건으로 증가했고, 전문직 비자(H1B 비자)는 2007~2009년 사이 하락한 시기도 있었지만 1996년 5273건에서 2009년 1만 4352건으로 증가했다. 주재원 비자(L1 비자)는 1996년 4759건에서 2009년 2만 253건으로 증가했다. 합법적 이주자들의 다수는 농업노동인력이었다. 이와 관련된 비자는 1996년 8833건에서 2009년 14만 540건으로 증가했다(2008년에는 16만 3695건이었다). 농업 부문 외의 임시 이주자들도 농업 관련 이주자들처럼 1996년부터 증가했지만, 2007~2009년 사이에 10만 5244명에서 3만 7467명으로 감소했다 (Aragonés, Ríos y Salgado, 2011).

송금액은 경제 위기로 약간의 하락세를 보여준다. 수치가 가장 낮았던 지점은 2009년 4사분기였다. 이 시기 3개월 동안 거의 47억 달러까지 떨어졌다. 그리고 경기 침체 직전 63억 달러로 최고치를 기록했는데, 경기 침체 후 아직 이 수준으로 복구되지 못하고 있다. 송금액 감소는 예상과 달리 멕시코 국내총생산에 큰 영향을 주지는 않았다. 2009년 멕시코 국내총생산의 급격한 수축을 설명하기 위해서는 교역과 해외직접 투자의 쇠퇴를 고려해야 한다. 비록 많은 멕시코 가정이 송금 소득이 감소하면서 경제적 빈곤이 더욱 극심해진 것은 사실이지만 말이다.

4. 자본 이동

자본 이동에는 크게 두 가지 유형, 즉 장기자본 이동과 단기자본 이동이 있다. 단기자본은 금리 차이 때문에 멕시코 시장에 유입되었지만 대체로 제한된 시기 동안 머무른다.

장기자본 이동

멕시코, 특히 멕시코 북부 지역은 미국 해외직접투자의 주요 대상 지역이다. 양국의 생산 시스템은 이런 방식으로 서로 연결되고 미국은 멕시코에 일자리를 제공한다. 그러나 이것이 멕시코의 노동조건에 높이 평가할 만한 개선이 이루어졌다는 것을 의미하지는 않는다. 장기 직접 투자는 2008년까지 상승세를 보인다. 2000년부터 2010년까지 10년 동안의 연평균 투자금액은 송금액을 웃도는 237억 9900만 달러이다. 그리고 경제 위기를 기점으로 연평균 176억 100만 달러로 하락하며 송금액에 미치지 못한다(<표 6-1> 참고). 그러나 스페인 투자의 유입으로 멕시코

〈표 6-1〉 2000~2010년의 대멕시코 해외직접투자

	해외직접투자 (미국 달러)	미국	캐나다	기타
2000	18,110.00	71.8%	3.7%	24.5%
2001	29.858.60	71.8%	3.4%	24.8%
2002	23,913.00	54.9%	1.0%	44.1%
2003	16,246.20	54.6%	1.9%	43.5%
2004	24,818.00	36.8%	2.6%	60.6%
2005	24,280.40	48.1%	2.0%	49.9%
2006	19,951000	64.7%	3.1%	32.2%
2007	30,069.70	41.4%	1.6%	57.1%
2008	26,948.00	40.8%	11.3%	47.9%
2009	15,575.20	44.8%	10.3%	45.0%
2010	19,626.50	27.0%	5.8%	67.2%

자료: Inegi.

자금 시장에서 미국의 점유율이 감소했다는 점을 덧붙여야 할 것이다.

이러한 변화는 실물 투자에는 별로 영향을 주지 않았다. 전반적으로는 대멕시코 해외직접투자에 대한 미국의 점유율은 크게 감소되었다. 미국의 경제 위기로 인해 2000년대 초 72%에 육박했던 점유율이 2000년대 말에는 27%로 크게 떨어졌다. 하지만 미국 해외직접투자액의 감소가 멕시코의 고용, 임금, 조세 수입에 큰 영향을 준 것은 아니었다. 부분적으로 이는 한편으로는 미국이 임금이 매우 낮고, 복지 혜택이 없으며, 자본의 비중이 매우 높고, 기업들이 면세 혜택을 받는 자유무역지대에 주로 투자했기 때문이다. 또한 해외직접투자는 해외 교역을 통한 성장에 의미 있는 기여를 하지 못했다. 이는 다국적 기업들이 부품을 수입하여 멕시코 내에서 조립한 뒤 재수출할 뿐 멕시코 내의 생산기반에 연결되어 있지 않기 때문이다. 다른 한편으로는, 이런 유의 해외직접

투자가 다국적 기업들의 수익성을 높이고 더 많은 배당금을 얻도록 할 뿐이지, 세수 증대 등의 방식으로 멕시코 국내에 혜택이 돌아가게 하지는 못했다.

캐나다의 투자는 2000년부터 2010년까지 10년 동안 증가했지만, 미국의 경우와 마찬가지로 경제 위기로 인해 2008년부터 2010년 사이 30억 달러에서 11억 달러로 감소했다. 미국과 캐나다의 차이점은 미국이 주로 제조업에 투자한 반면, 캐나다는 다른 라틴아메리카 국가에서와 마찬가지로 광업에 주로 투자했다는 점이다. 유럽연합은 멕시코에서 가장 역동적인 투자자이다. 특히 통신이나 금융 같은 서비스업에 집중 투자한 스페인은 유럽연합의 대멕시코 신규 투자에서 절반 이상을 차지하고 있다.

의미심장하게도 실물 투자의 변화는 미미하고, 해외직접투자의 기복 때문에 별다른 영향을 받지 않았다. 다시 말해, 멕시코 경제의 위축은 국제 수지에서 해외직접투자의 감소 때문이지, 생산 시스템에 대한 충격 때문은 아니다. 특이한 점은 멕시코에서 중국의 직접 투자가 매우 미미하다는 점이다. 카리브 연안이나 남아메리카 국가들에서 중국의 직접 투자가 증가세인 반면, 멕시코에서는 답보 상태이다(Peralta, 7/1/2011).

단기자본 이동

2000년대의 단기자본의 역할을 살펴보면 투기적 거품으로 멕시코 증시지수(IPC)가 뉴욕 증시의 다우존스 지수보다 훨씬 높게 치솟았다. 이는 두 증시가 동조세를 보이던 일반적인 경향을 이탈한 것이다. 2000년대의 첫 3년 동안 두 지수는 예상대로 동조세를 보였다. 하지만 2003년 멕시코 증시는 뉴욕 증시에서 이탈했고, 그 결과 더 많은 단기 자본이

〈그림 6-4〉 뉴욕 증시의 다운존스 지수와 멕시코 증시의 IPC 지수
(지수, 일별자료, 2000년 1월=100)

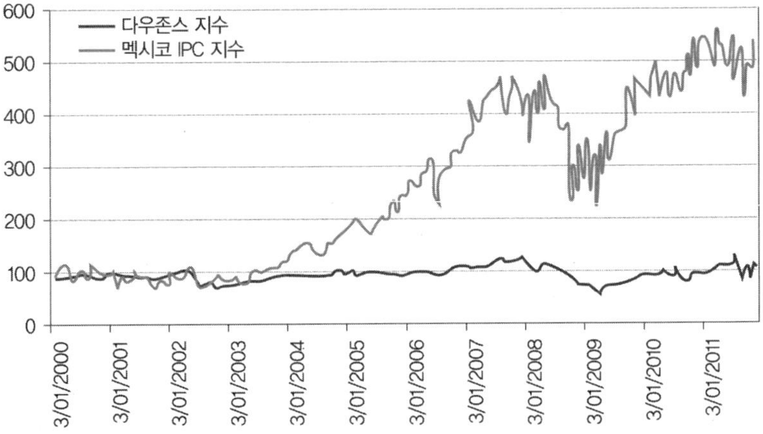

자료: 야후 금융 데이터를 바탕으로 한 필자의 구성.

유입되었다. 이는 외환보유고 증가와 환율 상승으로 반영되었다. 그러나 이는 투기적 상승이고 증시 과열이었다. 10년 동안 멕시코 국내총생산의 평균증가율은 연 2.8%에 그쳐서 같은 시기 증권 지수의 상승 속도에 상응하지 않는다.

이러한 대대적인 유가증권 투자의 거울이 환율과 외환보유고이다. 이는 "방탄막이 있으며", 투기적인 자본의 "급습에 대처"하는 방법을 지니고 있다는 관념을 야기했다. 이러한 투자 덕분에 환율은 명목상 안정적인 상태가 되었고, 실질적으로 상승했다. 그리고 외환보유고는 실제로 2000년 355억 달러에서 2011년 중반 1329억 6400만 달러로 증가했고, 환율은 거의 10년 동안 강세를 보였다. 그러나 리먼브라더스의 파산으로 2008년 9월과 10월에 증시에서 자금이 썰물처럼 빠져나가면서 달러당 10페소이던 환율이 일시적으로 15페소까지 뛰었다. 하지만 그 이후 회복되기 시작해 2011년 하반기에는 달러당 11페소가 되었

으나, 그때 소위 '유럽의 위기'로 전 세계 증시가 또다시 폭락했다.

연 3회 발간되는 국제결제은행(BIS)의 보고서에 따르면, 외환시장에서는 하루 472억 8500만 달러 상당의 금액이 거래되고 있다. 10년 동안 스왑거래는 6배, 현물 시장은 거의 4배, 해외 무역과 관련된 선물거래는 9배 증가했다(BIS, 2010: 48). 이 중에서 교역 및 실물 경제와 관련된 것은 오로지 스왑거래뿐이며, 그 외의 것들은 금융상품이다. 그리고 금융시장들 사이의 상호 관계는 외화보유고 수준이나 직접투자 총액이 아니라 바로 이러한 단기자본시장에 반영되고 있다. 단기자본시장에서는 약 11조 9000억 달러가 움직이고 있으며, 이는 2010년 1조 400억 달러였던 멕시코 경제 규모의 11배에 해당된다.[7] 페소에 대한 투기적인 공격이 발생할 때 축적된 외환보유고는 무의미해질 수밖에 없는 거래 규모이다.

5. 국제 무역

멕시코 마킬라도라 지역에서는 새로운 포스트포드주의 생산라인들이 미국에서 설계된 부품들을 조립하거나 제조하고, 아니면 미국에서 여러 공정을 걸친 생산품에 첨가한다. 그리고 이 과정을 거쳐 최종적으로 미국 제품으로 시장에 나온다. 그래서 멕시코 국내총생산은 수출 증가에 비해 크게 증가하지 않았다. 그러나 2009년 수출 불황은 국내총생산에 큰 타격을 주었다. 구매력 평가(PPP) 기준으로 볼 때, 2008~2009년 사이에 미국의 국내총생산은 3.3%, 캐나다는 2.9%, 멕시코는 5.9%

7) BIS 자료.

하락했다. 그리고 수출은 각각 18%, 30%, 21% 줄었다.[8] 이는 수출과 국내총생산 관계가 이 3개국의 경제에서 상이하다는 점을 보여준다. 멕시코가 국내총생산에서 수출이 차지하는 비중이 역내 두 나라보다 더 크다. 하지만 국내총생산 최대 하락 국가는 멕시코인 반면 수출이 가장 많이 하락한 국가는 캐나다이다. 이는 양국이 수출과 국내총생산 간 탄력성이 다르고, 캐나다에 비해 멕시코에서 관광이 차지하는 비중이 크다는 차이점 때문일 수 있다.

국내총생산과 환율에 심각한 타격을 받았다고는 해도 이 위기로 카리브 지역 국가가 받은 충격을 고려해보면 멕시코가 특별한 것은 아니다. 카리브 지역에 대한 자료를 살펴보면, 이곳이야말로 미국의 수요에 의해 경제 전반이 끌려 다니는 지역임을 알 수 있다. 수출지향 성장 경제 모형 중에서 온두라스와 베네수엘라는 동일 유형의 다른 카리브 연안 국가보다 경제 위기의 영향을 크게 입어 국내총생산 하락이나 무역 위축 면에서 심각한 타격을 입었다. 과테말라, 코스타리카, 도미니카공화국은 유럽인 관광, 중국 시장, 송금처럼 이를 상쇄할 다른 요인들이 있었다. 카리브 지역은 이주와 미국의 해외직접투자 비중 감소라는 점에서 멕시코와 공통점을 지닌다.

그래서 미국발 경제 위기는 금융 부문을 통해 유럽에 우선적으로 전염되었고, 카리브 일대에는 무역, 송금, 해외직접투자, 관광 부문을 통해 도달했다. 도미니카공화국을 제외하고 모든 국가가 타격을 입었지만 타격을 입은 분야는 각기 달랐다.[9]

---

8) 멕시코 통계청(Inegi) 자료.

9) 카리브 연안 국가들의 경제 위기 전염 문제의 일부분은 멕시코와 베네수엘라와 같은 국가들이 석유 수출국이며, 국내총생산에 직접적인 영향을 주는 석유가격 변동에 민감하다는 점에 기인한다.

〈그림 6-5〉 멕시코: 2003~2009년 국내총생산에서 관광이 차지하는 비율 (2003년 페소 기준)

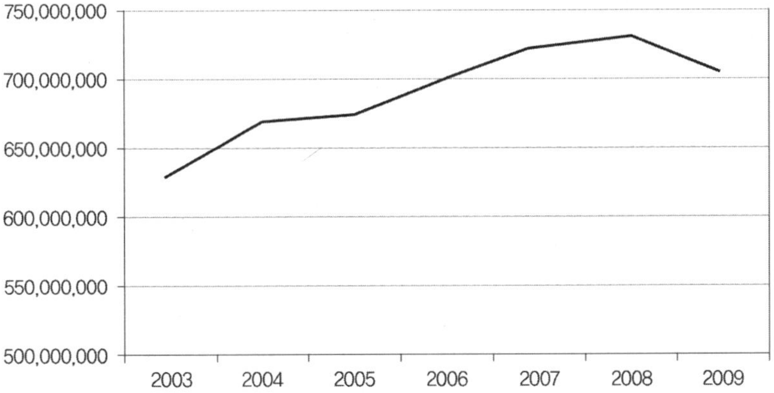

자료: Inegi, "Cuenta Satélite del Turismo de México." <http://dgcnesyp.inegi.gob.mx/ cgi-win/ bdieintsi.exe/SER163790>(2011년 12월 20일 참조)

6. 관광

2007년 미국의 경제 위기가 시작되면서 멕시코 국내총생산에서 관광 부문의 성장이 정체되다가 2008년 말에는 위축 단계로 접어들었다. 그리고 2010년과 2011년에 회복했다는 자료는 없다. 이 위축은 공식 경제를 넘어 팁, 재래시장(tianguis)에서의 구매, 기타 지출 등 국내총생산에 포함되지 않는 비공식적 경제에도 영향을 끼쳤다.

하루 이상 멕시코에서 머무는 멕시코 입국자 수는 2000년부터 25% 정도 하락했다. 이는 마약밀매와 북부 지역의 폭력 사건들과 관계가 있다. 예전에는 주말에 육로로 멕시코로 넘어오던 단기 여행자들의 수가 9200만 명에서 6300만 명으로 감소했다. 관광을 위해 항공편으로 들어와 더 오래 머물던 여행자 수는 2008년까지 증가하며 1100만 명에 도달했지만, 경제 위기를 맞으며 14%가 감소했다. 멕시코 통계청(Inegi)

통계는 2009년까지밖에 없다.

멕시코의 관광 동향을 분석하기 위한 대체 자료로 사용될 수 있는 멕시코시티 베니토 후아레스 국제공항 통계에 따르면, 2008~2010년 사이 이 공항을 이용한 여행객 규모가 8% 감소했다. 또한 멕시코에서 미국으로 육로 관광은 1999~2010년 사이에 절반으로 줄었다. 이 또한 마약밀매 지역의 여행객 통과 문제와 관계있다. 멕시코와 미국 간 통행에 제동을 거는 또 다른 요인은 멕시코인에 대한 미국 여행비자 발급 조건이 까다로워졌다는 점이다. 이는 캐나다와의 관계에서도 마찬가지다. 캐나다 정부가 자국 영토에 입국하는 멕시코인에게 비자를 요구한 뒤로 캐나다로 유입되는 멕시코인 수는 4년 만에 반으로 줄었다. 남에서 북으로 유입되는 인구가 감소한 데는 경제 위기가 큰 몫을 차지했다. 북에서 남으로 유입되는 인구가 감소한 것은 마약 밀매와 단기적 경제 위기로 인한 일시적인 현상으로 보인다. 멕시코는 영사 업무에 관한한 북미 여행객들에게 호혜 원칙을 적용하지 않고 오히려 비자 발급 시스템을 간소화했다. 제3국인이라도 미국 비자를 가진 사람은 멕시코 비자 없이도 멕시코를 방문할 수 있게 되었다. 결과적으로, 경제 위기와 폭력적인 분위기에도, 멕시코로 오는 여행객보다 멕시코에서 다른 북미 지역으로 가는 여행객의 감소폭이 더 큰 것으로 보인다.

7. 종합하며

이러한 파노라마 속에서 멕시코 경제는 현재 비정상적으로 밝은 전망을 보이고 있지만 이는 6개월 이내에 하락세를 보일 것이고 임금문제와 심각한 노동문제가 드러날 것이다. 환율과 증시의 취약성으로 멕시코 경제는 뉴욕 증시의 모든 불안정성에 노출되어 있다. 외환시장의 규모는 아마도 브라질을 제외한 다른 라틴아메리카 국가 경제보다 멕시코 경제를 더욱 취약하게 만든다. 공식적으로 집계되지 않는 수출 수익이 부분적으로는 이 취약성을 상쇄해줄 것이다. 하지만 지금까지 살펴보았듯이 전부를 상쇄해주지는 못할 것이다.

뮌헨의 IFO 경제연구소의 경제 전망에 따르면, 2012년은 북미에 좋지 않은 해가 될 것이며(IFO, 2011), 따라서 하반기 멕시코 경제에 더 큰 압박이 발생할 것으로 보아야 한다. 다른 한편으로는 올해가 선거가 있다는 점에서, 여당이 (앙케트 결과로 볼 때 불리한 상황에 있는) 자당 후보를 위한 우호적인 무대를 연출하고자 공적 수단을 동원하여 환영받을 만한 경기 대책을 세울 가능성도 있다. 만약 2006년과 같은 효과를 얻는다면(<그림 6-1> 참조), 성장률은 낮더라도 안정적인 한 해가 될 것이다. 이 모든 것은 미국의 실물 경제보다 뉴욕 증시 상황에 따라 달라질 것이다. 인플레이션 문제는 계속 뜨거운 감자이다. 멕시코 중앙은행의 기준금리는 4.5%로 3.5%인 인플레이션보다 높고, 기준금리가 0%에 가까운 미국의 단기자본을 유입시키고 있다.

이런 상황에서 새로운 수출 시장을 모색하려는 움직임이 나타나고 있다. 이런 면에서 남미는 매력적인 곳이고, 따라서 남미와의 더 긴밀한 통합이 바람직해 보인다. 이 정책은 무엇보다도 고용과 수출 문제를 완화시키고, 경기 대책의 견지에서 할 수 있는 일을 보완할 수 있다는 점에서 유용할 수 있다. 그러나 지금으로서는 미국과 전 세계 많은 지역에서 점점 더 길어지고 있는 경제 위기에 대한 단기 대책일 뿐이다.

참고문헌

Aragonés, Ana María, Esperanza Ríos y Uberto Salgado. 2011. "Efectos de las crisis sobre la migración México-Estados Unidos 2000-2010." IIEC-UNAM, mimeo.

BBVA Bancomer/BBVA Research. 11/2011. "Mexico Migration Outlook." <www.bbvaresearch.com/KETD/fbin/mult/1111_MigrationOutlookMexico_Nov11_tcm348-280632.pdf?ts=1212012>

BIS. 2010. *Triennial Central Bank Survey. Report on Global Foreign Exchange Market Activity in 2010*. Basel: BIS, p.48. <www.bis.org/publ/rpfxf10t.pdf>

Guillén, Arturo, José Deniz y Gregorio Vidal(coords.). 2010. *Desarrollo y Transformación. Opciones para América Latina*. Madrid: FCE.

Instituto IFO. *IFO World Economic Survey*. 2011. WES QIV-2011, Múnich: Instituto IFO.

Kats, Claudio. 2010. "Las tres dimensiones de la crisis." <http://katz.lahaine.org>

Krugman, Paul. 2009. *The Return of Depression Economics and the Crisis of 2008*. New York: W. W. Norton & Co.

Johnson, Simon & James Kwak. 2010. *13 Bankers: The Wall Street Takeover and the Next Financial Meltdown*. New York: Random House.

Martins, Carlos Eduardo. 2011. *Globalizacão, Dependência e Neoliberalismo na América Latina*. San Pabl: Boitempo.

Marichal, Carlos. 2010. *Nueva Historia de las Grandes Crisis Financieras*. Buenos Aires: Random House.

Peralta, Leonardo. 7/1/2011. "WikiLeaks revela los temores de México ante las inversiones de China." *CNN México*. <http://mexico.cnn.com/nacional/2011/01/07/wikileaks-revela-los-temores-de-mexico-ante-las-inversiones-de-china>

Pérez, Carlota. 2004. "Technological Revolutions, Paradigm Shifts and Socio-Institutional Change." in Erik S. Reinert(ed.). *Globalization, Economic De-*

velopment and Inequality: An Alternative Perspective. Cheltenham: Edward Elgar, pp.217~242.

Reinhart, Carmen M. & Kenneth S. Rogoff. 2011. *This Time Is Different: Eight Centuries of Financial Folly*. Princeton: Princeton University Press.

Stiglitz, Joseph. 2010. *Freefall: America, Free Markets, and the Sinking of the World Economy*. New York: W. W. Norton & Co.

Santos, Theotonio dos. 20/7/2010. "Capitalismo contemporáneo: Notas sobre la crisis estructural y la crisis de la coyuntura." *Camino Socialista*. 20/7/2010. <http://caminosocialista.wordpress.com/2010/07/20/capitalismo-contemporaneo-notas-sobre-la-crisis-estructural-y-la-crisis-de-la-coyuntura/#more-929>

제7장

차지한 사람이 임자인 거리

멕시코시티에서 이루어지는 비패권적 세계화의 사회적·정치적 조건

카를로스 알바 베가 _최사라 옮김

세계적으로 손꼽히는 거대 도시이자, 비공식 상인들이 다수로 활동하는 멕시코시티는 비패권적 세계화를 이해하기에 좋은 무대이다. 이 글은 북미자유무역협정과 같은 일련의 정치적·경제적 전환 이래 비공식 상업 분야에 나타난 변화와 멕시코와 중국 상인들 사이에 새롭게 형성된 사회상, 멕시코시티 주정부에 중도좌파 정권이 들어선 이후 일부만 달라진 비공식적 경제에 대한 정치적 규제 방식을 주로 다룬다.

카를로스 알바 베가 Carlos Alba Vega 멕시코국립대학원대학교(El Colegio de México) 연구교수이자 사회과학고등연구원(École des Hautes Études en Sciences Sociales), 프랑스 국립 과학연구센터(Centre Nationale de la Recherche Scientifique)의 사회학적 분석 및 참여센터(Centre d'Analyse et d'Intervention Sociologiques: CADIS) 참여 연구원이다.

* 이 글은 '공간 사이에서: 세계화 속의 이동, 행위자, 그리고 표상(Entre espacios: movimientos, actores y representaciones de la globalización)' 프로젝트의 일부로 프랑스 Metraljeux ANR-Suds 프로그램, 멕시코 국가과학기술위원회(Consejo Nacional de Ciencia y Tecnología: Conacyt), 독일연구재단(Fundación Alemana para la Investigación Científica: DFG)으로부터 후원을 받은 연구 결과의 일부이다.

* 이 글은 ≪Nueva Sociedad≫ 241호(2012년 9~10월)에 실린 글을 옮긴 것이다.

1. 들어가며

세계화라는 현상은 20세기 후반 30년 동안 발생한 정치적·경제적·기술적 격변이 맞물려 나타난 결과이다. 경제 및 금융 규제 철폐, 소련과 동구권의 붕괴, 정보와 통신기술 혁명이 씨실이라면 그 위에 새롭게 등장한 날실들, 즉 경계를 재설정 중인 국가와 무역·상업·금융계의 초국적 기업이 장악한 시장이 포개진 것이다.

케인스 모델은 1940년대 중반부터 1970년대 중반에 이르기까지 이른바 '영광의 30년' 동안 사회 안정과 성장의 표상으로, 많은 나라에서 성공을 거두었다. 이 경제 모델이 위기에 처하자, 정부와 기업은 규제 철폐, 공기업 사유화, 사회계약 파기 등으로 구체화된 생산구조조정을 단행했다. 1980년대 자본주의는 새롭게 옷을 갈아입는데, 이는 네 가지 목표를 둔 경제 개혁으로 구체화된다. 첫째, 자본-노동관계에서 기업의 이익을 최대화한다. 둘째, 자본과 노동의 생산력을 강화한다. 셋째, 생산과 유통 및 시장을 세계화한다. 넷째, 생산성과 경쟁력을 향상시키기 위해 때로는 사회안전망에 타격을 입히더라도 국가적 지원을 확보한다. 이러한 구조 개편은 위기에 적응하기 위한 조직 개편의 유연성과 그 변화, 기술 혁신에 기인했다. 소련의 붕괴, 계획경제에 대한 시장경제의 승리는 변화를 추진하기 위한 정치적·이데올로기적 기반이었다. 기술 변화의 속도와 생산 및 통신 체계의 전자화는 개별 민족국가들을, 노동 분화의 정도와 노사관계를, 생산·유통·소비의 방식과 집단적 정체성을, 심지어 일상적 가정생활마저도 변화시키고 있다. 게다가 경제와 정치, 문화를 따로 따로 분리시키는 경향을 촉진한다(Touraine, 1997: 9~23).

기술 혁명 이후 정보통신은 글로벌 금융시장 통합의 견인차가 되었다. 이때의 통합은 세계무역기구(WTO), 경제협력개발기구(OECD), 국제

통화기금(IMF), 세계은행(WB)과 같은 국제기구가 규제자로 기능하는 패권적 세계화이다. 이는 유럽연합(EU), 북미자유무역협정(NAFTA), 남미공동시장(Mercosur) 등에 의해 체결된 수많은 종류의 국제협약을 통해 확인할 수 있다. 패권적 세계화 또는 지구화에 대한 연구는 다양한 관점에서 진행되어왔다. 그중 하나가 국제관계 이론이다. 정치적·군사적 주권국가들이 존재하며 이들 사이의 상호의존성과 국제 협력이 증가하고 있다는 것이다. 또 한 가지 이론은 경제 결정론이라 할 수 있다. 이 이론에 따르면, 세계화는 경제 권력이 진두지휘하며 개별 국가들의 국경에는 구애받지 않는다.

하지만 이러한 세계화 사이에 **비패권적인 세계화**가 편재한다. 비패권적 세계화는 세계화를 부정하거나 반대하지 않으면서, 세계화된 소비·유통·생산망에서 이익을 창출하기 위해 세계화의 빈틈과 여백을 활용한다. 이러한 세계화를 '비공식 경제의 국제화'라고 부를 수도 있다. 비패권적 세계화는 경제 개방에 따라 자연스럽게 발생한 시장 활동일 뿐만 아니라, 지역과 국가 그리고 초국가 권력이라는 여러 층위의 시스템에 포개져 나타나는 현상이다. 중국은 개발도상국 인민들에 대중소비재를 낮은 가격으로 공급하면서 비패권적 세계화의 공간에서 점점 더 중요한 활동자로 부상하고 있다.

비패권적 세계화는 세계화의 이면을 잘 보여준다. 허가/무허가, 합법/반(半)합법/불법의 경계를 넘나들며 수백만 명의 사람들이 대륙과 국가 사이를 이동해 세계화의 주변부에서 작동시키는 영역 말이다. 개인으로 따지면 별 것 아닌 것 같아도, 모아놓고 보면 거대한 규모의 자본이다. 바로 그 행위자는 소상인, 소기업, 이민자들인데 이들은 비공식적 방법으로, 혹은 국가의 통제를 벗어난 방식으로 신상품이나 중고품, 진품 또는 모조품을 실어 나른다. 고객들은 시골, 변두리, 도심에서 그들을 기다린다. 이렇듯, 비패권적 세계화는 생존과 소비의 대안을 제공한다. 판매자들에게는 일자리를 만들어주고, 사업가에게는 사회적 유동성을 제공한다.

많은 국가와 초국적 기업, 그리고 매스미디어들은 이러한 비패권적 세계화 활동을 불법 혹은 위법적인 것으로 간주하며 조직화된 범죄와 관련짓기도 한다. 돈세탁, 무기 및 마약 밀매,[1] 인신매매 집단과 같은 부류이며 국가경제와 사회에 위험한 것이라 생각한다. 일군의 분석가들은 불법 무역이 부패하고 힘없는 정부를 가진 나라들의 공적 행정을 식민화·노예화하여 조종하거나 매수한다고 비판한다(Naim, 2006). 하지만 다른 면을 보는 시선도 존재한다. 아래로부터 생성된 세계적 유대관계를 통해 하위 주체적 교환이라는 새로운 상거래 구조에 참여하는 사람들이 있고, 이들은 자본주의를 파괴하거나 갈아 치우는 것이 아니라 그 속에서 이익을 찾고 있다는 것이다. 그 과정에서 많은 경우 일종의 공모, 즉 공식적 대기업들이 불법이라 간주되는 비공식적 소기업들과 얽혀 있는 현실을 발견할 수 있다(Freire y Telles, en prensa).

2. 멕시코시티 내 중국 이민자와 비공식적 상인

아래로부터의 세계화는 심도 깊게 연구되고 있는 분야이다. 경제적·

1) 멕시코 사례를 통해 라틴아메리카의의 부패와 마약 밀매를 분석한 글로 다음을 참고할 것. Jean Rivelois, *Drogue et pouvoirs: du Mexique aux paradis, L'Harmattan*(Paris, 2000). 여러 국가의 사례를 분석한 글로는 다음을 참고할 것. Pierre Salama(ed.), "Drogues: un nouvel avantage comparatif?" en *Tiers-Monde*(vol.XL No.158, 4-6/1999).

문화적 측면(Tarrius, 2007; Portes, Guarnizo y Landoldt, 2003; Rabossi, 2012; Mathews, 2011; Bandyopadhyay, 1-4/2010)에서 접근해 탁월한 연구 성과를 낸 경우도 많다. 이 글은 멕시코시티의 사례에서 출발해 비패권적 세계화의 정치적 함의에 다가가려 한다. 사실, 불법적이면서도 가장 활성화된 거래 공간에서 물건을 판매하고 유통하려면, 판매자들은 공간적 측면에서뿐만 아니라 제도적으로도 잘 조직되어 있어야 한다.

멕시코시티는 세계에서 가장 큰 도시 중의 하나로, 왕래하는 판매자 수가 가장 많은 도시이다. 아무도 정확하게 그 수치를 알지 못하나, 대략 수십만 명에 이를 것으로 추정한다. 약 35만에서 50만 명 정도가 될 것이라고 추산하는 사람들도 있다. 특히 역사지구[2] 구 시가지에만 약 2만여 명이 있으며, 해마다 특정 시기에는 그 수가 두 배로 증가하기도 한다.

2000년까지 도심 길거리에서 판매되는 상품 대부분은 거의 하나같이 미국에서 들여온 밀수품이었다. 여행 가방에 짐을 실어 오는 '개미 밀매' – 멕시코에서는 이를 보통 파유카(fayuca)라고 부른다 – 도 트레일러에 실어오거나 대규모로 이루어지는 밀매처럼 반드시 세관공무원이나 경찰의 협조가 있어야 한다. 국경을 넘기 위해서도 그렇고, 멕시코시티에 이르는 1500km의 도로를 이동하기 위해서도 그렇다. 파유케로(개미 밀매자)를 비롯한 밀매업자에게 물품을 조달하는 곳은 주로 미국의 남부 도시들이다. 의류는 주로 캘리포니아 주 로스앤젤레스(Alarcon, 2008)의 패션 지구에서 가져온다. 처음에는 소상인들이 버스를 타고 개미 밀매품을 자주 사러 갔지만, 시간이 지나면서 중간 도매상들이 생겨났고 이들이 멕시코시티, 구체적으로는 주로 테피토(Tepito)에서 상인들에게

2) 구시가지 중심지를 말한다. –옮긴이

상품을 전달하고 있다(Villalever, 2009). 여행가방 개미 밀매는 트레일러 밀매로 커졌다.

세금을 부과하지 않고 물품을 들여오는 방법은 주로 두 가지이다. 하나는 '아마추어 밀매(contrabando bronco)'로, 파유케로들이 소규모로 진행하기도 하고 밀매단이 대규모로 조직하기도 한다. 이들은 서류 없이 암암리에 속임수를 쓰거나 뇌물을 써서 물품들을 들여온다. 두 번째 방법은 '노련한 밀매(contrabando técnico)'다. 보통은 대규모로 이루어지고 물품을 들여오기 위해 부피나 가격, 원산지나 품질을 다르게 신고하는 모종의 양식화된 방법을 활용한다.

21세기는 하위 경제에서 유통되는 상품들의 속성을 바꾸어놓았다. 일단, 1994년에 발효된 북미자유무역협정(NAFTA)은 미국 혹은 캐나다가 원산지인 상품에 부과되는 세금을 단계적으로 없애버렸다. 그래서 멕시코에서는 북미산 상품들의 가격이 낮아졌고 그 결과 중고 의류를 포함한 많은 밀수품이 가격 경쟁력을 잃었다. 하지만 이후 중고 의류 밀매는 다시 활기를 띠게 되었다(Gauthier, 2012). 한편, 중국의 경제 개혁과 2001년 세계무역기구(WTO) 가입은 고용·소비·생산 구조에 전 세계적 반향을 일으킨 노동의 신(新)국제 분화를 촉발시켰다. 20세기 전 기간을 통틀어 멕시코 밀무역의 지배적인 유통망이었던 북-남 육로 라인은 미국의 태평양 남부 항구 중개를 통해 혹은 멕시코항구를 통한 태평양횡단 상업망에 의해 보완되고 있다. 새로운 밀무역을 담당하는 이들은 여전히 멕시코의 "공식적 상인들", 주로 테피토 출신으로 외국인들과 장사해본 경험을 가진 "비공식적 상인들", 공무원과 멕시코 세관 직원들이다. 반면, 세력이 약화된 이들도 있는데, 주로 미국에서 중간상인 역할을 했던 멕시코 이민자들이 그렇다. 새롭게 나타난 이들도 있다. 바로 아시아 상인들이다.

1990년대 초반 아르헨티나가 위기를 겪은 이후 그곳의 많은 한국인들은 멕시코로 이주했다. 일부는 아르헨티나에서 장사 경험을 가진 이들이었다. 한편, 중국인들의 새로운 이민 물결은 1990년대 후반부터 시작되었다. 이 두 집단은 멕시코시티 역사지구와 테피토 지역에서 땅을 사거나 임대했다. 대중적인 상거래 밀집 지역이었다. 일반적으로, 이들은 길거리에서 자잘하게 물건을 판매하지 않는다. 스페인어는 거의 사용하지도 않고 사업을 시작했다. 이동상인들의 대표자들에게 보수를 지급하고 이들의 도움을 받았다. 역사지구에만 약 백여 명의 중국인 수입업자들이 있다. 대부분은 여성이다. 이들은 자기 나라에서 물건을 가져오고 이동상인을 통해 물건을 유통하거나 준비된 사업장에서 소비자들에게 직접 판매하기도 한다. 중국인 상인들은 소규모 이동상인들에게 단기신용을 제공한다. 멕시코 납품자들과 다른 방식이었기 때문에 중국인들은 매우 좋은 성과를 거뒀다. 테피토의 상인들과 제휴하여 중국 상품을 수입하는 다양한 종류의 사업체를 설립했다. 마리아 로세테(María Rosete)는 테피토의 이동상인들 중에서 가장 핵심적인 인물이며 대도시 대중조직전선(Frente Metropolitano de Organizaciones Populares: FMOP)을 지도하는 대표자이다. 대중조직전선의 발표에 따르면 28개 조직과 5000명 이상의 소상인들로 구성되어 있다. 마리아 로세테는 수년 전부터 안랑(Ann Lang)과 협력해왔다. 안랑은 중국인 의사로 1990년대 중반 멕시코에 들어왔다. 의사로 활동할 수 없게 된 안랑은 장사에 투신했고 중국산 대중 소비재인 여성 가방을 합법적으로 수입하는 가게, 여섯 점포를 운영 중이다.[3] 마리아 로세테의 명함은 만다린어와 스페인어로

---

3) 마리아 로세테, 안랑과의 인터뷰(인터뷰 진행자: 카를로스 알바 외, 2009년 11월 19일, 멕시코시티.

되어 있다. 중국 기업들이 그녀의 사업 기획을 지원한다. 그녀의 목표는 중국에서 합법적이고 저렴한 상품들을 수입해 오는 것이다. 이렇게 수입해 온 물품은 조합에 가입한 이동상인들이 판매할 것이다(Braig y Alba Vega, 2011).

한편, 수십여 명의 테피토 상인들은 일 년에도 수차례씩 중국을 여행한다. 판매할 상품을 찾기 위해서다. 그들이 가장 선호하는 도시 중 하나는 이우(Yiwu)이다. 상인 중 일부는 중국 상품 수입에 대한 노하우를 전수해주거나 아시아 지역에 동행해주는 대가로 다른 상인들로부터 돈을 받는다. 가끔 여행사를 통해 비슷한 일을 하기도 한다. 여행사들은 관광 투어 상품을 제공하는 것처럼 보이지만 영세 상인들을 데려가서 물품을 구매할 수 있도록 하는 브로커 역할을 한다. 얼마 전부터 베이징에는 '테피테뇨(tepiteños)'라는 집단이 자리 잡아, '아래로부터의 무역' 일부를 담당하고 있다.

중국 밀수품은 차별적 가격 조건인 덤핑가(Nadima, 2004)로 들여온 것이 적발되었을 때, 높은 관세나 보상 비용을 내야 한다. 싸구려지만 대량으로 소비되는 직물과 의류, 플라스틱 재질의 신발, 장난감, 세라믹이나 유리용품, 전기전자기구, 향수, 개인용품(가방, 시계, 안경 등), 공디스크나 레코드 디스크가 주요 대상 품목이다.

최근 밀매의 특징으로 그 행위자, 유통망, 보급기술의 극단적이라고도 할 수 있는 다양성을 들 수 있다. 대형 유통조직과 슈퍼마켓, 전문 백화점 체인(KSA, 2002) 역시 불법적인 수입품에 의존하는데, 그 수치가 멕시코 국내 의류시장의 55%에 이른다. 삼각무역[4]은 밀매품을 대량으

4) 삼각무역은 아시아산 물품(높은 관세의 대상)을 제3국(주로 미국)을 거쳐 들여오는 방식이다. 제3국에서 태그와 원산지 표시를 수정한 이후 재수출해서 자유무역협정

로 들여오기 위해 가장 흔히 쓰는 방법이다. 수출용 마킬라도라 산업에서도 일부는 밀매의 유통망에 참여하고 있다. 특히 원단의 경우, 수출상품 생산용 임시 수입 프로그램(Programa de Importación Temporal para Producir Artículos de Exportación: Pitex)과 마킬라도라를 위해 공식적으로 마련된 일시적으로 수입 규정을 우회하는 방식을 활용한다. 일단, 공장이나 하도급업체에서 원단을 가공한 후에 정식 무역업자에게 넘기거나, 도매상을 통해 길거리 노점상이나 티앙기스(tianguis)[5]에 물건을 푼다. 이는 불법적 상행위를 비공식적 영역의 한 전문 분야로 보려고 하는 접근법의 성급한 특징을 보여준다. 여기서 우리가 도출할 수 있는 결론은 아래로부터의 세계화가 언제나 패권적 세계화에서 독립된 회로는 아니라는 점이다. 오히려 많은 순간 두 세계화는 공생 관계에 있고 같은 길을 왕래한다. 이동상인들이 항상 스스로 물건을 구하는 것은 아니다. 그들은 흔히 이미 설립된 또는 등록된 사업장이 있는 중개상, 도매상들로부터 물건을 공급받는다.

지리적·경제적 근거를 가지고 상품의 흐름을 분석하는 것은 아래로부터의 경제적 세계화를 이해하는 정확한 방법이다.[6] 한편, 사회정치적인 관점에서도 같은 주제를 검토할 수 있는데[7] 바로 이 지점이 우리가 논의를 진행하고자 하는 부분이기도 하다. 불법적 물품 / 합법적 물품,

---

에 의한 관세 혜택을 누리려는 목적이다. 파나마는 만사니요(Manzanillo) 항구를 통해 멕시코 시장에 들어오는 삼각무역 상품의 운송지점이다.

5) 동네에 서는 7일 장이다. ―옮긴이

6) 멕시코시티의 밀수와 불법 복제 메커니즘에 대한 상세한 분석은 Alarcón(2008)과 Villalever(2009)를, 과달라하라의 경우는 Aguiar(2009)를 참고할 것.

7) 캘커타의 이동상인에 대해 정치적 관점에서 분석한 글로는 다음을 참고할 것. Bandyopadhyay(2010).

진품 / 모조품을 금지된 공간에서 판매하기 위해서는, 명백한 사회정치적인 조건이 전제되어야 한다. 비공식적 산업의 영세 사업장들 – 흩어져 있고 자신의 이익을 대변할 조직을 갖지 못한 사람들 – 과 달리, 멕시코시티 도로 위의 상인들은 그들의 이익을 보호하기 위해(Vega y Kruijt, 1994), 또 길거리에서 살아남기 위해 높은 수준으로 조직된 조합을 가지고 있다.

3. 여성의 리더십과 정치적 커넥션

이동상인들은 멕시코시티 100년 역사의 일부이다. 하지만 그들이 대규모로 팽창하고 그 속에서 지도자가 생겨난 맥락은 20세기 후반 멕시코에서 발생한 세 가지의 중요한 전환을 배경으로 한다. 인구 통계학적 변화, 경제 모델의 위기와 변화, 그리고 정치적 전환이 그것이다. 수입대체 산업화 모델의 한계, 1982년 외채 위기, 무역 자유화와 구조조정이라는 자유주의 정책은 다른 라틴아메리카 국가에서처럼 외부 경쟁에 노출된 전통적 공식 산업 분야(섬유, 의류, 신발)에서의 일자리 붕괴를 초래했다. 대부분의 기업가들은 시장 축소와 합법적 수입 혹은 밀수입에 집단적인 방식으로 맞설 만한 조직력이 없었다. 그래서 그들은 밀매꾼으로 전향하거나, 미국으로 이민을 가야 했다. 공식 경제에서의 노동시장 붕괴로 인해, 연고지가 뚜렷하지 않은 비공식적 노동인구가 크게 팽창했다. 특히 상업과 복합 서비스 영역에서, 또 시민들의 기초 요구인 의식주 및 교통 분야에서 그것이 합법적이든 아니든 물품을 저가에 공급하는 상업 인구가 늘어났다. 한편, 이동상인들은 제도혁명당이, 최근에는 민주혁명당이 임명한 힘 있는 조직들을 자유롭게 활용했다. 현재 멕시코시티 집권당인 민주혁명당은 이동상인들의 활동을 묵인해주는 대가로 그들을 선거 경쟁에 정치적으로 동원한다(Alba y Labazée, 2007).

거의 대부분의 이동상인 행수들은 멕시코시티 또는 그 주변 출신이다. 이들은 이동상인들의 자식이거나 가난한 소상인 집안 출신이다. 그들의 부모도 대부분 멕시코시티 혹은 그 주변에서 태어났다. 남부 멕시코나 중부 지방 출신은 소수이다. 역사지구와 메르세드 시장(Mercado de la Merced), 테피토의 상인들과 행수들은 '이웃'에 살았다. 보통 2층짜리 임시 건물에 여러 자녀들을 포함한 수십 가구들이 뒤엉켜 지냈다. 화장실은 없었고 부엌 하나와 방 하나가 딸린 집이었다. 화장실과 세면장은 공유해야 했다.

행수들은 어릴 때부터 장사를 시작했다. 그들은 어린 시절부터 길거리에 있었던 자신의 모습을 기억한다. 부모님, 일반적으로는 어머니 곁에서 많은 이들이 6, 7살에 처음 일을 시작했을 것이다. 심지어 더 어릴 때 일을 시작하는 이들도 있다. 경제적 필요에 의한 것도 있지만, 유아 노동은 전통이기도 하다. 어려서부터 일을 하는 것은 장사치 자식들의 관습이다. 자기 집 문 앞에서 물건을 팔기도 하고, 집 주변, 길거리, 지하철, 버스에서도 장사를 한다. 행수들은 해적판 음반이나 영화, 밀수품이나 파유카의 밀수품처럼 비공식 경제에서 흘러나오는 물건을 팔았다. 그중에는 1985년 지진 전까지 도심지에 있던 무허가 영세공장에서 만든 옷도 있었는데, 이 공장들은 지진 후에 멕시코시티 주변 지역이나 마을로 자리를 옮겼다. 그들은 공식 경제에서 나온 물건들, 예를 들면 사탕, 초콜릿, 통조림, 휴지, 화장품, 학용품도 거래했다.

행수들 대부분은 초등교육밖에 받지 못했다. 일부는 이마저도 마치지 못했다. 중등교육을 이수한 이들은 얼마 되지 않는다. 1세대 행수들의 경우 그리고 원주민의 경우, 이러한 경향이 더욱 두드러진다. 여성은 남성보다 더 이른 시기에 학업을 중단한다. 경제적 궁핍함과 더불어 새로운 가정의 형성이라는 책임감도 있기 때문이다. 여성들이 더 오래 미혼으로 남아 있을 때는, 가족 안에서 공부를 그만두라는 압박을 받는 것이 일반적인 분위기이다. 부모들은 그들이 초등교육까지만 마치게 해준다. 하지만 학력의 부재는 그들이 행수로 활동하는 데 장애물이 되지 못한다. 학력이 더 높은 아랫사람들을 그들 조직에 넣어 협력자로 일하게 하는 데도 걸림돌이 되지 않는다. 거리는 삶이라는 투쟁에서 가장 좋은 학교이기 때문이다.

길거리 일을 하고 목이 좋은 곳을 차지하려고 다투다 보면 경쟁 집단들 사이에 폭력과 반목이 생기기 마련이다. 권력자들은 행수의 영도력과 조직을 강화 혹은 약화시키기 위해 이러한 갈등을 조장하거나 묵인해왔다. 그러니, 범죄 경력을 지닌 행수들이 많다는 사실은 이상한 일도 아니다. 하루의 대부분을 길거리에서 보내며 자식들과는 시간을 거의 보내지 못했기 때문에, 그들은 자신들의 부재를 돈이나 선물로 보상하려고 했다. 이는 원치 않는 결과로 이어지는데, 적지 않은 숫자의 자녀들이 알코올중독이나 마약중독이라는 문제를 겪고 있다.

길거리 장사의 중요한 자원은 정치적 역량이다. 행수들은 일생 동안 그들의 후계자들이 이용할 수 있는 경험과 인간관계, 인맥, 지혜를 축적한다. 국가기관과의 관계라는 험로에서 얻은 정보, 공무원과의 접촉 경험, 조력자들의 조언은 손으로 만질 수 없는 가치를 지니고 있어 리더십의 토양이 된다. 하지만 이것만으로 성공이 보장되는 것은 아니다. 물려받은 정치적 역량을 강력하게 만들기 위해서는 새로운 행수들의 개인적 역량뿐 아니라 경제·사회·정치 영역에서의 구조적 조건들 또한 필요하다.

멕시코시티 중심부에 있는 행수들은 적어도 두 세대로 분류된다. 1세대는 선구자 격이며, 그들의 리더십은 1982년 위기 이전에 나타난다. 길거리 장사가 새롭진 않지만 대규모도 아닌 시기다. 대부분은 여성이었고, 많은 경우 어려서부터 멕시코시티 당국으로부터 도망 다니거나 잡혀서 구금된 경험이 있다. 그들은 역사지구에서 실질적이고 공식적인 리더십을 행사한 1세대 여성들이며, 모두 조합 형태로 정치적 시스템에 통합되었다.

비록 정규 교육 수준은 일천하지만, 그들 중 일부는 수천 명의 소상인들을 거느렸다. 제도혁명당이 그들의 참여와 존재를 필요로 할 때는 당을 지원하기도 했다. 정치적 관점으로 보면 처음에 그들은 주변부에 있었다. 특히 수입 대체 산업화 모델 시기 멕시코노동자연합(Cofederación de Trabajadores de México: CTM)이나 노동자농민혁명연합(Cofederación Revolucionaria de Obreros y Campesinos: CROC)과 같은 대규모 노동조합이나 전국농민연맹(Cofederación Nacional Campesina: CNC) 같은 농민조합과 비교한다면 그 점이 분명히 드러난다. 심지어 전국대중조직연합(Confederación Nacional de Organizaciones Populares: CNOP) 소속의 독립노조 안에서조차 중요한 위치를 차지하지는 못했다. 에르네스토 우루추르투(Ernesto Uruchurtu) 시장 재임 시절(1952~1966년) 신축된 시장 건물에 점포를 얻은 상인들은 CNOP에 가입했지만, 신규 상인들은 그럴 수 없었다. 에르네스토 정부 이후에 태어나 노동시장에 늦게 진입했기 때문이다. 이 시기는 개발 모델이 위기를 맞이하고 젊은이들이 미국으로 대규모 이민을 떠날 때였다. 위기와 경제 모델의 변화는 멕시코시티 정부의 정권교체와 더불어, 그들을 정치적·경제적으로 중요한 주체로 바꾸어 놓았다. 처음에는 배제되고 억압받았다면, 그 후에는 용인되고 장려되었다.

2세대 행수들은 비공식 상거래의 붐을 몰고 온 구조조정과 경제 자유화, 생산구조 재조정으로 대변되는 1982년 위기 이후에 태어났다. 두 가지 변화 덕분에 2세대들에게도 역사지구의 이동상인 행수가 될 수 있는 문이 열렸다. 하나는 조직에서 함께 일했던 1세대 선구자들이 세상을 떠났기 때문이고, 다른 하나는 민주혁명당이 멕시코시티 시장직을 거머쥐었기 때문이다. 민주혁명당은 자기를 지지하지 않는 오래된 조합단체들을 해산시키고 싶어 했고 조직대표자들이 민주혁명당 편으로 돌아서면 기존 행수들로부터 벗어날 수 있게 하는 인센티브를 고안해냈다.

대다수의 2세대 행수들은 기예르미나 리코(Guillermina Rico)가 이끈 조직의 대표자들이었다. 이들은 독립하기 위한 세 가지 조건이 맞물리는 시기를 잘 활용했다. '행수 기예르미나 리코'의 죽음(1996년 9월 4일), 행수가 바뀌는 과도기의 불안정, 마지막으로 제도혁명당과 기예르미나가 정한 규칙이 사라진 틈에 생겨난 길거리 자리 다툼을 둘러싼 갈등이 그것이다.

수입 대체 산업화 모델이 정점을 찍고 있을 때, 소수의 몇몇이 길거리 상인들을 이끌고 있었다. 행수 몇 명이 도심의 이동상인들을 대표했다. 처음엔 단 하나의 분파 조직도 형성되지 않았다. 이동상인 본인들이 정부 여당과의 협력을 통해 정치적 중립을 찾는 편리함을 발견하기 전까지는 그랬다. 정부 여당은 거리에서의 충돌을 눈감아주고, 길거리를 감시하는 책임자들이 받는 뇌물과 정부와 판매자가 이득을 보는 사업을 허용해주었다. 1997년 멕시코시티에서 민주혁명당이 집권했을 때에는 13개의 이동상인 조직이 있었다. 10년 뒤, 마르셀로 에브라르드(Marcelo Ebrard) 정부가 2007년 10월 12일 역사지구의 이동상인들을 3차로 재편했을 때, 60개 이상의 조직이 있었다. 그들 대다수는, 그리고 가장 중요한 행수들은 여성이었다.

상인집단은 거의 계층화되어 있지 않고 행수의 권력에 중앙 집중된 형태를 보여준다. 실제 상인들의 조직은 행수가 가지고 있는 인맥, 경험, 신뢰도로 유지된다. 길거리에서 가장 크고 복잡한 상인 조직들은 행수를 비롯해 대표자, '조력자(chalanes)', '수금담당자(charoleros)'와 같은 직급의 책임자들로 이루어져 있지만 이들의 역할은 매우 제한되어 있다.

4. 결론

멕시코시티에서의 비공식 상거래는, 라틴아메리카 다른 국가들과 마찬가지로, 1980~1990년대 괄목할 만한 성장을 거뒀다. 인구 팽창, 위기, 생산구조조정, 경제 영역에서 규제 철폐와 자유화라는 여러 가지 요인이 맞물려 발생한 결과이다. 물품과 판매 장소, 판매 활동은 합법과 비합법의 경계에 있기 때문에, 그들의 이익을 방어하기 위한 조직들이 발전했다. 이러한 상업은 세계화를 움직이는 근본적인 메커니즘이 되었다. 지도력의 양태는 도시에서 발생하는 정치 변화의 맥락에 맞춰 탈바꿈한다. 비패권적 헤게모니는 새로운 인물들을 등장시켰다. 아래로부터의 경제적 세계화는 멕시코시티에서 유통되는 상품의 흐름을 변화시켰고, 이동상인 조직이 통제하는 기존의 비공식적 경제망에 관심을 갖고 있던 아시아인들을 새로운 주체로 포섭했다. 이런 의미에서, 비패권적 세계화의 확장은 대중조직의 전통적 시스템에 반하는 것이 아니며 오히려 그 틀 위에서 구축되고 있는 것이다. 국민행동당이 대통령 선거에서 승리하고 민주혁명당이 멕시코시티 시장 선거에서 승리해도 제도혁명당 시절 만연했던 방식인, 비공식적으로 정치적 조정을 이루어내는 방식은 큰 틀에서 바뀌지 않았다. 국민행동당 정부는 연방 차원에서 밀매 및 해적 상품과의 전쟁을 선포했지만, 이러한 물품들은 기존 시장에서 모든 사람들의 눈에 띌 만큼 계속 유통되고 있다. 따라서 밀매와의 전쟁은 한편으로는 진정성 있는 조치로 해석할 수도 있지만, 또 다른 한편으로는 상징적, 의례적, 보여주기식[8]인 것으로 볼 수도 있다. 2007년부터 임기를 시작한 멕시코시티 민주혁명당 정부는 광장에서 활동하는 이동상인들을 재배치하기 위해 역사지구 내 공공장소를 공식적으로 규제했다. 이는 앞서 언급했던 우루추르투와 마누엘 카마초 솔리스(Manuel Camacho Solís, 1988~1993년)와 같은 지역 정부가 이미 시도했던 정책이다. 광장의 상인들을 재배치하면 행수들이 가진 기존의 역할을 약화시킬 수도 있고, 새로운 관계 형성의 계기를 마련할 수도 있다. 1990년대 초반, 카마초 정부가 재래시장 개선 프로그램(Programa para el Mejoramiento del Comercio Popular)으로 만든 광장에서 상인들을 재배치하기 위해 카롤린 스탬(Caroline Stamm, 2007)이 제안한 것처럼 말이다. 하지만 지금까지는 장소의 물리적 변형 외에 주목할 만한 변화가 없었다. 정치적으로 조정하는 방식도 급진적으로 수정되지는 않았다. 조합주의, 후원주의(clientelismo), 후견자 관계(compadrazgo)와 친인척으로 똘똘 뭉쳐 행사하는 힘은 오랜 시간에 걸쳐 공고화되어왔기 때문에 여전히 유효하다.

8) 이에 대해서는 Aguiar(2009) 참고.

참고문헌

Alarcon, Sandra. 2008. *El tianguis global*. México, DF: Universidad Iberoamericana.

Alba, C. y Pascal Labazée. 2007. "Libéralisation et secteur informel. Réflexions à partir du cas mexicain." *Transcontinentales*, No.4, primer semestre de 2007.

Aguiar, José Carlos Gómez. 2009. "Nuevas ilegalidades en el orden global. Piratería y la escenificación del estado de derecho en México." *Foro Internacional,* No.196, 4-6/2009.

Bandyopadhyay, Ritajyoti. 2010. "Negociaciones del archivo desde abajo: el caso de los vendedores ambulantes movilizados en Calcuta." *Estudios de Asia y África*, vol.45, No.1(141), 1-4/2010.

Freire, Carlos y Vera Telles. "Sao Paulo: comércio informal e mercadorias políticas." en Carlos Alba Vega y Pascal Labazée(coords.). *Metropolización, Transformaciones Mercantiles y Gobernanza en los Países Emergentes*. Las grandes ciudades en las mutaciones del comercio mundial, El Colegio de México / ird, México, DF, en prensa.

Gauthier, Melissa. 2012. "Mexican 'Ant Traders' in the El Paso-Ciudad Juarez Border Region." en G. Mathews, G. Lins Ribeiro y C. Alba Vega(eds.). *Economic Globalization from Below*. Londres: Routledge.

Kurt Salmon y Asociados(KSA). 2002. *El Mercado Mexicano de Ropa, KSA-Canainvest*. México.

Mathews, G. 2011. *Ghetto at the Center of the World: Chungking Mansions, Hong Kong*. Chicago: The University of Chicago Press.

Nadima, Simón. 2004. "Practicas desleales e ilegales de comercio internacional en las industrias de textiles y prendas de vestir en México." en Isabel Rueda Peiros, Nadima Simón y María Luisa Gonzalez(coords.). *La Industria de la Confección en México y China ante la Globalización*. México: UNAM/ Porrua.

Naim, Moisés. 2006. *Ilícito. Como Traficantes, Contrabandistas y Piratas Están Cambiando el Mundo*. Barcelona: Debate.

Portes, Alejandro, Luis Guarnizo y Patricia Landoldt(coords.). 2003. *La Globalización Desde Abajo: transnacionalismo inmigrante y desarrollo*. La experiencia de Estados Unidos y América Latina, Flacso-México. México, DF: Miguel Ángel Porrúa.

Rabossi, Fernando. 2012. "Ciudad del Este and the Brazilian Circuits of Commodities." en Gordon Mathews, Gustavo Lins Ribeiro y Carlos Alba Vega(eds.). *Economic Globalization from Below*. Londres: Routledge.

Tarrius, Alain. 2007(2002). *La Mundialización por Abajo. El capitalismo nómada en el arco mediterráneo*. Barcelona: Hacer Editorial.

Touraine, Alain. 1997. "Presentación." en *¿Podremos vivir juntos? Iguales y diferentes*. México, DF: Fondo de Cultura Económica, pp.9~23.

Vega, C. Alba y Dirk Kruijt. 1994. *The Convenience of the Minuscule. Informality and Microenterprise in Latin America*. Ámsterdam: Thela.

Villalever, Carlos Eduardo Alba. 2009. "Piratería: La economía política de Tepito. México." tesis de licenciatura, Universidad Nacional Autónoma de México (unam).

"La democratización de la gestión de las plazas de comercio popular en el centro histórico de la Ciudad de México." *Trace*, no.51, 6/2007.

제8장

멕시코 이민과 미국 내 논쟁

티파티의 그늘에서

카를로스 에레디아 수비에타 _고인경 옮김

최근 멕시코인의 미국 이민이 미디어에서 점점 더 많이 다루어지면서 일련의 선입견과 신화들이 형성되고 있다. 또 이런 왜곡된 이미지들이 미국의 티파티 운동 같은 보수주의 정치 운동이 제안하는 반(反)이민정책 목소리를 강화시켰고, 동시에 일련의 억압적 조치들을 부추겼다. 그렇지만 실증적 정보는 이민이 줄어야 미국 같은 나라가 더 큰 번영을 누릴 수 있다는 생각을 반박하고 있으며, 이민자들이 그들을 수용한 사회의 복지와 발전에 기여하고 있다는 점을 보여준다.

카를로스 에레디아 수비에타 Carlos Heredia Zubieta 멕시코 경제학자. 몬트리올의 맥길대학(Universidad McGill)에서 석사학위를 취득하고 멕시코국립자치대학(UNAM)에서 박사 과정을 했다. 멕시코 하원의원을 역임했다. 멕시코 경제연구교육센터(Centro del Investigación y Docencia Económicas: CIDE)의 국제학 분과 책임자이다.

* 필자는 자료 조사를 해준 CIDE의 연구조교 알렉시스 리베라 바예스테로스(Alexis Rivera Ballesteros)에게 감사를 표한다. 이 글의 결론을 이끌어내는 데 그의 도움이 결정적이었다.

* 이 글은 ≪Nueva Sociedad≫ 233호(2011년 5~6월)에 실린 글을 옮긴 것이다.

1. 미국의 멕시코 이민자들

2010년 인구주택조사에 따르면 멕시코는 국내에 1억 1200만 명의 인구를 보유하고 있고, 멕시코 전체 인구의 11%인 1200만 명의 멕시코 출생 인구가 미국에 거주하며 일하고 있다. 비록 2008년 가을 발생한 경제 위기 때부터 연간 이민 인구가 상당히 줄어들었지만, 1997년부터 2007년까지 약 50만 명의 멕시코인이 매년 미국으로 이주했다. 하지만 멕시코는 이민 송출국이면서 동시에 이민자들의 통과 국가이기도 하다. 즉, 17만 명의 중앙아메리카인, 특히 과테말라, 온두라스, 엘살바도르인들이 미국으로 가기 위해 매년 멕시코 영토를 가로지르고 있다.

멕시코에서 미국으로의 대규모 노동이민은 1920년에 시작되었고 지난 세기 동안 상당한 증가세를 보였다. 이 대탈출에는 배출 요인과 흡입 요인이 상존한다. 물론 주요 원인은 멕시코와 미국 간에 존재하는 발전과 임금 상의 커다란 격차이다. 또 다른 배출 요인은 경제적 기회의 부재와 자본·대출·금융에 대한 접근 가능성 결여 등이다. 흡입 요인들로는 고용, 경제적·사회적 신분 상승 기회, 평등한 법 적용 등을 들 수 있다.

세월이 흐르면서 이민자의 사회경제적 윤곽이 바뀌었다. 20년 전까지는 대부분이 멕시코 중서부의 농촌 남성들이었고, 주로 4개 주에서 역사적인 규모의 이민이 발생했다. 바로 과나후아토, 할리스코, 미초아칸, 사카테카스 주이다. 반대로 오늘날에는 멕시코 32개 연방 행정단위[1]에서 고루 이민이 발생하고 있으며, 여성과 아이들의 수도 늘고 있다. 2005년, 멕시코은행(Banco de México)에서 실시한 설문조사에 따르면, 미국으로 이주한 멕시코인의 60%가 멕시코에서 일자리를 갖고 있

1) 31개 주와 연방수도. ―옮긴이

었다고 한다. 여기서 이민 현상의 주요 원인이 더 나은 임금 획득에 있다는 사실을 유추할 수 있다. 이주 노동자의 63%가 평균 월 1500달러를 버는데 이는 멕시코 최저 임금의 거의 3배에 해당하며, 26%는 매달 2500달러를 번다.2)

다른 한편, 2007년 인적개발보고서(Informe sobre Desarrollo Humano)는 이민자들이 가난한 가정이 아닌, 교육과 소득 면에서 중산층 수준 가정 출신이라고 밝히고 있다. 이는 미국으로 이주하는 멕시코인들이 어느 정도 여지가 있는 사람들, 즉 극빈자들이 아니라 북쪽 국경을 넘어 목적지에 도착하도록 도와준다는 약속을 하는 소위 '코요테(coyote)'라는 중개자들에게 돈을 지불할 정도의 저축을 할 수 있는 사람들이라는 점을 보여준다.

2. 이민의 지형

치아파스, 오아하카, 베라크루스 같은 멕시코 남동부의 몇몇 주는 토지 침식, 허리케인, 기후 변화에 따른 황폐화로 이민 물결에 합류했다. 한편 바하칼리포르니아, 치와와, 두랑고, 코아우일라, 누에보레온, 타마울리파스 같은 북부의 여러 주에서는 2007년부터 사업가, 전문직 종사자, 중상층 소득 수준의 가정들의 이민 대탈출이 발생했는데, 이는 조직범죄로 치안이 심각한 수준에 이른 데에 따른 것이다. 샌디에이고, 로스앤젤레스, 엘패소, 샌안토니오, 오스틴, 댈러스, 휴스턴과 같은 도시들에는 회사를 포함한 모든 재산을 정리해 이주한 멕시코 기업인 공동체가

2) Banco de México, *Informe anuanl 2005*(2006년 4월),

커지고 있다. 이는 전통적인 이민에 비해 가구 소득이 훨씬 더 높고 사회경제적 경력이 다른 디아스포라(diáspora) 현상이다.

현재 미국의 50개 주마다 적어도 약 만 명 정도의 멕시코 출신 이민자들이 있다. 캘리포니아, 텍사스, 일리노이, 애리조나처럼 전통적으로 멕시코 이민자들의 목적지였던 주에 최근 몇 년 동안 뉴욕, 플로리다, 노스캐롤라이나, 조지아 같은 주들이 주요 행선지에 추가되었다. 미국에 거주하는 멕시코 출신과 멕시코계 인구는 3000만 명이 넘으며 이 가운데 1850만 명이 '멕시칸-아메리칸'(즉 미국에서 태어난 멕시코계)이며 1180만 명이 멕시코에서 태어났다. 전체적으로 멕시코 출신과 멕시코계 인구가 미국 전체 인구의 10%이자 히스패닉 인구의 2/3를 차지한다. 그들의 사회경제적 개요와 노동 개요가 <표 8-1>에 상세히 나와 있다.

〈표 8-1〉 1997~2000년 미국의 멕시코 이민자 개요

	1997	2000
멕시코 이민자들의 사회적 특징		
학력(%)	100	100
10학년 이하	58.7	47
10학년~12학년	26.9	38
전문대 졸업	9.6	9.9
대학, 대학원 졸업	4.8	5
미국 시민권(%)	100	100
미국 시민	18.2	21.5
미국 시민 아님	81.8	78.5
빈곤 상태(%)	100	100
빈곤	33.7	22.1
빈곤 아님	66.3	77.9
건강보험 가입 형태(%)	100	100
공공보험	13.5	12.7
민영보험	31.7	28.3

둘 다	2	2.6
미가입	52.8	56.4
멕시코 이민자들의 노동 특징		
15년 이상 거주인구(단위: 100만 명)	6.5	10.9
경제활동인구	4.4	7.7
취업자	4	7.2
실업자	0.4	0.4
비경제활동인구	2.1	3.3
주중 노동 시간(%)	100	100
34시간 이하	12.5	10.5
35~44시간	69.8	75.1
45시간 이상	17.7	14.4
연간 임금(US달러 기준, %)	100	100
10,000달러 이하	29.8	11.1
10,000~19,999달러	42.1	34.4
20,000~29,999달러	16.6	27.5
30,000~39,999달러	6.8	13.7
40,000달러 이상	4.7	13.3
활동 분야(%)	100	100
1차 산업	12.4	4
2차 산업	36.4	40.6
3차 산업	51.2	55.4
직업 유형(%)	자료 없음	100
전문직, 전문직 관련직	자료 없음	7.3
서비스, 건강관리	자료 없음	14.9
청소, 가사	자료 없음	23.3
농업, 수산업, 임업	자료 없음	3.9
건설, 기계 수리	자료 없음	27.8
운송과 제조업	자료 없음	22.6
채굴		0.2

자료: Servicio de Estudios Económicos Fundación BBVA Bancomer, “Situación Migración México”(2010년 5월). <www.bbvaresearch.com/KETD/fbin/mult/100526_Presentaciones Mexico_59_tcm346-223261.pdf?ts=2842011>

3. 미국의 이민정책

미국의 이민 역사와 이민정책은 크게 세 시대로 나누어진다.

- 1930년 직전부터 제2차 세계대전 전까지: 문호 개방
- 제2차 세계대전 시기 전후: 브라세로(bracero)라 불리는 임시 체류 노동자 프로그램 시행
- 1960년대 이후: 브라세로 프로그램을 없애고 서류 미비 이주를 억제할 목적(비록 목표한 바를 이루지는 못했지만)으로 이민 법제화

서류 미비 이주 노동자들에 대한 일종의 마지막 사면이 내려진 1986년부터 연방법과 주 정부 법률은 훨씬 더 엄격해졌다. 이런 상황에서 2001년 9·11 테러와 2008년 경제 위기로 제재는 더 엄격해질 수밖에 없었다. 이민자들이 미국 경제에 부담이 된다는 널리 확산된 선입견과는 반대로 이민이 미국에 끼친 영향을 측정한 각각의 독립적인 연구들은 이민자들이 경제성장에 긍정적인 기여를 하고 있다는 단호한 결론을 체계적으로 던지고 있다. <표 8-2>에서 보듯이 전국이민포럼(Foro Nacional de Inmigración)의 2003년 연구도 이 점을 지적한다.3)

〈표 8-2〉 미국 내에서 이민에 대한 열 가지 신화

1. 이민자들은 세금을 납부하지 않는다. 모든 이민자가 세금을 납부한다. 소득, 재산, 매출 등등과 관련하여 연방세는 물론 주 정부와 지역 정부에서 부과하는 세금을 납부한다. 이름이나 사회보장번호가

3) <www.immigrationforum.org>

없는 사회보험 서류들이 증명하듯이, 심지어 서류 미비 이민자들도 세금을 납부한다.

자료: Academia Nacional de Ciencias(Instituto Cato, Administración del Seguro Social).

2. 이민자들은 사회복지 덕분에 산다.

이민자들은 미국 전체 인구의 11.5%이지만 전체 노동력의 12.4%를 차지하고 있다. 임금으로 총 2400억 달러를 수령하고, 세금으로 900억 달러를 납부하며, 단 50억 달러의 공공 혜택을 받는다. 그들의 세금 납부액은 공공 혜택을 받는 금액을 훨씬 초과한다.

자료: Asociación Estadounidense de Abogados de Inmigración e Instituto Urbano.

3. 이민자들은 모든 돈을 출신 나라에 보낸다.

이민자들과 그들의 회사들은 일상적인 소비 이외에도 연방 정부, 주 정부, 지역 정부에 1620억 달러 이상의 기여를 한다. 멕시코 이민자들은 소득 10달러당 1달러를 고향에 보내고 9달러를 교통, 중개자 비용, 생활비에 소비한다.

자료: Instituto Cato y Banco Interamericano de Desarrollo.

4. 이민자들이 미국인들의 일자리와 기회를 앗아간다.

노동통계국(BLS)에 따르면 1900~1989년 사이 중에 대규모 미국 이민이 있었던 시기는 미국 경제의 최고 성장 시기 및 최저 실업 시기와 일치한다.

자료: Instituto Cato.

5. 이민자들은 미국 경제에 큰 부담이다.

연방준비제도 이사회 전 의장인 앨런 그린스펀(Alan Greenspan)이 지적한 바와 같이 이민자들의 70%가 노동 생산성이 높은 나이에, 그리고 고국에서 교육을 받은 후 미국에 온다. 그들의 기여 덕분에 앞으로 20년 동안 미국 노동자들의 연금 재정을 충당할 수 있을 것이다.

자료: Academia Nacional de Ciencias, Centro de Estudios del Mercado de Trabajo de la Universidad Northeastern y Junta de la Reserva Federal.

6. 이민자들은 영어를 배우려 하지 않고 미국 시민이 되고 싶어 하지도 않는다.

이민자들의 75%가 도착 후 10년이 지나면 영어를 정확하게 구사한다. 영어 수업 수요가 공급을 훨씬 더 초과한다. 이민자들의 1/3 이상이 귀화 시민이고 이 비율은 조속한 시일 안에 훨씬 더 증가할 것이다.

자료: Oficina del Censo y Departamento de Seguridad Interna.

7. 오늘날의 이민자들은 100년 전 이민자들과 다르다.

오늘날 미국 인구 중 외국에서 출생한 사람들의 비율은 11.5%이다. 20세기 초에는

15%였다. 새로운 이민 물결이 있을 때마다 의혹과 의구심의 눈초리를 보냈다. 그렇지만 이민은 결국에는 미국에 좋은 영향을 미친다고 입증되었다.

자료: Oficina del Censo.

8. 대부분의 이민자들이 불법으로 국경선을 넘는다.

이민자들의 75%가 영구이민비자를 보유하고 있다. 서류 미비 이민자들인 25% 가운데 40%만이 비이민 비자가 만료되었을 때 미국에 남은 경우이다.

자료: Anuario Estadístico del Servicio de Inmigración y Naturalización.

9. 국경에서의 느슨한 법 집행이 서류 미비 이민을 증가시켰다.

1986년부터 1998년까지 국경 순찰대의 예산이 6배 증가했고 순찰 요원 수는 2배가 늘었다. 그렇다고 서류 미비 이민자 수를 줄이지는 못했다. 왜냐하면 합법적으로 미국에 입국하는 이민자들을 위한 통로가 부족하여 병목현상을 낳기 때문이다.

자료: Instituto Cato.

10. 이민을 더 엄격히 제한함으로써 테러와의 전쟁에서 이길 수 있다.

9.11 테러의 범인들 대부분이 합법 비자로 미국에 거주하고 있었다. 이민자들에 대한 조치들이 더 많은 테러리스트의 체포와 기소로 귀결되지 않았다. 샌디에이고, 피닉스, 엘패소, 샌안토니오, 오스틴처럼 멕시코와 국경을 맞댄 인구 50만 명 정도의 도시들은 미국에서 가장 안전한 도시로 꼽힌다.

자료: Federación para la Reforma Inmigratoria Americana(Federation for American Immigration Reform) y el Consejo de Inmigración Americana(American Inmigration Council).

이러한 자료에도 불구하고, 이민자들이 미국 경제에 긍정적인 기여를 한다고 접근하는 논의는 손에 꼽을 정도다. 미디어를 통해 개진되는 대부분의 견해는 이민에 대한 선입견과 무지를 여실히 드러낼 뿐이다. 반이민주의 집단 – 대부분이 40대 이상의 '백인'[4] 남성으로 구성되어 있다 – 의 주된 우려는 미국 인구 현황의 변화와 히스패닉 집단이 향후 더 큰

4) '인종' 개념에 관한 논란에도 불구하고, 여기서 '백인'을 그대로 사용하는 이유는 미국 인구조사에서 사용되는 공식 용어이기 때문이다.

〈표 8-3〉 미국: '인종' 또는 출신 별 인구(인구수와 비율)

	2000	2010	2050
전체 인구(단위: 1000명)	282,125	308,936	419,854
백인(히스패닉 포함)	228,548	244,995	302,626
아프리카계	35,818	40,454	61,361
아시아계	10,684	14,241	33,430
기타 인종*	7,075	9,246	22,437
히스패닉계(인종과 상관없이)	35,622	47,756	102,560
백인(히스패닉 제외)	195,729	201,112	210,283
전체 인구 비율	100	100	100
백인(히스패닉 포함)	81	79.3	72.1
아프리카계	12.7	13.1	14.6
아시아계	3.8	4.6	8
기타 인종*	2.5	3	5.3
히스패닉계(인종과 상관없이)	12.6	15.5	24.4
백인(히스패닉 제외)	69.4	65.1	

주: * 미국 인디언, 알래스카와 하와이 및 태평양 남쪽 섬들의 원주민을 포함한다.
자료: 미국 인구조사국, US Interim Projections by Age, Sex, Race, and Hispanic Origin: 2000~2050(2004). <www.census.gov/ipc/www/usinterimproj/>

무게를 지니게 될 것이 분명한 추세 때문일 것이다. 미국 인구조사국(Oficina del Censo del Gobierno de EEUU)은 백인 인구는 2010년 2억 100만 명(전체 인구의 65%)에서 2050년에는 2억 1000만 명(전체 인구의 50%)이 되어 사실상 변하지 않을 것으로 전망한다. 이와 대조적으로, <표 8-3>에서 보듯이 히스패닉은 2010년에 4800만 명(전체 인구의 15%)을 넘어 2050년에 1억 300만 명(전체 인구의 거의 25%)이 될 것이다.

그럼에도, 히스패닉 인구의 비중은 선거에서의 정치적 비중에 아직 제대로 반영되고 있지 않다. 한편으로는 히스패닉 상당수가 미국 시민권자가 아니기 때문이고, 또 다른 한편으로 시민권자들의 경우에도 선거인명부 등록 비율과 실제 투표율에서 다른 인구 집단에 비해 상당히 낮기 때문이다. 예를 들어 2010년, 히스패닉은 전체 인구의 15.5%를 차지했지만 선거권자는 10% 이하였다. 2008년 대통령 선거에서는 선거권을 지닌 1700만 명의 히스패닉 가운데 1100만 명만 투표했다.

4. 티파티의 등장과 이민 논쟁에 끼친 영향

티파티[Tea Party: 말 그대로 '차(茶) 정당'이라는 뜻이다][5]는 2009년부터 버락 오바마 대통령 정부에 대해, 특히 건강보험 개혁에 반대하며 무수한 시위를 벌인 포퓰리스트적·보수주의적·자유지상주의적(libertario)[6] 정치 운동이다. 중심이 되는 리더십이 없는, 집단들의 연합으로 티파티 회원들은 종교적 우파와 공화당 평당원들과 많은 접점을 지닌다.

사실 가장 눈에 띄는 상징적인 인물은 전 알래스카 주지사이자 전 부통령 후보였던 세라 페일린(Sarah Palin)이다. 비록 이 운동 회원들은 공화당 지도부의 행보에 불만을 표명하고 있지만, 공화당은 연방 선거와 주 선거에서 수많은 티파티 회원들을 선출직 후보자로 공천했다. 그들의 정치 강령은 세금에 대한 극단적 반대, 정부 규모와 지출 축소, 공공부채와 예산적자 감축, 미국 헌법의 관습적 해석이다.

---

5) 이 명칭은 성난 시민들이 증세를 규탄하기 위해 차(茶) 화물을 엎어버린 1773년 보스턴 시위에서 따왔다.

6) '우파 아나키스트'라고도 불리는 미국의 자유지상주의자들은 국가의 어떠한 간섭이나 규제에도 적대적이다. 심지어 보건 부문 등에서도 마찬가지이다. 특히 경찰이나 사법부에 대해 가장 극단적이다. 한편 미국에서 '포퓰리즘'이라고 할 때는 엘리트 계층, 특히 금융 부문과 연결된 엘리트 계층에 반대하는 소농(小農)들의 운동을 지칭한다.

티파티 운동가들은 금융 엘리트와 정당에 반대하는 폭넓은 반기득권적 공감대를 형성하고 있지만, 그렇다고 그들의 목적이 반드시 일관된 것은 아니다. 국회의원이자 전 하원 원내대표였던 낸시 펠로시(Nancy Pelosi)에 따르면 티파티가 추진하는 몇 가지 감세는 근본적으로 최상위 부자들에게 이익이 될 것이라고 한다.[7] 게다가 티파티의 깃발 아래 선출된 상하원 의원들은 워싱턴의 예산 삭감을 추진해서 2011년 4월 8일 정부 '폐쇄'를 야기할 뻔했으며,[8] 2012년 11월 오바마 대통령의 재선을 막는 것을 그들의 기본 임무로 삼고 있다. 그 대열 가운데 쿠바 출신으로 플로리다 주 공화당 상원의원인 마르코 루비오(Marco Rubio) 의원이 향후 부통령 후보로 언급되기도 한다.

다른 한편, 그들의 국제적 시각은 극단적일 정도로 고립주의적이며 국제문제에는 관심이 부족하다.[9] 그 징후로, 오바마는 미국에서 태어나지 않았고 그가 미국을 사회주의로 이끌어간다고 생각하는 티파티 회원들의 비율은 이런 믿음을 지지하는 전체 인구 비율을 훨씬 상회하고 있다. 또한 티파티 회원들은 아프리카계 미국인이나 라티노 같은 소수

---

7) ThinkProgress.org 사이트에 따르면, 티파티 조직에는 두 개의 핵심 싱크탱크가 있다. 번영을 위한 미국인(Americans for Prosperity)과 자유노동(Feedom Works)이다. 다음을 참조하라. Nancy Pelosi, "Tea Parties are Part of an 'Astroturf' Campaign by 'Some of the Wealthiest People in America'," ThinkProgress.org (2009년 4월 15일). <http://thinkprogress.org/2009/04/15/pelosi-astroturf/>

8) 즉, '필수적이지 않은 공공 서비스'의 마비를 뜻한다. David Alandete, "Demócratas y republicanos evitan el cierre del Gobierno de EEUU," *El País*(2001년 4월 9일). <www.elpais.com/articulo/internacional/Democratas/republicanos/evitan/cierre/Gobierno/ee/uu/elpepuint/20110409elpepuint_4/Tes>

9) Walter Russell Mead, "The Tea Party and American Foreign Policy: What Populism Means for Globalism," *Foreign Affairs*(2011년 3/4월).

민족의 권리를 인정하는 정부 정책에 반대하고, 게이와 레즈비언들이 너무 큰 정치적 힘을 누리고 있다고 생각한다.

이민문제에서 티파티 일반회원들은 애리조나 주의 SB1070법의 통과와 시행을 적극 지지한다. 서류 미비 이민을 규제하고 처벌 위주의 성격을 지닌 전국의 각종 조례와 법령에 대해서도 마찬가지이다. 또한 티파티 회원들은 이민자들과 인구성장률이 백인 인구성장률을 훨씬 상회하는 라티노들에 의해 뒷전으로 밀릴지도 모른다는 두려움을 표명하다. 그런 의미에서 그들은 이민이 다음과 같은 일들을 조장하고 있다고 주장한다.

① 전문성이 결여되어 저임금 노동에 종사하는 미국 노동자를 대체
② 미국 국민의 세금으로 이민자들에게 사회 서비스를 공급하는 데 드는 비용 증가
③ 미국 사회에 대한 더 큰 위험('이민자' 하면 마약 거래, 폭력, 살인, 강도 등을 일삼는 범죄자를 연상하기 때문에 빚어진 일이다)

티파티 회원들은 보건 시스템에 1200만 명의 서류 미비 이민자들이 포함되면 비용 지출이 지나치게 커진다고 확신하고 있다. 회원들은 이를 방지하기 위해 서류 미비 이민자들의 미국 입국을 강경하게 차단할 것을 제안한다.[10] 포용적인 이민개혁법에 대한 반대를 정당화하는 또 다른 논리는 많은 외국인 산모가 불법적으로 미국에 입국, 출산을 해서

10) Marcelo Ballvé, "Tea Party Dabbles in Immigration Politics," *The New America Media*(2010년 2월 5일). <http://news.newamericamedia.org/news/view_article.html?article_id=b4cc03dbd6820b4b82cb77f47573dce2>

그 자녀들이 자동적으로 미국 시민이 되고 있다는 주장이다. 이는, 그런 가정의 경우 미국에 있지 않은 나머지 식구도 비자를 신청할 것이고, 그리하여 이민자들이 크게 증가하는 계기가 된다는 논리로 발전한다. 미국 국회에는 서류 미비 이민자들의 자녀가 설령 미국 영토에서 태어났다고 하더라도 시민권을 인정하지 말자는 여러 발의안이 상정되어 있다.

또한 상당히 이데올로기화된 이런 흐름의 추종자들은 이민자들이 영어를 배우려 하지 않아서, 라티노 인구증가 속도에 맞추어 스페인어가 '국어'를 축출하리라는, 앞서 언급한 편견을 공유하고 있다. 논쟁은 공화당원과 민주당원 사이, 상층계급과 하층계급 사이에서 벌어지고 있다. 미국 국민들 안에 이와 관련된 이질적인 시각들이 존재하고 있음을 보여주고 있는 것이다. 인종차별주의자로 여겨질 수도 있는 입장을 민주당원들보다 흔히 취하는 공화당원들은 언어문제를 국경 관리를 위한 정책 부재와 통제 결여 탓으로 돌리고, 따라서 억제책 강화만을 요구할 뿐이다.

이런 이데올로기에 찬성하는 자들 가운데 애리조나 주 의회에서 통과된 SB1070법과 같은 처벌 중심의 법에 동의하는 집단들이 있다. 이들은 심지어 멕시코 이민자들에 대한 사냥에도 동의한다. 모든 통계와 인구 전망과는 반대로 그들은 미국이 이민자들 없이도 번영을 누리는 국가가 될 수 있다고 주장하며, 또한 번영을 누리는 도시들이 제공하는 생활수준을 유지하기 위해서는 강력한 반(反)이민정책이 필요하다고 주장한다.[11] 다른 집단들은 SB1070법의 인권 침해 요소를 인정하기는 한다.

---

11) Daniele Archibugi, "The Arizona Border: 'No More Deaths' versus 'The Minutemen," *Open Democracy*(2010년 2월 2일). <www.opendemocracy.net/daniele-

하지만 이민으로 '코요테' 망과 불법 이민자에 대한 거의 노예계약 수준의 처우가 조장되는 더 심각한 상황들이 유발되고 있다고 지적한다.

논쟁은 또한 같은 티파티 집단 안에서도 진행된다. 한쪽은 2010년 말에 몇 표 차이로 상원에서 부결된 소위 '꿈'의 법안[Dream Act－'Dream'은 '외국인 미성년자들의 발전, 구호, 교육(Development, Relief and Education for Alien Minors)'의 약자이다]을 원한다. 이 발의안은 어렸을 때 미국에 온 학생들은 서류 미비 이민자의 자식이라 해도 국내 학생들과 같은 대학 학비만 내게 한다는 내용이다(외국인 학생의 학비는 때로는 국내 학생 학비보다 3배나 더 많다). 또한 해당 학생들에게 임시 영주권을 허용하고, 졸업 후에는 영구적인 합법 영주권을 선택할 수 있도록 했다. 티파티의 다른 집단들은 이민의 기하급수적인 증가를 초래할 것이라며 이 발의안에 강경하게 반대한다. 그러면서 국경 통제를 강화하여 불법 이민을 차단하라는 주문만 하고 있다.[12]

대조적으로 민주당원들 역시 이민개혁법에 찬성하지만 좀 더 포용적이기를 원하고, 추방보다 합법화를 선호한다. 미국이민자협의회(American Immigration Council)가 실시한 연구들은 이민과 실업 간에 상관관계가 없고, 심지어 이민자들은(설사 서류 미비 이민자라 해도) 미국의 부동산과 상품을 구입함으로써 혹은 창업을 함으로써 더 많은 일자리와 더 많은 조세수입 창출에 기여하고 있음을 밝혀냈다.[13]

---

archibugi/arizona-border-%E2%80%9Cno-more-death%E2%809D-versus-minutemen>

12) Stewart Lawrence, "Tea Party Divided over Immigration," *The Daily Caller*(2010년 9월 23일). <http://dailycaller.com/2010/09/23/tea-party-divided-over-immigration/>

13) Giovanni Peri, "The Effect of Immigrants on US Employment and Productivity,"

한편 대기업 소유주들은 이민 유지를 선호하고 심지어 더 늘릴 것을 제안한다. 그것이 더 낮은 임금, 따라서 더 많은 수익을 의미하기 때문이다. 다른 한편 미국 노동자 계층은 이에 반대한다. 새로운 일손 때문에 밀려나는 기분이 들고, 미국 국적도 없는 사람들과 보건과 같은 사회 서비스들을 공유해야만 하기 때문이다. 노동조합들은 더 나은 임금을 찾아 국경을 넘는 불법 이민자들이 점차 줄어들도록 멕시코가 삶의 조건을 개선하는 데에 일조하고자 하지만, 또 한편으로는 이민 통제를 강화하여 서류 없이 입국하는 이들이 '환영받지 못하고 있다'는 사실을 깨닫게 만들고, 이런 값싼 노동력을 이용하는 고용주들에게 제재를 가하기를 바란다.

제한이냐 합법화냐, 여기에 선택의 문제가 있다. 미국이민자협의회의 이민정책센터는 포용적인 이민정책이 미국 경제에 끼칠 10가지 이점을 <표 8-4>와 같이 정리하고 있다.

그러나 이런 논의에는 경제적·인종적 양상을 넘어서는 정치적-선거적인 배경이 있다. 민주당은 불법 이민자들을 미국 경제에 더 많이 포용하자는 제안을 자주 하고 있다. 이처럼 증가하는 인구 집단이 합법화되고 투표권을 얻게 되면 보통 민주당을 선택하기 때문에 공화당원들은 이들을 자신들의 정치적 이해를 침범하는 적으로 생각하고 있다.

미국의 라티노 이민자들의 원대한 도전은 인구 비중에 걸맞게 선거에서 비중을 확보하는 것이다. 퓨히스패닉센터(Pew Hispanic Center)는 2010년 인구조사에 따른 히스패닉 5050만 명 가운데, 단지 2130만 명만 투표할 수 있고, 1810만 명은 18세 이하이고 1120만 명은 시민권자

FRBSF Economic Letter(2010년 8월 30일). <www.frbsf.org/publications/ economics/letter/2010/el2010-26.html>

〈표 8-4〉 포용적인 이민정책이 미국 경제에 미칠 10가지 긍정적 효과

1. 서류 미비 이민자들을 위한 합법화 프로그램과 합법 이민자들의 유입을 위한 향후 프로그램은 10년 안에 미국 국내총생산(GDP)에 15억 달러의 추가 이익을 발생시킬 것이다. 하지만 추방정책만을 취한다면 같은 기간 동안 26억 달러의 경제 손실을 낳을 것이다.

2. 2008년 자료에 따르면 이민자들은 미국 인구의 12%(약 3800만 명)이며, 이 중 43%가 미국에 귀화하여 투표권을 갖고 있다. 이는 선거에서 중요한 요소임을 의미한다.

3. 이민자들은 노동자, 기업가, 소비자로서 중요한 경제 역할을 수행한다. 이는 미국이 겪는 경기침체 영향을 완화시킬 수 있다.

4. 서류 미비 이민자들의 합법화는 미국 경제로 그들을 더 끌어들여 삶의 수준을 상승시킬 수 있다. 또한 이들 집단의 사회경제적 격차를 줄일 수도 있다.

5. 이민자들 일부는 능력 있는 과학자들과 연구자들로 미국의 환경 개선을 위한 대체 에너지 기술과 원천 개발에 공헌할 수 있다.

6. 허가받은 이민자든 서류 미비 이민자든 이민자들의 증가로 일자리를 잃었다는 증거는 없다. 반대로 합법화는 그들의 사회경제적 수준을 향상시키고 구매력을 높여 고용 증가로 이어질 것이다.

7. 일반적으로 이민자들은 적극적 경제활동 연령대이기에 지역 경제에 기여할 수 있다.

8. 미국에 정착한 이민자들의 저임금 노동은 미국 경제에 긍정적으로 접목될 수 있다.

9. 이민자들에게 보건 서비스를 제공하는 것은 공공보건에 대한 훌륭한 국가적 투자이다.

10. 미국 경제는 외국 출신의 높은 수준의 전문가들에게 상당 부분 의존하고 있다.

자료: "Centro de Políticas de Inmigración del Consejo de Inmigración de EEUU." <www.americanimmigrationcouncil.org>

요건을 채우지 못한다. 라티노 이민자들을 아우르는 단체들은 미국 시민권을 획득할 조건을 갖춘 이들이 가능한 한 많이 시민권 획득 절차를 밟아 투표권을 획득할 수 있는 방법을 모색하고 있다. 왜냐하면 이것이야말로 자신들의 목소리가 효과적으로 들리게 하는 방법이라고 생각하기 때문이다.[14)]

일부 공화당원들은 만일 이민자들이 갑자기 공화당을 선호하기 시작한다면, 민주당도 불법 이민에 대한 의견을 바꿀 거라고 주장하기도 한다. 그렇지만 양 정당의 대부분의 지지자들은 불법 이민자들의 상황을 합법화하는 이민개혁법을 시행하고, 또 이와 병행하여 국경 통제를 더 강화해서 미국인이나 멕시코 이민자들 모두를 위해 부정적인 결과가 감소하도록 해야 한다는 데에 동의한다.

5. 멕시코의 이민 개혁

멕시코의 정치 계급과 경제 엘리트들은 이민문제를 느슨하게 그리고 무책임하게 다루어왔다. 수십 년 동안 북쪽으로의 이민을 멕시코 내의 사회 긴장을 해결하는 유용한 탈출구로 보아온 것이다. 이런 태도는 냉소적이기까지 하여, 마치 이민자들에게 그들의 의무가 매년 상당한 금액의 돈을 멕시코로 송금하여 정부가 등한시하는 도로와 인프라 건설 비용을 충당하라고 강요하는 듯하다.

이민자들이 떠나고 통과하고 유입되는 나라임에도, 멕시코는 1974년

---

14) José Díaz Briseño, "Votan los latinos en Estados Unidos, pero no lo suficiente," *Reforma*(2011년 4월 27일).

인구법(Ley de Población)이 승인될 때까지 이민 현상에 대한 법령이 없었다. 이 법은 한때 이민문제에 대한 유일한 사법적 도구였다. 그나마 멕시코의 외국인에 대한 법일 뿐, 멕시코인들의 해외 이민이나 통과 이민자들에 대한 언급은 없었다. 2010년 멕시코에 거주하는 1억 1200만 명 중에 단지 약 60만 명만이, 다시 말해 전체 인구의 1% 이하만이 외국인이다. 미국인이 가장 많고, 스페인인, 캐나다인, 과테말라인이 뒤를 잇고 있다.

제도혁명당의 집권 시에는 멕시코 이민자들을 고향 땅을 버리고 다른 나라에서 살기를 선택한 '조국의 배신자'로 여기기도 했었다. 조국이 그들에게 발전의 기회를 막았다는 사실은 정치 담론에서 중요하지 않았다. 하지만 정치 담론이 선회하여 비센테 폭스 정부는 이민자들이 고향에 점점 더 많은 송금을 하고 있다는 점을 들어 그들을 '영웅'이라고 평가했다. 그럼에도 여전히 그들을 기껏해야 미국에서의 멕시코 대변인 정도로 보고 있지, 멕시코 내의 정치적 행위자로 여기지는 않고 있다. 2006년 대통령 선거에서 해외에 있는 멕시코인들의 투표 경험은 정당들이 단순히 선거 목적으로 이민자들에게 접근할 뿐이지 이민문제를 우선적 정치 의제로 보지 않는다는 사실을 확인했다. 어쨌거나 2001년 9·11테러 이후 이민 위기가 심화되면서 미국 내의 멕시코 이민자들의 의제와 멕시코 국내의 시민사회 단체들의 의제 사이에 점진적인 수렴이 이루어지기 시작했다. 그때부터 이민자들과 시민사회 단체들은 공동으로 다음과 같은 더욱 적확한 목표를 겨냥하고 있다.

- 미국 내 멕시코 이민자들의 인권 보호
- 멕시코 국내외에서 멕시코 이민자들의 정치적 권리 회복
- 발전정책과 정치 참여(지역, 멕시코, 미국에서 모두) 방안이 담긴, 이민

에 대한 새로운 관점 추진

결정적인 전환점은 2010년 가을, 멕시코의 이민법(Ley de Migración) 발의안이었다. 그때까지 멕시코 정치 관료들의 무의식에서는 이민은 미국 문제지 멕시코 문제가 아니라고 여겼다. 이 발의안은 상원을 통과하여 하원에서 검토 중이다. 이는 법안의 공포와 법령화에 필수적인 단계이다. 그러나 불행히도 이 발의안은 여전히 총체적인 시각이 결여되어 있다. 즉, 멕시코이민청(Instituto Nacional de Migración)은 이입자와 거류외국인 문제만 전담할 뿐 멕시코인들의 해외 이민은 다루지 않고 않다. 서두에서 지적한 바와 같이 멕시코는 이민자들의 송출국이자 통과국이자 이입국이다. 하지만 이민법은 단지 통과와 이입만 취급하고 있을 뿐이다.

6. 북미의 노동시장, 경제 통합, 발전

멕시코 이민 노동자들의 상황과 관련 조치들에 관한 논쟁은 공통된 합의를 얻지 못한 주제로 아직도 미국 내에서 다방면에 걸쳐 많은 이견이 있다. 워싱턴은 국경 순찰대의 경비 강화, 장벽과 철조망 구축, 고무탄 사용과 같은 조치들을 실행했지만 실패했고 심지어는 역효과를 낳기까지 했다. 다른 한편, 북미자유무역협정(NAFTA)은 노동의 이동은 의제에서 배제시켰다. 이는 모순이다. 이민 현상을 이해하기 위해서는 이민자들의 대탈출을 발생시키는 경제적·사회적 원인을 이해하는 것이 필수적이기 때문이다.

역내에서 이민은 미국, 멕시코, 중앙아메리카와 카리브 해안 국가들의 경제적·정치적 현실에 기반을 두고 있다. 이민자들의 출신 지역의 열악한 경제적·사회적 발전의 결과이며 빈곤과 불평등을 해소할 만한 장기적인 공공정책이 부재한 결과이다. 그 때문에 이민은 수용국들의 일방적인 관점에서만 접근할 수는 없다.

이민 현상이 복합적이고 초국가적인 양상의 문제임에도 미국은 쟁점을 회피하는 (협의를 회피하는 것은 물론이고) 국내법을 통해 이를 다루려고 해왔다. 멕시코, 중앙아메리카, 카리브 지역은 미국의 적극적인 경제활동인구를 보완하는 노동력의 공급자들이다. 그 때문에 미국은 자국 노동부가 제시하는 바를 인정하는 것이 중요하다. 즉, 실질적으로 통합된 역내 노동시장이 있으며, 이를 인정하고 노동시장에 접근해야 한다는 사실이다. 이처럼 이민문제는 반드시 경제와 노동 분석의 틀에 입각해 대면해야 한다. 전적으로 사회적 문제로만 접근할 수는 없는 것이다. 인간의 이동과 노동 시장의 보완성은 자유무역협정의 경우에서와 마찬가지로 필요한 주의를 기울여야 한다.

2010년 11월 초에 개최된 세계민중대회(Asamblea Global de los Pueblos)에서, 그리고 후에 푸에르토바야르타(Puerto Vallarta)에서 개최된 세계이민개발포럼(Foro Mundial de Migración y Desarrollo)에서는 시민사회 단체들의 참여가 늘어났다. 하지만 이민과 이민자 문제는 여전히 그저 해결해야 할 과제일 뿐이지, 정치적 제안을 지닌 정치적 행위자와 결부된 사회 현상으로 여겨지지는 않고 있다.

이런 맥락에서 미국의 진보주의적 단체들, 미국 내 멕시코 이민자들, 미국, 멕시코 양국과 중앙아메리카 및 카리브 지역의 시민사회 단체 간에 국경을 초월하는 제휴가 절대적으로 필요하다. 북미자유무역협정 협상 동안 그랬던 것처럼 입장과 제휴를 결정하는 것은 국적이 아니라 각각의 사회를 이해하는 방식의 친연성과 사회를 변화시킬 전략이다.

제 3 부

민주주의와 공생하는 부패와 조직범죄

제9장

범죄의 세계화

멕시코의 이주자 거래와 인신매매

로돌포 카시야스 R. _성소희 옮김

지난 몇 년간 멕시코 하면 주로 마약 밀매를 연상했으나, 이와 동시에 범죄의 세계화 현상도 일어나고 있다. 이주자 거래와 인신매매가 그것이다. 이 글은 세계화라는 호기를 맞은 조직화된 범죄집단이 어떻게 국제 이주자들 사이에서 범죄 시장을 찾아내 발전시켜왔는지를 집중 조명한다. 그 시장은 최근 이주자 거래망의 발달과 인신매매 관행, 멕시코의 (시대착오적이고 부실한) 이민 체계, 멕시코 정부가 저지른 전략적 오류 덕분에 가능해졌다.

로돌포 카시야스 R. Rodolfo Casillas R. 라틴아메리카 사회과학연구소(Facultad Latinoamericana de Ciencias Sociales: Flacso) 멕시코 지부의 교수이자 연구원이다.

* 이 글은 ≪Nueva Sociedad≫ 241호(2012년 9~10월)에 실린 글을 옮긴 것이다.

최근 몇 년 동안 멕시코는 심각한 치안문제 때문에 슬픈 악명을 얻었다. 이는 매스컴을 통해 잘 알려진 문제인 마약 카르텔과 카르텔이 소유한 군대와 중간 조직원, 행동대원들에 대한 정부의 공격만이 아니라, 아직 공론화가 덜 된 국제 이주자 거래[1]와 인신매매가 극에 달했고 일부 전 세계적인 범죄 조직들과 연결되어 있기 때문이다. 2010년 8월에 벌어진 72명의 통과 이주자(transmigrante) 살해 사건은 이 문제에 대한 경종을 울렸다. 그런 규모의 사건으로는 처음으로 기사화되었기 때문이다(Casillas, 2010). 정부가 밝힌 내용에 따르면 살해당한 이들 가운데는 과테말라, 온두라스, 엘살바도르, 에콰도르, 브라질뿐만 아니라 인도 국적의 사람도 있었다. 이 사건은 여러 지역의 이주자 거래 조직망이 서로 협력했다는 명백한 증거였다. 하지만 공개되지 않은 또 다른 이야기가 있었다. 대규모 이주자 거래와 납치에 인신매매가 작용했다는 사실이다. 어떻게 이렇게 사회가 타락하고 정부정책이 괴멸되는 지경에 이르게 되었을까? 이 글을 통해 필자는 인신매매와 이주자 거래에 대한 견해를 제시하려 한다. 다음 절에서 보겠지만 비록 이 두 현상은 연관이 있지만 서로 다른 현상이다.[2]

1. 세계적 맥락 속에서의 이주에 관한 브리핑

멕시코에는 다음과 같이 국제적 이주의 상이한 양상들이 존재한다.

---

1) 주로 미국 밀입국자들을 대상으로 알선료나 안내 비용 혹은 소위 통행세 등을 징수하는 거래를 말한다. ―옮긴이

2) 이 글에서는 이주자 거래와 멕시코 영토 내 인신매매에 관한 최근의 경험적 연구를 통해 얻은 결과가 소개될 것이다. 그러나 참고문헌을 광범위하게 제시하지 않겠다.

① 외국인의 멕시코 입국: 전체 인구에 별 영향을 미치지 않는다.

② 멕시코인의 출국: 대개 미국으로 간다. 2010년 국가 인구조사 결과 멕시코 인구 1억 1200만 명 중 적어도 10%가 여기에 속한다.

③ 통과 이주: 멕시코 영토를 가로지르는 여러 국적 사람들의 미국행 이주로 과테말라인, 온두라스인, 엘살바도르인이 다수이다.

④ 미국에서 멕시코로의 귀환자: 대부분이 본인의 의지에 반해서 귀환한 것이다.

⑤ 치안문제로 인한 (국내외) 이동

한편, 중앙아메리카에는 다음과 같이 멕시코에서 일어나는 이민과 결부된 또 다른 양상의 국제이주 흐름이 있다.

① 역내 이주

② 역외 이주

③ 대륙 내 이주와 대륙 간 이주

④ 대륙 간 통과 이주

안데스 지역, 남부 원뿔 지역,[3] 카리브 지역은 멕시코와 미국 간 법적 틀에 구속되지 않고 미국으로 가고자 하는 아시아와 아프리카인들의 법적 발판 구실을 하며 대륙 간 통과 이주에서 중요한 역할을 맡고 있다. 그래서 멕시코는 남에서 북으로 향하는 세계 각처의 서류 미비 이주자[4]들이 거치는 대합실이 되었다. 이렇게 해서 출발지, 통과지,

---

3) 아르헨티나, 칠레, 파라과이, 우루과이를 포괄하는 지역을 가리킴. ―옮긴이

4) '서류 미비 이주자(indocumentado)'는 적합한 이주 허가(비자) 없이 멕시코를 통과

목적지까지의 이주 과정을 따라 개인과 조직들의 연관관계가 생겨난다.

이주자 거래망의 생성과 발달은 서서히 진행되었는데 다음 예들이 보여주듯 복잡하다. ① 몇 년 전까지만 해도 중앙아메리카의 이주자 거래 조직은 쿠바, 아시아, 아프리카 조직들과 섞이지 않았다. 그러나 오늘날에는 다국적 서류 미비 이주자들을 거래하고 있으며, 그 과정에서 각 조직의 범죄망을 공유하고 있다. 이는 서로 다른 범죄 조직들이 하나로 합병되었다거나 여러 범죄 조직이 협력하여 이주자 거래를 공동으로 한다는 의미는 아니지만, 사업 일부는 그런 방식으로 이루어지고 있다. ② 범죄조직은 통과 이주에서 새로운 범죄 시장을 찾아냈다. 대규모 이주자 납치는 이 새로운 국면이 표출된 것이다. 한편 성적 착취를 목적으로 한 인신매매망 역시 기본적으로 성매매를 기반으로 한 오랜 역사와 발전 과정을 거친 결과였다.

가장 최근의 대규모 납치는 중앙아메리카 통과 이주자에 대한 마구잡이 납치(secuestro exprés)이다. 이런 종류의 납치는 비센테 폭스 대통령의 재임(2001~2006년) 말기에 일어나기 시작했다. 통과 이주자 납치는 막다른 골목에 몰린 이가 필사적으로 저지른 일이 아니라 오히려 그 반대였다. 새로운 범죄 시장을 발견한 데 따른 것이고, 펠리페 칼데론 대통령의 재임 기간(2006~2012년) 동안 극에 다다랐다.

칼데론 정부 출범 무렵 로스 세타스(los Zetas)－범죄 조직들이 더 확장된 형태로 결속한 대규모 조직망－는 이미 이주자 거래자들이나 스스로 국경을 건너는 이주자들에게 통행세를 징수했다. 이미 그 무렵 중앙아메리카 통과 이주자들은 웨스턴 유니언-엘렉트라(Western Union-Elektra)의 서

하는 이주자들을 가리킨다. 강조하자면, 법적으로 이들은 범죄자가 아니다. 고작해야 행정 절차 위반자일 뿐이다. 따라서 이들을 투옥시켜는 안 된다.

비스를 이용해 멕시코 통행세를 내곤 했기 때문에, 로스 세타스가 징수하는 통행세나 마구잡이 납치의 희생자 몸값을 별문제 없이 국제 전신 송금을 통해 이체했다(CNDH, 2009).

이 노다지 광맥은 새로운 시장으로 빠르게 정착했다. 마약 카르텔과 로스 세타스 간의 갈등, 이들과 정부 간의 충돌은 이주자 납치와 대량 학살을 조장했고 다른 차원으로 발전했다. 사회 활동에 대한 통제, 사람들의 이동을 감독할 필요가 있는 지역에 대한 통제가 가해지게 된 것이다. 납치 대상 이주자들을 물색하거나 범죄조직을 위협할 만한 이들이 조직의 세력 아래에 있는 구역에 출현하지 못하도록 막는 조치들로 인하여 무차별 납치와 대량 학살이 벌어지게 되었으며, 집단적 공포 때문에 해당 지역을 떠나는 대규모 도피가 발생했다. 그러나 이런 일들은 범죄조직의 덫에 걸려 납치한 자들의 명령이나 거래를 문자 그대로 자신의 육체로 갚는 사람들을 인신매매 체제에 종속시키는 데에도 기여했다. 이는 통과 이주자들과 이들의 사회망뿐만 아니라 사회의 여러 영역에 전반적으로 영향을 미쳤다. 자발적이든 강제적이든 멕시코 여러 지방 주민들을 이에 결부시키기 때문이다. 또 그런 갈등이 발생하는 지역에서는 거버넌스에 타격을 주기도 한다.

범죄자들은 진화와 성장을 거듭하여, 국제 이주자들에게 가장 위협적인 로스 세타스와 같은 새로운 유형의 거대 조직을 탄생시킨다. 로스 세타스는 기존의 이주자 거래 조직과 개인들을 포섭하거나 예속시켜 그들로부터 통행세를 걷는다. 그래서 기존의 이주자 거래자들은 계속 이주자들을 희생시키고, 또 한편으로는 훨씬 더 위협적이고 가혹한 범죄 구조의 또 다른 피해자가 된다.

2. 정부의 방향 상실과 그 결과

범죄의 효율성은 관할기관이 무엇을 하는지 혹은 하지 않는지에 따라 달라진다. 멕시코 연방정부는 인권 침해를 방지하기 위해 서류 미비 이주자 체포에 이민국(Instituto Nacional de Migración: INM)을 보조하는 다른 공공 기관(예를 들어 지방 경찰, 육군과 해군)의 관여를 제한하거나 불허했다. 그 조치는 실질적으로는 이민 관련 보조 기관의 철수를 의미했다. 그 결과 관련 업무에서 배제된 치안 담당자들은 지휘체계에 구속받지 않게 되었고, 그 때문에 어려움 없이 범죄자들과 결탁할 수 있게 되었다. 덕분에 부패와 이주자 거래가 용이해졌다. 또한 범죄를 저질러도 처벌받지 않는 행운도 누리게 되었다.

보조 기관들의 철수는, 전 세계의 모든 서류 미비 이주자들이 들어오는 대문과도 같은 멕시코 남부 국경 지대에 커다란 구멍이 숭숭 뚫렸음을 뜻했다. 북부 국경의 문제 역시 전혀 경미하지 않지만 말이다. 당국의 행정으로 이주자 거래가 더욱 활기를 띠었고 체포된 서류 미비 이주자들의 공식적 수는 줄어드는 양상을 보였다. 2005년에 가장 많은 수가 집계되었는데, 24만 명을 조금 웃돌았다. 그러나 2008년에는 약 4만 명 정도로 줄어들었고, 2011년에는 약 7만 명으로 다시 늘었다.[5)]

게다가 2007년부터 당시 법규와는 반대로 이민국은 이주자들의 임시 보호소(albergue)나 숙소에서 관련 업무 활동을 할 수 없게 되었다.[6)] 따라

---

5) 멕시코 이민국의 웹사이트에서 통계 자료나(www.inm.gob.mx) 이민연구센터의 다음 자료를 참조하기 바란다. Centro de Estudios Migratorios, "Flujo de entradas de extranjeros por la frontera sur terrestre de México registradas por el Instituto Nacional de Migración," *INM*(México, DF, marzo de 2005).

6) 멕시코에서는 2011년 5월에 새로운 이민법이 통과되었다.

서 인도주의적 임시 보호소들이 이주자 거래자들과 납치범들이 처벌받을 위험 없이 활동할 수 있는 공간이 되었다(Casillas, 2011).

인권 침해를 줄이고 정부와 이주자 지원망 간의 관계를 개선하려던 당국의 전략은 정반대의 결과를 가져왔다. 그 결과 통계 자료들은 (국가에 의한) 이주자 인권 침해 사례는 비교적 감소했으나, 납치나 대규모 살해를 포함하여 범죄조직에 의한 전체적 인권 침해 사례는 그 증가 속도가 매우 빠르다는 것을 보여준다.

실제로 서류 미비 이주자 문제에서 당국은 부재하거나 철수한 것이나 다름없었다. 이처럼 각종 조건과 상황이 어우러지면서 여러 이주자 거래 조직과 인신매매 조직의 협력이 용이해졌다. 그래서 최근 중앙아메리카, 쿠바, 그리고 아시아와 아프리카(중국, 인도, 이라크, 에리트레아, 에티오피아, 소말리아까지 망라한다)의 서류 미비 이주자 거래 및 성매매를 목적으로 한 인신매매, 특히 청소년과 젊은 외국인 여성을 대상으로 한 인신매매를 공동 조직하기에 이르렀다. 멕시코 정부의 전략적 오류로 인신매매 조직들이 멕시코 영토 내에서 활동할 때 연결고리를 공유하는 것이 더 많은 이익을 낳게 되었다. 때문에 활동 지역의 가장 북쪽(미국)과 남쪽(중앙아메리카)에 더 많은 연결고리가 만들어지고 조직 간 협력이 발생했다. 그래서 목적지에 도착할 때까지 한 범죄집단의 조직원에게서 다른 집단의 조직원으로 넘겨지는 통과 이주자들이 생겨났다. 통과 이주자는 어떤 범죄조직이 자신에게 해를 끼쳤는지 알기 힘들게 되고, 정부 당국은 더더욱 그렇다.

당국은 이주자 거래자들을 체포할 때도 있다. 하지만 아시아, 아프리카, 중앙아메리카, 멕시코나 미국 등지에 거주하기 때문에 노출되지 않거나 제한적으로만 노출되는 지도부에 손을 뻗는 것은 어려운 일이다. 그들을 파악하는 데 도움이 되는 그 어떤 정부 보고서도 없다. 그들의 종적을 파악하는 것은 어렵지만 그들에 대해, 최소한 그들 일부에 대해 알고 있는 이들은 로스 세타스이다. 이주자 거래자들이 보호를 필요로 하거나 특정 이주자 무리에 대한 통행세를 지불할 때, 그들은 대리인을 통해 거래해야 할 상대와 협상한다. 물론 로스 세타스가 이주자 무리를 붙잡아두기도 하고, 이주자 거래 조직의 안내인이 자신의 지도부와 전화 접촉을 하기도 하고, 통과 이주자 무리에 대한 통행세(한 명 당 미화 600달러 정도이다) 총액과 지불 방식을 합의하기도 한다. 하지만 거래를 하고 일을 처리하기 위해 서로 개인적으로 알아야 할 필요는 없는 것이다.

미국 입국까지의 이주자 1인당 총비용을 국적별로 알아보았다. 쿠바인은 2009년에는 6500달러, 2010년에는 1만 2000달러를 지불했다. 인도인은 2009년에는 7000달러, 2010년에는 1만 3000달러를 지불했다. 중국인은 2009년에는 4만 5000달러를, 2010년에는 6만 달러를 냈다. 반면 중앙아메리카인은 2009년에는 4500달러를 냈고, 2010년에는 6000에서 7000달러 정도를 냈다.[7] 2012년에는 대부분 2010년 금액이 그대로 유지되었다. 이주자들의 국적별 가격은 그들을 이동시키는 데 존재하는 객관적인 장애 요소들에 따라, 또한 출신 국가에 따른 이주자들의 경제력을 감안하여 책정되었다.

앞서 언급한 것은 멕시코가 미국처럼 엄격한 이주정책을 적용하며, 특히 멕시코 영토를 통과해 미국으로 들어가려는 이주자들을 더욱 엄격하게 대한다는 것을 고려했을 때 더 중요한 의미를 지닌다(Manaut, 2011). 2012년에 멕시코 이민국은 48개의 이주자 수용소[8]를 두고 있고, 국경뿐

7) 현장 조사와 멕시코와 중앙아메리카의 핵심 정보 제공자들을 대상으로 한 인터뷰를 통해 필자가 얻은 자료이다.

적어도 19세기까지 거슬러 올라간다. 제도혁명당의 장기 집권으로 20세기에는 '해결'되었으나, 2000년 12월부터 2012년 9월까지 국민행동당이 두 번에 걸쳐 집권하는 동안 적절한 해소 방안을 찾지 못한 채 다시 출현했다. 정치적 성숙이 더디게 진행되는 한, 서로의 정치 기획의 차이를 부정하지 않으면서도 각자의 통치권에 대한 잘못된 해석을 제어할 합의를 이끌어낼 방책을 찾아내기는 힘들 것이다.

4. 잠정적 종합

사회적 추이도 정부의 활동 및 그 결과에 대한 전망도 고무적이지 않다. 이대로 가면 다른 전망은 상상할 수도 없고, 사회에서 분출되는 반응을 분석하는 이러한 글도 무의미하다. 사회학적인 관점에서는 대안적인 하위 사회 조직망들을 창출하는 역량을 관찰하는 일이 중요하다. 그런데 그 조직망들에는 불법적 요소가 존재하기 마련이다. 게오르그 지멜(Georg Simmel)은 범죄 네트워크 형성이 야기하는 부정적인 면을 도외시하지는 않았다. 하지만 전반적인 역경과 맞서는 하위층의 특정 사회적 관계들의 형성이 지닌 긍정적인 사회학적 중요성이 퇴색되어서는 안 된다고 충고한다(Simme, 2010).

현재 옹색하고 융통성 없는 법적 틀을 넘어서는 새로운 상황에 응할 능력이 부재한 상황이다. 그러다 보니 대화나 혁신 대신 배격과 파괴로 점철된 강경책을 적용하고자 하는 강력한 유혹이 존재한다. 사회적 취약함은 왜 항상 범죄를 배양하는 자양분처럼 여겨져야만 하는가? 사회적 취약함의 추이가 배가되고 있으니 그렇다면 곧 도시 전체를 감옥으로 만들 필요라도 있다는 것일까? 그것이 우리가 원하는 것인가? 비록 여성에 대한 남성의 지배 구조를 유지하고 있지만, 멕시코의 이주자 거래 조직과 인신매매 조직은 중요한 진화를 지속적으로 하고 있는 중이다. 이를테면 사회 계층별로 차별화된 시장을 만들고 있다. 그리고 각 계층에 속한 이들의 취약성을 이용해 지배력을 행사하는 것은 마찬가지다. 그 조직들은 은폐 시늉조차 제대로 못하는 이 나라에서 전반적으로 존재감을 과시하며 돋보이는 배우로 자리 잡았다. 그들 자신의 목적을 위해 주 사이의 경계마저 재설정하고 있다. 비공식적 경제에서는 물론이고 공식 경제에서도 중요한 역할을 맡고 있다. 정치적·사회적 구조를 뒤흔들어 국가와 민주주의 체제가 이룩한 성과마저 무색하게 만들었다. 비록 지역마다 차이는 있지만 그들은 사실상 멕시코의 모든 주에 영향력을 행사하고 있다. 이 조직들이 주 정부에는 중요한 도전이 되고 있다. 주 정부들은 심지어 인신매매만을 다루는 법률까지 제정하는 등 각자의 형법을 정비하는 전통적 대처법으로 대응하고 있다. 그리고 또 한편으로는 법적 정비를 보완할 다른 방법들을 모색, 추진하고 있다. 다만 사회정책과 예방정책에 대한 투자가 제한적이라서 지금으로서는 불확실한 혹은 실증적 결과를 내지 못한 노선이다. 게다가 이런 노선은 잘못된 사회문화적 과정들을 되돌려야 하는 일일 뿐만 아니라 성과를 보여주는 데 시간이 걸리는 과제이기도 하다.

이주자에 대한 인신매매와 이주자 거래가 일어나는 지역마다 관할 당국의 인지 정도는 분명 같을 수도 없고(인신매매와 이주자 거래는 여전히 연방 정부 소관 사항이다), 같은 수준의 공적 대응(이 범죄들에 대한 공적 대응은 여전히 우선순위를 차지하지 못하고 있다)을 이끌어내지도 못한다. 이런 활동을 다른 법적 개념으로 접근하거나 더 복합적으로 다루기를 기대하는 것 역시 어렵다. 사회적 변화에 따른 법적 정비는 뒤늦게 이루어지는 법이고, 게다가 항상 옳은 방향으로 이루어지는 것도 아니다.

참고문헌

Casillas, Rodolfo. 2010. "Masacre de transmigrantes." en *Foreign Affairs Latinoamérica*, vol.10 No.4.

_____. 2011. "La labor humanitaria y los organismos civiles: la experiencia de los albergues y casas de migrantes, realidades y desafíos." en Leonir M. Chiarello(coord.). *Las Políticas Públicas Sobre Migraciones y la Sociedad Civil en América Latina*. Nueva York: Los casos de Argentina, Brasil, Colombia y México, Scalabrini International Migration Network.

Comisión Nacional de los Derechos Humanos(CNDH). 2009. *Informe Especial de la Comisión Nacional de los Derechos Humanos sobre el caso de Eecuestro en Eontra de Migrantes*. México, DF, 15 de junio de 2009.

Manaut, Raúl Benítez. 2011. "México, Centroamérica y Estados Unidos: migración y seguridad." en Natalia Armijo(ed.). *Migración y Seguridad: nuevo desafío en México, Colectivo de Análisis de la Seguridad con Democracia*. México, DF.

Pastor, Raquel. 2011. "Obstáculos y propuestas para el acceso a la justicia de víctimas de trata con fines de explotación sexual." en Rosi Orozco(coord.). *Trata de personas*. México, DF: Instituto Nacional de Ciencias Penales.

Sánchez, Sadot. 2009. "Legislación nacional contra la trata de personas." en Rodolfo Casillas R.(coord.). *La Trata de Personas en México: Situaciones presentes y potenciales de las mujeres, niñas, niños y adolescentes*. México, DF: Cámara de Diputados.

Simme, Georg. 2010. *El Secreto y las Sociedades Secretas*. Madrid: Sequitur.

제10장

마약범죄와 부패

21세기 멕시코의 폭력 양상에 대하여

질 바타이용 _박수경 옮김

마약범죄가 기승을 부리면서 폭력문제가 멕시코 사회의 주요 논쟁 지점이 되었고, 그러한 폭력에 대응할 능력이 없는 정부가 수세에 몰렸다는 것은 분명한 사실이다. 이 폭력의 주체는 누구인가? 사회 계층 피라미드의 바닥부터 정상까지 각자 다른 위치에 있는 사회적 행위자를 서로 연결시켜주는 관계는 무엇인가? 이러한 현상이 정치 공동체의 법과 평등이라는 문제와 어떻게 연결되는가?

질 바타이용 Gilles Bataillon 파리 사회과학 고등연구원 레이몬드 아론 사회학 및 정치학 연구소(CESPRA-EHESS) 연구원. 멕시코시티 경제연구소(CIDE) 역사학 분과 교수. *Problèmes d'Amérique Latine* 공동편집장. *Génesis de las guerras intestinas en América central*(2008)를 비롯한 다수의 저작이 있다. 클라라 오트(Clara Ott)와 함께 역사 다큐멘터리 <니카라과, 빼앗긴 혁명(Nicaragua, une révolution confisquée>(2013)을 제작했다.

* 이 글은 ≪Nueva Sociedad≫ 255호(2015년 1~2월)에 실린 글을 옮긴 것이다.

21세기 멕시코의 특징은 손댈 수 없을 정도로 폭력이 늘어났다는 점이다. 1997년과 2000년대 중반 사이에 살인 사건 비율이 꾸준히 감소된 적이 있었지만, 2009년부터 2011년 사이 큰 폭으로 증가했고 2012~2013년 사이 소폭 감소했다. 1992년부터 살인 사건 비율이 꾸준히 감소하여, 연간 10만 명 당 살인 사건이 22건에서 8건으로 줄었지만, 2008~2011년 사이에는 세 배로 증가하여, 통계에 따르면 10만 명당 살인 사건이 24건에 이르렀다.[1)]

더구나 이렇게 증가한 폭력은 많은 경우 잔인한 양상으로 나타났다. 이런 잔인함은 2011년에서야 주춤해지기 시작했다. 폭력의 새로운 양상은 당연히 마약 운반을 비롯해 기타 불법행위를 자행하는 범죄조직이 활개치고, 세력을 강화시킨 사실과 관련된다. 이들이 자행하는 불법행위는 강도와 납치부터 밀수와 위조 산업은 물론이고 인신매매까지 폭넓게 이루어진다. 또한 폭력은 펠리페 칼데론 대통령이 임기(2006~2012년) 초에 선포한 조직범죄와 마약범죄와의 '전쟁'에서 기인한다. 사회에 만연한 공포 분위기와 불처벌이라는 관행으로 인해 폭력이 평범한 일상이 되는 길이 열렸고, 그만큼 폭력이 증가했다. 마지막으로 경찰과 군대의 권력 남용과 그들이 행사하는 폭력이 놀라울 만큼 증가했다는 사실도 강조할 필요가 있다.

또 다른 특징은 비센테 폭스 대통령의 임기(2000~2006년) 말부터 펠리페 칼데론 대통령 재임기간까지 멕시코 공적 논쟁과 선거에서 이러한 현상이 중요한 의미를 띠고 있었다는 것이다. 1990년대 말 폭력행위는 신문지상에 오르내리는 사건이거나, 구시대적 사회정치적 산물이라는 이중적 형태로 인식되어, 민주화와 경제적 근대화와 함께 차츰 사라지

---

1) 멕시코 통계청(Instituto Nacional de Geografia y Estadistica)의 발표에 따른 것이다.

게 될 운명으로 여겨졌다. 그러나 폭력은 기어코 공적 논쟁의 주제로 탈바꿈했다. 다양하게 발생하는 폭력행위를 광범위한 지역에 방영되는 여러 TV 채널과 라디오 방송이 매우 선정적으로 다루는 일이 자주 있었다. 또한 지역 일간지는 물론이고 중앙 일간지에서도 정규 기사의 주제가 되었다. 그뿐만 아니라 ≪프로세소(Proceso)≫ 같은 시사전문 주간지에서도 폭력을 토픽으로 다루었고, 일간지 ≪레포르마(Reforama)≫는 폭력행위와 살인 사건에 대해 주기적인 통계치를 보도하기도 했다. 스페인어권은 물론이고 영어권의 국제 언론은 이런 기사에 주목하게 된다. 멕시코 및 앵글로색슨 기자 여러 명이 저술 활동을 통해 관련 조사를 이어나갔는데, 그런 책들은 매우 풍부한 자료를 담고 있기 마련이었다.[2] 사회과학자들이 이런 주제를 연구한 것은 많지 않았고, ≪레트라스 리브레스(Letras Libres)≫와 ≪넥소스(Nexos)≫ 같은 전문 시사잡지들이 그들의 연구를 도외시해왔던 것도 사실이지만, 이제는 폭력을 연구하는 사회과학자의 수가 더 많아졌고, 사회과학 분야의 저명한 학술지들이 폭력을 주제로 삼는 호를 기획하거나 정기적으로 연구를 진행

2) 특히 다음과 같은 기사를 인용할 수 있다. Jesús Blancornelas, *El cartel. Los Arellano Félix: la mafia más poderosa en la historia de América Latina*(México, DF: Plaza y Janés, 2002); José Reveles, *El Chapo: entrega y traición*(México, DF: Debolsillo, 2014); Anabel Hernández, *Los señores del narco*(México, DF: Grijalbo, 2011); Diego Osorno, *El cartel de Sinaola. Una historia del uso político del narco*(México, DF: Grijalbo, 2010); Ricardo Ravelo, *Los capos: Las narco-rutas de México*(México, DF: Debolsillo, 2006); *Herencia maldita: El reto de Calderon y el nuevo mapa del narcotráfico*(México, DF: Debolsillo, 2007); *Zetas: La franquicia criminal*(México, DF: Ediciones B, 2013); *Los narcoa-bogados*(México, DF: Grijalbo, 2006); *Osiel: Vida y tragedia de un capo*(México, DF: Grijalbo, 2009).

한다. 예술계도 마찬가지로 폭력과 마약범죄를 주제로 삼았다. 당연히 그 시작은 노르테뇨스(nortenos)[3]라 불리는 대중가수들이었다. 그들 가운데 티그레스 델 노르테(Tigres del Norte)[4]가 가장 유명하다. 영화계에서도 마찬가지였다. 한편에서는 폭력을 주제로 하는 예술영화들이 전 세계적으로 보급되어 널리 알려지고, 세계 최고의 국제영화제들에 참가했다. <아모레스 페로스(Amores perros)>(알레한드로 곤살레스 이냐리투 감독, 2000), <라소나(La zona)>(로드리고 플라 감독, 2007),[5] <엘인피에르노(El infierno)>(루이스 에스트라다 감독, 2010),[6] <미스 발라(Miss Bala)>(헤라르도 나랑호 감독, 2011),[7] <콜로시오: 살인자(Colosio: el asesinato)>(카를로스 볼라도 감독, 2012) 등의 작품이 그 예다. 다른 한편에서는 마약범죄를 다루는 수백 편의 저예산 B급 영화가 있다. 이런 영화들은 처음에는 VHS로, 나중에는 DVD로 보급되었는데, 실제 인물을 모델로 하며, 소규모 출연진으로 제작된다. <코카 회사(Coca Inc)>(호르헤 오르틴 감독, 2006), <검은색 허머(La Hummer negra)>(호르헤 레이노소 감독, 2005)를 비롯한 다수의 작품이 그 예다.[8]

---

3) '북쪽 사람들'이라는 뜻으로, 멕시코 북부 지역에서 주로 활동하는 음악그룹들을 지칭한다. －옮긴이

4) '북쪽의 호랑이'라는 뜻으로 1968년 멕시코 북부 시날로아 주에서 에르난데스(Hernández) 형제들이 중심이 되어 결성된 후, 미국 캘리포니아 산호세에서 공연을 가지면서 티그레스 델 노르테라는 이름을 가지게 되었다. －옮긴이

5) 한국어로 '빈민금지구역 라조나'라 번역되었으나, 올바른 발음 표기는 '라소나'이다. －옮긴이

6) '지옥'이라는 뜻. －옮긴이

7) '미스 총알'이라는 뜻. －옮긴이

8) 요안 그리요를 참고할 것. 특히 '문화'에 관한 장을 참고할 것. Ioan Grillo, *El Narco: Inside Mexico's Criminal Insurgency*(Nueva York: Bloomsbury Press,

이 글에서 우리는 사회적 특징이 무엇인지, 폭력 행위자가 어떻게 만들어지는지 살펴볼 것이다. 이때 폭력 행위자는 마약범 등의 범죄조직뿐만 아니라 경찰과 군대까지 포함한다. 적극적으로 폭력의 세계에 가담하지는 않지만, 그 세계에 공모하고 연동된 다른 사회적 회로망들도 마찬가지이다. 정치 엘리트와 기업에서는 물론이고 사회 중간계층과 하위층에서 이 회로망들이 어떻게 서로 관계 맺어왔는가? 마찬가지로 2007~2011년 사이에 놀라울 만큼 빠르게 증가한 폭력이 어떤 사회적 맥락에서 발생했는가를 이해하는 데 핵심적이라고 생각하는 현상을 검토할 것이다. 엘리트 계층은 물론이고 중간계층과 대중까지 아우르는 사회 전 계층이 마약범죄자들의 활동을 오랫동안 묵인했을 뿐만 아니라, 그것을 받아들이고 심지어 긍정적으로 평가하기도 했다는 점을 잊어서는 안 된다. 덧붙여 마약 거래와 연관된 부의 축적은 오랫동안 계층 상승을 위한, 또는 오늘날의 세계를 좌지우지하는 불안정한 사회경제적 상황을 타개하기 위한 합법적인 방법으로 여겨져왔다. 사회적 인정과 성공의 표식이 된 소비재를 얻을 수 있는 길을 마약범죄가 어떤 식으로 열어주었는가? 정치 공동체의 권위와 법의 지위에 대한 문제만큼이나 사회정치적 평등이라는 문제와도 연관된 굉장히 특수한 연결고리에 대해 이러한 현상들이 어떻게 증언하는가?

1. 합법적 세계와 불법적 세계의 구멍 뚫린 경계

예전부터 멕시코 언론은 정경유착과 마찬가지로 경찰과 범죄조직의

2011).

경계가 불명확하다는 점을 지적해왔다. 그럼에도 역설적인 사실은 최근에 들어서야 이러한 경계의 모호함이 사회과학 연구자들에게 연구의 적합한 대상으로 여겨지기 시작했다는 점이다. 가브리엘 사이드(Gabriel Zaid)가 『비생산적 진보(El progreso improductivo)』(Zaid, 2009: 265~278)에서 지적했듯이 사회과학 연구자들과 일부 언론인은 오랫동안 '한입 베어 물기'(뇌물)에 대한 진정한 인류학적 접근을 회피해왔다. 그들은 모두가 다루는 주제를 쫓아가거나, 저명한 작가인 호르헤 이바르겐구이티아(Jorge Ibarguengoitia)가 『멕시코에서 사는 방법(Instrucciones para vivir en México)』에서 제시했던 실용적 충고, "문제가 생기면 경찰을 부르지 마라. 새로운 문제가 생길 것이다"에 안주하고 있었다(Ibarguengoitia, 1990).

다양한 연구에 따르면, 20세기 후반 내내 고위 정치인이든 고위 경찰이든 실제로 조직범죄를 근절할 방법을 모색하지 않았다. 반대로 그들은 범죄조직망과 거래를 하거나 부패행위를 통해 조직범죄를 손아귀에 잡아두고 조절하려 애썼을 뿐이다(Pansters, 2013). 여기에는 이중적인 목적이 있었다. 하나는 개인적 부의 축적이었고, 다른 하나는 제도혁명당에 반대하는 세력을 견제하는 일선 경찰 임무 수행에 범죄자를 용역으로 동원하기 위한 것이었다. 호세 로페스 포르티요(José Lopez Portillo) 대통령 집권 시기(1976-1982년) 경찰청장이었던 아르투로 두라소(Arturo Durazo) 사건은 분명히 그러한 식으로 집행된 경찰 임무를 보여주는 사례이다. 그는 대통령과 오랜 친구 사이였으며, 당연히 역대 멕시코 경찰청장 가운데 가장 부패한 인물이었다.[9] 전임자나 후임자 들에 비해

9) 다음을 참고할 것. Diane E. Davis, "Policing and Regime Transition." en W. G. Pansters(2013: 68~90); José Gonzalez G., *Lo negro del negro Durazo. La biografía criminal de Durazo escrita por el jefe de sus ayudantes*(México, DF: Posada, 1983).

그가 보여준 변화는 단 한가지였다. 멕시코 사회에서 오랫동안 필연적이라 여겨졌을 뿐 아니라, 공공질서의 형태를 확보한다는 이유로 기능적이라고 생각한 행태들을 심지어 체계화하고 더 가중시킨 것이다. 많은 정치계 인사들이 에밀 뒤르켐(Émile Durkheim)의 "범죄는 정상적인 것이다. 범죄가 없는 사회는 절대적으로 불가능하기 때문이다"(Durkheim, 2013: 67)라는 언명을 인용하여, 조직범죄와의 공모와 공생을 정당화하는 궤변을 늘어놓았다. 이러한 협정은 정치 및 행정적 차원의 가장 높은 곳부터 낮은 곳까지 통용되는 화폐와 같았다.

경찰 세계의 부패를 멕시코 일부에서 예외적으로 발생하는 사례로 치부하기에는 무리가 있다. 사회과학과 언론이 대통령을 포함한 정치계 인사와 그들의 가족들이 축적한 부에 대해 왜 다루려 하지 않는지 주목할 필요가 있다. 얼마 전까지만 해도 그들은 임기 시작이나 끝에 재산신고를 할 의무가 없었다. 그러나 반대로, 대통령은 임기 첫 해 자기 사람들을 요직에 앉히고 권력을 장악하는 데 힘쓰다가, 4년 동안은 통치하고, 결국 임기 마지막 해에는 도둑질을 한다는 것이 널리 퍼져 있는 속설이다. 개탄할 일 같지만 결국 대통령만이 아니라 연방 주지사와 지방 시의원까지 한통속이 되곤 한다.

이러한 관행이 안정적 발전을 가져오고 결과적으로 모두에게 보탬이 된다는 믿음이 카를로스 살리나스 데 고르타리(Carlos Salinas de Gortari) 대통령의 임기(1988~1994년) 말까지 지배적이었다. 일부 자유주의 경제학자들이 주장하는 낙수효과에 대한 이론의 한 가지 버전은 '상위 계층'의 부가 모두의 부를 가져오게 할 것이란 입장이다(Pech, 2011). 대통령이 떠받치고 있는 이 거대한 권위주의적 조합주의의 조정과 협상 시스템 덕분에 각자가 자기 몫을 가지게 되었다고 생각하게 되었는데, 그런 이해방식은 제도혁명당의 상상 속에 있는 합의제와 일종의 능력주의에서 비롯되었다. 살리나스 데 고르타리 대통령 임기 막바지에 스캔들이 터지고서야 비로소 이러한 불법적 부의 축적을 문제 삼았고, 이것이 혼란과 비도덕성으로 이어질 수 있다는 점이 드러났다. 사실 대통령의 형이 누구인지도 모르고 거물 마약유통업자와 공모했다고 어떻게 믿을 수 있는가 말이다. 살리나스가 그 어마어마한 돈을 모른 척할 수 있었으리라 생각하기는 어려운 일이다.

1980년 대 말, 국민행동당으로 대변되는 중도좌파는 물론이고 민주혁명당의 전신이라 할 수 있는 좌파까지 통틀어 야당 세력이 성장하고, 정치적 장이 열리면서 매우 역설적인 결과가 나타났다. 부패는 이제 더 이상 제도혁명당의 전유물이 아니었다. 여야 교체와 투명성 확보라는 민주화의 꿈이 커지는 한편, 모든 정당과 각 정치 행정 영역에까지 부패가 스며들어 있었다. 국민행동당과 민주혁명당에서 공직자로 선출된 당원들 다수가 과거 제도혁명당이 관행적으로 행한 후원주의(clientelista)와 부정행위에 종지부를 찍기 위한 캠페인에 앞장섰지만, 이제는 국민행동당과 민주혁명당이 제도혁명당의 관행을 정확히 그대로 물려받았다.

합법 경제와 불법 경제의 그러한 공모에 크게 기여한 두 가지 사건은 북미자유무역협정의 체결과 미국으로 유입되는 코카인 운반경로의 변화였다. 북미자유무역협정으로 멕시코의 마킬라도라에서 생산된 상품과 농산물이 미국으로 운송되면서 통행량이 증가하게 되었다. 더구나 미국 정부가 콜롬비아 정부와 함께 실행한 반마약정책은 이중적인 효과를 가져왔다. 플로리다와 카리브의 섬들을 통해 코카인이 밀반입되는 것이 어렵게 되었고, 콜롬비아 마약 카르텔이 약화되면서 세력이 축소된 소규모 마약조직들로 분열되었다. 이로써 멕시코는 마약밀수를 위해 반드시 거쳐야 하는 길목이 되었고, 멕시코 마약범죄조직들이 시장의 주도적인 세력으로 거듭났다. 이러한 새로운 상황으로 인하여 멕시코와 미국의 국경지대만큼이나 아편 및 마리화나 생산지와 마약 조제 지역에서도 마약 경제의 붐이 일어났다.

이런 붐은 범죄의 순환고리에 한정된 현상이 결코 아니다. 오히려 멕시코 사회의 광범위한 영역에 영향을 주고 있다. 사비네 게스(Sabine Guez)가 하워드 베커(Howard Becker)의 이미지를 빌려 보여주듯, 마약의 생산과 국제 거래에는 그에 필요한 다른 일을 동시에 해결해줄 '부가 활동'이 요구된다(Guez, 2007, 2008; Becker, 1988). 마약 운반으로 발생하는 효과로 다양한 영역이 활기를 띠게 되는데, 그중 일부는 완전히 합법적인 영역이다. 마약범죄조직들은 운전사나 조종사, 차, 배, 비행기가 필요하고, 그런 운송수단을 유지 보수할 인력도 필요하다. 멕시코와 미국의 세관과 경찰의 공모 없이 움직일 수 없는 것은 당연하고, 마찬가지로 항공이나 선반으로 운송할 경우 그와 관련된 통제기관의 공모자도 필요하다. 비록 초반에 멕시코의 '황금 삼각지대(Triangulo de Oro)'에서[10] 마리화나와 아편을 재배했던 것은 그 지역에서 모집한 문맹의 농민들이었지만, 이제 상황은 완전히 달라졌다. 마리화나와 아편을 재배해서 나중에 그 수확물을 등에 지고 국경지대 사막을 건너는 일은 여전히 하찮게 여겨진다. 이런 일을 할 노동력은 지금 넘치게 많고, 많은 경우 멕시코 남부나 중앙 아메리카에서 오는 사람들이 그 일을 한다. 그러나 이런 노동력과 별개로 중요하게 여겨지는 인력이 있다. 최고 학력 소지자들로 엔지니어, 농업 전문가, 화학 전문가, 회계사들이다. 마약업자의 경호원이나 킬러들 대다수는 특별한 훈련을 받은 적이 거의 없거나, 훈련 경험이 전무하지만, 그중 일부는 과테말라나 멕시코

10) 두랑고, 치와와, 시날로아 주에 걸쳐 있는 산악지대를 말함.

의 전직 군인들로, 이들은 양국 군대의 엘리트 출신이다. 그들은 훈련받은 전투원일 뿐 아니라 교신과 도청 전문가들이다. 이들은 어마어마한 무기만이 아니라 경찰과 군대도 부럽지 않은 교신 장비를 사용한다.

마약을 소매로 팔기 위해서도 마찬가지로 최대한 다양한 소셜 미디어에서 활동하는 미국과 멕시코 판매원들이 필요하다. 덧붙여 조직범죄에 봉사하는 능력 있는 형법 전문 변호사들이 톱니바퀴처럼 맞물려 있다. 마지막으로 경제와 재정 전문가들이 가세한다. 은행과 환전소는 물론 건설업까지 미국에서처럼 멕시코에서도 사업을 번창시켜왔고, 지금도 계속 해나가고 있다.[11]

자동차 판매상들은 마약 운반 거점이나 생산지역에 고급 사륜구동 자동차를 다량 공급한다. 정확히 그런 지역에서 허머(Hummer)의 최고 판매기록이 나타난다. 귀중품 판매상들은 금으로 만든 개머리판만 파는 것이 아니라 마약운반업자의 가족들에게 고가의 시계와 보석도 다량 판매한다. 이런 현상은 옷이나 부츠를 취급하는 상인들에게서도 찾아볼 수 있다. 몇몇 마약업자를 체포하는 과정에서 압수한 물품을 보면 이런 사치스러운 소비가 얼마나 큰 비중을 차지하는지 알 수 있다(Rockwell, 2008). 음악가, 악기 판매상, 음향기기 취급상, 각양각색의 음식점 주인들, 사창가 업주들이 마약 경제에서 흘러나오는 돈으로 살아간다. 마지막으로, 경마와 투계도 마약범죄로 벌어들이는 돈으로 크게 득을 보고 있다.

더러운 돈으로 조성되는 이런 붐은 국경도시들만큼이나 지역 소규모 공동체에서도 '깨끗한 사람들'과 범죄의 세계를 가르는 경계를 대부분

---

11) 다음과 같은 다큐멘터리를 참고할 것. Agnès Gattegno, <Narco-finance, les impunis>, Arte France(Francia, 2014).

희미하게 만들었다. 나탈리아 멘도사 로크웰(N. Mendoza Rockwell)은 소노라에 위치한 산타 헤르트루디스(Santa Gertrudis)와 같은 외곽도시를 연구했는데, 이런 지역에서 삶의 편의란 친척과 어떤 관계 맺고, 이웃과 얼마나 사교적으로 지내느냐에 달려 있다. 마약업에 발을 들인다고 해서 사회적 처벌의 대상이 되는 것이 절대 아니다. 의혹과 낙인은 외지인들, 인근 주 출신자들에게 향한다. 예를 들어, 소노라 주의 주민들에게는 시날로아 주가 그렇고, 알타르(Altar)[12]에서는 멀리 떨어져 있는 다른 무니시피오들이 그렇다. 미초아칸 주의 '성전기사단(Caballeros Templarios)'이나 '패밀리(La Familia)' 같은 일부 조직들이 경쟁조직들을 밀어내고 자기 주에서 기반을 잡으려 할 때 그런 화법을 구사했다(Maldonado, 2013). 많은 무니시피오에서 경찰과 지역 정부는 이런 움직임을 묵인해왔는데, 꼭 뇌물을 받아서 그랬던 것은 아니다. 연방정부 차원에서 파견된 조사관들이 도착하면 종종 '공동체'의 평화를 유지하기 위해 '자발적으로' 친척이나 친구들에게 귀띔해준다. 상황을 바로 보지 않고 무니시피오에서 난투만은 피해 달라고 마약범죄조직들에게 부탁하는 것이 그 상황을 수습하는 방법이었다. 더 큰 도시에서도 경찰과 지역 관료가 비슷한 행동방식을 취했는데, 이 경우에는 제대로 된 부패 행위가 수반되었다.

이 모든 현상은 연방 경찰, 군 장교, 세관 관리, 항공교통관제 관리의 경우에 더욱 명확해진다. 전통적인 경제 엘리트 역시 마약 사업에서 엄청난 혜택을 받았다. 돈세탁을 하거나, 묻지도 따지지도 않고 '부가활동'에 완전히 빠져든 사람들은 소수가 아니다. 미국으로 마약을 운반

12) 소노라 주의 북서쪽 끝에 위치한 도시로 미국으로 넘어가는 밀입국자와 마약이 멕시코에서 마지막으로 집결하는 곳이다. —옮긴이

하는 과정에서 부수적으로 생기는 일자리와 다른 소소한 일감으로 일반 계층은 행운의 여신을 자기편으로 만들든지, 수입을 늘려 가전제품, 오토바이, 자동차 같은 소비를 누리든지 할 수 있게 되었다. '황금 삼각지대'나 미초아칸 주나 게레로 주의 일부 지역들처럼 국경 도시에서도 마약범죄와 관련된 경제활동이 점차 다른 일거리와 다름없는 일이 되었다. 선생님의 질문에 알타르 지역 아이들은 눈도 깜박하지 않고 크면 마피아가 되고 싶다고 답한다. 가장 하위층부터 부유층까지 계층을 막론하고 젊은 여성들은 지역 축제에서 만나는 마약범죄조직원을 외면하지 않았다. 조금 눈치 빠르게 군다면 마약범죄자들은 그냥 괜찮은 것 이상의 남자친구나 남편으로 여겨졌다.

여러 마약범죄조직 간의 분쟁이 확산되지 못하게 통제되고 제한되는 상황 속에서도 합법적인 것과 불법적인 것의 경계는 더욱 모호해졌다. 칼데론이 조직범죄와의 '전쟁'을 시작했고 엔리케 페냐 니에토(Enrique Peña Nieto)가 그 바통을 이어받았지만, 피가 피를 부르는 그런 악순환으로는 마약 경제와 그를 뒷받침하는 '부가 활동'이 엇비스듬히 서로 포개지며 중첩되는 현상을 전혀 막지 못했다. 마약경제와 '부가 활동'은 점점 더 은밀하게 연동되었고, 어떤 경우에는 어떻게 겹쳐 있는지 확인하는 것조차 쉽지 않게 되었다. 조직범죄에 대해 부끄러워하지 않는 바로 그런 둔감함은 이제 더 이상 '선한 사회'와 어울리지 않는다. 살바도르 말도나도(Salvador Maldonado)가 미초아칸 지역을 대상으로 진행한 최근 연구에서 보여주었듯, 칼데론 정권 시기에 폭력이 급격히 증가한 것은 역설적으로 일부 범죄조직들과 합법적 권위를 가진 자들 사이의 경계를 희미하게 만드는 효과를 가져왔다(Maldonado, 2013). 그리하여 우루아판(Uruapan) 지역에서는 일부 조직들이 경쟁조직들과 관계에서 최소한의 질서를 확립해왔다. 경범죄에 대해서도 그렇다. 주민들은 범죄조직을 두려워하고, 상황상 협조하는 처지지만, 일부 지역의 주민들은 범죄조직에 단지 순응하는 것만이 아니라 법에 호소하는 방법도 배웠다. 어떤 이들은 일상적인 범죄의 용의자를 신고해서 처벌받게 하는 데 더 이상 망설이지 않는다. 폭력적이거나 바람을 피우는 남편들을 단속하고 길들이려고 범죄조직을 이용하는 여성들도 있다. 다른 한편에서는 공권력이 종종 치밀한 작전을 핑계로 부당한 수단을 동원하고, 과잉 폭력을 행사하는 바람에 주민들은 범죄조직을 바라볼 때와 마찬가지로 불신에 찬 기회주의로 공권력을 재단한다.[13] 경찰이란 무기를 든 국가의 손이면서 정의를 구현할 보호자가 될 수도 있다는 관념을 유지하기는 어렵게 되었다.

2. 전통적 아비투스와 세계화에 대한 새로운 이데올로기

10여 년 전부터 이어져온 불법행위들과 그에 수반되는 폭력을 이해하려면 부, 노동, 개인에 대한 다음과 같은 두 가지 개념화를 통해 그것들의 선택적 친화력을 설명해야만 한다. 개념화의 한 가지 방식은 라틴아메리카 식의 아비투스(habitus)에 깊게 뿌리내리고 있으며, 다른 한 가지 방식은 신자유주의적 규제 철폐와 최근의 세계화에 자극받아 야기된 것이다.

다닐로 마르투셀리(Danilo Martucelli)가 최근 글,『남쪽에 개인이란 것

13) 다음을 참고할 것. Human Rights Watch, *Neither Rights Nor Security Killings, Torture, and Disappearances in Mexico's 'War on Drugs'*(Nueva York: Human Rights Watch, 2011).

이 존재하는가?(¿Existen individuos en el sur?)』[14]에서 분명히 보여주듯, 자본주의 생산양식이 라틴아메리카의 사회적 관계에 흔적을 남긴 것이 명백하다 해도, 라틴아메리카에서 노동은 개인을 구성하고 정의하는 과정에서 핵심적 역할을 수행하지는 않는다. 주체를 정의하는 데 종족 공동체 또는 지역 공동체, 아니면 종교가 노동만큼이나 중요하다. 그래서 마약 거래가 좋은 돈벌이가 된 지역에서 그것을 직업으로 삼은 사람들이 마약 거래라는 직업만으로 신분을 보장받지는 못한다. 개인의 신분은 무엇보다 지리적 출신지나 소속 가족의 지위에서 벗어나지 못한다. 그래서 산타 헤르트루디스에서는 마약범죄자를 지시하는 용어인 '마피아'를 경제적으로 풍족한 가정의 구성원이나 고향사람으로 이해한다. 만약 누군가를 '마약범'라고 쑥덕댄다면, 이런 비난은 전적으로 그가 하위계층 가정에 속하거나 외지인이라는 것을 가리키는 것이지 불법적 일에 가담하고 있다는 뜻으로 사용하는 말이 아니다. 마르투셀리에 따르면, 마약 거래라는 일을 그렇게 표현하는 것은 열심히 일한 결과보다 타고난 것에 따라 부를 획득하게 되는 것인 양 그려내는 방식과 맞닿아 있다. 광물, 산림, 농업 자원들은 이윤을 가져올 값진 것으로 여겨지지, 개개인의 노고가 합쳐진다는 점을 고려하여 가치를 부여하는 요소로는 절대 다루어지지 않는다. 축산업은 노동과 끈기를 높이 평가하는 세계이지만, 이곳에서도 부는 우연적 성격을 내포하고 있다. 마약 밀매에 동반되는 일들도 유사한 방식으로 받아들여진다. 어떻게든 일상적이고 정규적인 일이 아니라, 운이 결정적인 역할을 하는 좋은 돈벌이 수단들인 것이다. 티그레스 델 노르테가 부른 노래, 「회색 버스(La camio-

14) Danilo Martucelli, *¿Existen individuos en el sur?*(Santiago de Chile: Lom, 2010). 특히 p.185 '부에 관한 상상(Un imaginario de la riqueza)' 장을 참고할 것.

neta gris)」처럼 '나르코코리도(narcocorrido)'[15]의 가사도 이러한 밀수업자들이 보여주는 도전적인 자세와 승부에 대한 꿈을 잘 그려내고 있다. 다른 많은 노래들과 마찬가지로 이 노래도 전부를 얻기 위해 전부를 거는 대담한 사람들을 소개한다.

마약범죄와 연관된 일들은 한 개인을 마치 '대칭적 게임 참여자'나 '휘둘리기 쉬운 기회주의자'로 묘사하는 방식과 정확히 일치한다. 이들은 불안정한 세계에서 일하는데, 그 세계의 규칙이란 '하위계층'을 기회비용으로 삼는 것으로, 이 규칙은 권력을 가진 자들이 자기들 편의에 따라 영구적으로 마련해둔 것이다. 바로 여기에 간사해져야 할 절대적인 필요성이 있다. 끝없이 약삭빠르게 굴어서 우위를 점하고 자신을 보호해야 한다. 멕시코 북부 지방과 미국에 거주하는 이주민들은 흔히 나르코코리도를 듣거나[16] 마약범죄를 다룬 영화를 보는데, 이를 통해 그런 상상이 더욱 널리 퍼진다. 망나니짓을 해야 할 때가 생기고, 경우에 따라서는 극악한 행위도 허용되는데, 다만 이 경우에는 바로 옆에 있는 이웃들을 희생시키는 것이 아니라, 그들에게 혜택이 돌아가는 것이어야 한다. 시칠리아에서 에드워드 반필드(Edward Banfield)가 묘사했던 '가족적 무도덕주의'의 다음 세상인 셈이다(Banfield, 1958). 이런 세상에서는 규칙과 규범을 정하고 그것을 체계적으로 적용하여 개인을 보호하려는 제도가 개인을 인도하는 것이 아니라, 기회주의적으로 처신하는 사회 구성원들이 개인을 인도한다.

---

15) [원문 역자 주] 마약범죄자를 주로 노래하는 '코리도'(멕시코의 대중적 노래 장르)의 하나.

16) 다음을 참고할 것. María Luisa de la Garza, *Pero me gusta lo bueno. Una lectura ética de los corridos que hablan del narcotrafico y de los narcotraficantes* (México, DF: Miguel Ángel Porrúa, 2008).

결국 개인이란 '환유적 행위자'이다. 마르투셀리가 지적하듯이, 문제는 개인의 출현 따위가 아니라 개인의 존재가 갖는 급진성이다. 개인은 어떤 식으로든 제도의 부재나 취약성에 '선행한다'. 권리를 주장하고, 한나 아렌트(Hannah Arendt)의 표현대로 '권리를 가질 권리'를 가지고 있다는 인상을 개인에게 주는 민주 체제의 성립은 개인과 그런 개인을 충분히 보호하지 못하는 제도 사이에서 촉발되는 긴장을 부각시킨다. 여기에 아르헨티나 법학자인 카를로스 니노(Carlos Nino)가 자국에 대한 묘사로 언급한 '법 테두리 밖의 국가(país al margen de la ley)'나 '천진난만한 아노미(anomia cándida)'와 관련된 모든 주제가 나타난다(Nino, 2005). 제도가 불완전하거나, 제도 자체가 부재할 때 이런 제도들의 테두리는 사라져버린다. 대부분 다른 방식으로는 테두리를 만들 수 없기 때문이다. 마약범죄가 기승을 부리기 시작한 것과 더불어 그런 범죄를 소탕하려는 경찰과 군대의 작전이 시작되면서 외곽지역, 국경지역, 황금 삼각지대, 게레로 주, 미초아칸 주에서 벌어진 일들이 바로 그것이다. 개인주의란 '내가 먼저'라는 태도이고, 이런 태도는 마약범, 정치계 인사, 정부 관료에게서만 나타나는 것이 아니라 사회 전반에 널리 퍼져 있다. 모두에게 윤리는 단 하나의 중심이며, 사회성과 사회망의 순환에 따라 적용된다.

이러한 아비투스는 시대를 초월하는 고정된 문화를 구성하는 것이 아니라, 시간의 흐름과 환경에 따라 재탄생된다. 클라우드 르포르(Claude Lefort)의 표현대로 최근 세계화에 수반된 '비가시적 이데올로기(ideología invisible)'[17]가 새로운 힘으로 작용하고 있다. '수행적(perfomá-

17) *Las formas de la historia. Ensayos de antropología política*(México, DF: Fondo de Cultura Económica, 1988)에 실린 그의 글 "Esbozo de una génesis de la

tico)' 개인이 지니는 가치가 재평가되고 있다는 사실을 생각해보자. 세계 최고 선수들, 증권 중개인이나 사업가가 그 상징이다. 세계 최고 선수들은 그 스스로 높은 가치를 지니는 개인이며, 사회 계층의 아래쪽에서 출발해 개인의 노력과 운이 잘 어우러진 덕분에 정상에 이른 사람들을 대변하지만, 또한 어떤 의미에서는 규칙을 위반한 덕분에 그 자리에 선 사람들이다. 게다가 선수 성적 논란에서 핵심인 금지 약물 리스트도 고려해야 한다. 증권 중개인도 마찬가지로 선수의 특징을 나눠가지려는 직업이지만, 동시에 사기꾼이라는 면모도 가지고 있다. 최근 수년 동안 주식거래를 둘러싼 여러 스캔들이 보여주는 바가 그것이다. 세계화 시대의 기업가도 크게 다를 것 없는 프로필을 가지고 있다. 존 케네스 갤브레이스(John Kenneth Galbraith)가 『새로운 산업국가』(1967), 『경제와 공공의 목적』(1973)에서 이론화한 기업이나 기업가의 모든 사회적 기능이 그 프로필에 기초를 두고 있다. 성공한다는 조건으로 모든 것이 용인된다. 위에서 언급한 세 가지 직업은 사치성 소비에 따라 사회적 조건이 동일화된다는 점을 상징적으로 보여준다. 그 사람들은 개인적 성공으로 새로운 귀족제를 형성한다. 여러 가지 의미에서 보자면, 마약범죄 관련자들은 라틴아메리카의 다른 나라에서처럼 멕시코에서도 예전부터 이런 프로필을 가지고 있었다. 그들은 사업 수완이 좋았던 덕분에 부러움을 살 만한 위치에 오르게 된 사람들이다. <대부>나 <스카페이스> 같은 영화가 전통적으로 보여주었던 것과는 다소 거리가 먼 이미지다.

---

ideología"을 참고할 것.

3. 마치며

게레로 주의 이괄라(Iguala)에서 2014년 9월 26일 밤에 발생한 학살은 마약범죄의 세계와 정치계의 공모가 만천하에 드러난 사건일 뿐 아니라 멕시코 여론을 다시 들썩이게 만든 사건이다. 여론은 정치계를 향한 의혹이 다방면의 매 단계마다 노골적으로 커지고 있음을 명확히 보여주었다. 우리는 지난 사건들을 상기해야 한다. 왜냐하면 그 사건들이 멕시코 사회가 안고 있는 문제의 특징을 단적으로 보여주기 때문이다.[18] 민주혁명당 소속 시장인 호세 루이스 아바르카(José Luis Abarca)의 부인 마리아 데 로스 앙헬레스 피네다(María de los Angeles Pineda)의 모임이 있던 9월 26일, 지방의회 선거 캠페인을 시작하던 그 날, 아요트시나파 지역 사범학교(Escuela Rural Normal de Ayotzinapa)의 급진 성향 학생들이 멕시코시티로 가기 위한 이동 경비를 모으고, 멕시코시티행 버스도 알아볼 요량으로 이괄라로 갔다. 올림픽 전야였던 1968년 10월 2일 발생한 삼문화광장의 학생 학살을 추모하는 행사에 참여하기 위해 매년 있었던 일이다. 가장 널리 알려진 이야기에 따르면, 이괄라에서 학생 시위를 완전히 차단해달라고 시장이 지역경찰서장에게 직접 요청했고, 경찰서장이 최악의 방법을 선택했다. 살해당한 43명의 학생들은 지역경찰이 연행한 후에 그 지역을 장악하고 있는 마약범죄조직인 '단결한 전사들(Guerreros Unidos)'의 킬러들에게 넘겨졌다. 이 범죄조직에 시장과 시장의 부인도 연계되어 있었다. 이 사건의 수사를 맡은 경찰에 따르면,

18) 이와 관련하여 다음을 참고할 것. Jorge Volpi, "El desamparo de Ayotzinapa," en *El País*(15/11/2014); Frederic Saliba, "Au nom des disparus d'Iguala," en *Le Monde*(13/11/2014). 최근 연구로는 A. Hernández y Steve Fisher, "Iguala: la historia no oficial," en *Proceso*(13/12/2014)이 있다.

학생들은 그 후 이괄라 시 인근의 쓰레기 처리장에서 살해당했다. 그리고 시신은 불태워졌고, 남은 뼈와 재는 강에 버려졌다. 이것이 이 글을 쓰고 있는 지금 가장 일반적으로 일컬어지는 사건의 개요이다. 하지만 여전히 사건의 전모에 대해서는 확실하지 않은 것이 많으며, 학생들이 마약범죄조직들과 내통한 다른 경찰의 도움으로 다른 장소에서 살해당했다는 의혹이 있다.

확실한 것은 11월 초부터 게레로 주와 전국 각지에서 시위가 봇물 터지듯 터져나왔고, 대규모 시위로 확대되면서 종종 폭력적 양태를 띄기도 했다는 점이다. 이 사건은 멕시코 정치권에 대한 전례 없는 불신을 만들어냈다. 이 사건에 대해 정치권이 보인 반응은 안타깝기 그지없는 것이었다. 정치권 인사들은 마약범죄조직과 내통했다거나 부정부패를 저질렀다며 서로 상대 정당을 비난하는 데만 골몰하며, 자신들은 그런 모든 행위와 아무런 관련이 없다며 결백을 주장했다. 결국 이 사건의 책임은 개인이 아니라 집단적으로 물어야 한다는 점이 분명해졌다. 왜냐하면 그저 뻔뻔하다는 것을 넘어서, 모두 앞장서서 정부 관료와 조직범죄 간의 연관성을 덮었고, 더 최악인 것은 이괄라 시에서 민주혁명당이 그랬던 것처럼 부패한 정치인을 정당에 영입한 것이 아니라 정치인으로 변신할 길을 찾던 범죄자들을 당에 받아들였기 때문이다. 이 일로 결국 콰우테목 카르데나스(Cuahutemoc Cardenas)라는 역사적 인물이 민주혁명당을 떠나게 되었다.

어떤 언론인들은 멕시코가 혼란의 막다른 곳에 있으며, 조직범죄와의 전쟁이라는 정부정책과 정치권의 중심에 급진적 변화가 있어야만 이 나라가 허우적대고 있는 피투성이 골목에서 빠져나올 수 있을 것이라고 말한다. 근거 없는 말이 아니다. 여론과 시민사회가 들끓고 있다는 것이 분명하다면, 이 나라의 방향을 바꾸는 데 정치권이 가지고 있는 의지와 능력에 대해 의심해볼 수 있을 것이다. 실제로 페냐 니에토가 '멕시코를 위한 협약(Pacto por México)'[19]을 통해 시작한 개혁의 방향은 미국과 캐나다와의 자유무역협정 서명이 이루어지던 시점에 태동된 개혁을 더 밀고 나간 것으로, 이 개혁은 전임 대통령의 소속정당인 국민행동당과 합의를 이루지 못했다면 비준될 수 없었다. 제도혁명당이 의회 의석의 과반수를 점하고 있지 않기 때문이다. 제도혁명당과 국민행동당 사이에 이루어진 합의의 대가는 마약범죄조직과의 전쟁 과정에서 범죄자로 지목된 전임 정권의 관료들 가운데 그 누구도 법정에 세우지 않겠다는 약속이었다. 짧은 기간 재임했던 폭스 정권의 외무부 장관 호르헤 카스타녜다(Jorge Castañeda)가 강조하듯 그런 류의 결정은 비도덕적일 뿐 아니라 비리로 얼룩진 경찰이나 군인들에게 계속 그런 식으로 행동해도 좋다고 부추기는 것이기도 하다(Castañeda, 14/11/2014).

지금 문제는 멕시코가 오랫동안 유지해온 '안정적 발전'이라는 정책을 탈피할 수 있는가 여부이다. 이 오래된 정책의 내용은 민주적 아비투스를 기적적으로 일깨워주리란 믿음으로, 경제적 성장을 돕기 위해 할 수 있는 모든 것을 한다는 것이다. 그리고 경찰과 사법권에 대한 그 어떤 개혁도 거부하는 것이다. 그 개혁이 부패 행위, 조직범죄, 불처벌 관행에 대항해 싸우는, 장기전이 될 수밖에 없지만 효과적인 투쟁을 가능하게 할 텐데도 말이다. 그것이 살리나스 데 고르타리가 근대화를 시작하는 데 걸었던 판돈이었다. 여기서 꼭 해야 할 이야기는 그가 도덕적인 결점 – 정권 말기 형이 수감된 동안 자신은 해외로 도피해야만 했다

19) 이러한 일련의 개혁은 외국자본이 멕시코 기업과 제휴하여 석유개발 및 기타 에너지 자원개발에 참여할 수 있는 가능성을 여는 한편, 독점을 방지하는 법안과 세제 개혁의 토대를 마련하는 데는 미온적인 태도를 보인다. 또한 교원의 고용계약과 평가 제도를 개혁하고자 한다.

는 것만 떠올려보자 — 과 함께 경제적 실책을 저질렀다는 것이다. 기대했던 성장과 긍정적 효과는 결코 오지 않았다.[20] 무엇을 대가로 치르는지는 상관없이 멕시코의 만병통치약으로 거론되는 이런 성장정책은 현재 페냐 니에토 정권까지 명맥을 유지하고 있다. 비극이라면, 멕시코 상황에 통달한 많은 전문가들이 국가를 개혁하여 폭력과 부패를 근절하기 위한 싸움에서 더욱 효율적으로 대처할 수 있게끔 해결책을 제시해왔으나, 지금으로서는 그 무엇도 성공을 거두지 못했다는 점이다.

20) 헤라르도 에스키벨(Gerardo Esquivel)의 평가는 더할 나위 없이 정확하다. 다음을 참고할 것. “El crecimiento económico mexicano durante los gobiernos del PAN y más allá,” en *Problèmes d'Amérique Latine*(No.89, 1/2014).

참고문헌

Banfield, E. C. 1958. *The Moral Basis of a Backward Society*. Glencore: The Free Press.

Becker, Howard. 1988. *Les Mondes de l'Art*. París: Flammarion.

Castañeda, J. 14/11/2014. "El rumbo que necesita México." *El País*.

Durkheim, Émile. 2013(1894). *Les règles de la méthode sociologique*. París: PUF.

Guez, S. 2007. "À la frontère du légal et de l'illégal, travail et narcotrafic à Ciudad Juárez(Mexique) et El paso(Etats-Unis)." *Problèmes d'Amérique Latine*, No.66/67, otoño-invierno.

_____. 2008. "La frontère et au-delà. Une enquête ethnographique sur le narcotrafic à Ciudad Juárez(Mexique) et El Paso(Etats-Unis)." *Cultures & Conflits*, No.72, invierno.

Ibarguengoitia, Jorge. 1990. *Instrucciones para vivir en México*. México, DF: Joaquin Mortiz.

Maldonado, Salvador. 2013. "Violence d'État et ordre criminel. Les couts de la guerre perdue du Michoacan." *Mexique en Problèmes d'Amérique Latine*, No.89.

Nino, C. 2005(1993). *Un País al Margen de la Ley*. Barcelona: Ariel.

Pansters, Wil G. 2013. *Violence, Coercion, and State-Making in Twentieth-Century Mexico: The Other Half of the Centaur*. Redwood City, CA: Stanford University Press.

Pech, Thierry. 2011. *Le Temps des Riches: Anatomie d'Une Sécession*. Seuil: Paris.

Rockwell, N. Mendoza. 2008. *Conversaciones del Desierto. Cultura moral y tráfico de drogas*. México, DF: CIDE.

Zaid, Gabriel. 2009. *El Progreso Improductivo*. México, DF: Debolsillo, pp.265~278.

제 4 부

민주주의의 사회화를 위한 저항

제11장

후기사파티스타 운동

멕시코 청년층과 대학생의 정치 문화와 정체성

마시모 모도네시 _박수경 옮김

2012년 '#나는132번째(#YoSoyl32)' 운동은 멕시코 청년층과 학생들의 정치적 정체성에서 사파티스타 운동의 존재감이 희미해졌음을 분명히 보여주었다. 새로 등장한 활동가 세대는 눈에 띄게 사파티스타민족해방군과 연결 고리를 만들거나, 사파티스타 시민운동이나 도시운동이 보여준 정치 문화를 되살리려고 하지 않았다. 다른 한편에서는 사파티스타 운동이 집단행동방식의 방향을 바꾸기로 하고 그 전환점을 마련해 나가면서, 대안세계화운동 시대가 열린 후 사파티스타의 새로운 운동 방식이 널리 퍼져 나갔고, 그 결과 여전히 사파티스타 운동의 지속성을 확인할 수 있는 요소가 나타난다. 이런 의미에서 사파티스타 운동과 연결지을 만한 다른 지점이 없음에도 저자는 '후기사파티스타 시대'를 말할 수 있지 않을까 제안하고 있다.

마시모 모도네시 Massimo Modonesi 역사 및 사회학 전공. 멕시코국립자치대학교(UNAM) 정치사회대학 교수이자 *Observatorio Social de América Latina* (OSAL) 편집장을 맡고 있다.

* 이 글은 필자가 동일한 주제에 대해 다루었던 이전 글 "De la generación zapatista al #YoSoyl32. Identidades y culturas políticas juveniles en México"(2013)의 여러 논점을 발전시킨 것이다.

* 이 글은 ≪Nueva Sociedad≫ 251호(2014년 5~6월)에 실린 글을 옮긴 것이다.

2005년 중반 무렵 사파티스타는 「제6차 라칸도나 밀림 선언문(Sexta Declaración de la Selva Lacandona)」을 발표하며 '대안선거운동(la Otra Campaña)'을 시작했다. 이를 통해 사파티스타는 가장 치열하게 투쟁하는 정치·사회단체들을 '아래로부터 그리고 좌파로' 연계시키려는 운동의 확장을 꾀했다. 이로써 사파티스타는 당시 광범위한 사회적 지지층을 확보하여 대통령 당선이 유력시되었던 진보진영 후보 안드레스 마누엘 로페스 오브라도르(Andrés Manuel López Obrador)와 뚜렷하게 선을 긋고 스스로를 차별화했다. 그러나 이 운동은 일찌감치 좌절되었고, 사실상 해체되면서 멕시코 좌파에 빈틈을 남겼다. 이 운동의 좌절과 함께 '사파티스타 시민운동(zapatismo civil)'을 확산시키고 그 기반을 튼튼히 하겠다는 계획도 실패로 돌아갔다. 결국 치아파스 봉기의 시작이었던 1994년부터 2001년까지 치열하고 파급력이 거셌던 사파티스타 운동의 한 시대에 등장했던 그 구성원과 지지층 세대는 흩어지게 되었다.

2012년 #나는132번째 운동이 청년 정치 문화의 다음 시대와 새로운 세대의 등장을 알리는 신호탄이 되면서, 다른 지역과 사회 부문으로 그 영향력을 확장시키려던 사파티스타의 기획이 좌절되었다는 점이 더욱 명백해졌다. 이로써 학생의 정치의식화와 학생운동은 새로운 시대를 맞이하게 되었고, 그동안 운동의 중심을 차지했던 사파티스타라는 준거점은 그 자리를 내어주고 새로운 시대가 개막되었다. 그 새로운 측면들을 강조하기 위해 다르게 정의할 수도 있겠지만, 우리는 이 시대를 '후기사파티스타 운동(postzapatista)'이라고 부를 수 있을 것이다. 모든 역사적 과정의 연속과 단절 지점에서 언제나 그러하듯, 사파티스타 운동에서 시작된 몇몇 원칙과 형식들은 그 자리에 남아 명맥을 유지할지라도, 1994~2001년까지, 그리고 더 이상 그 때처럼 넓고 깊게는 아니지만 2006년까지도, 사파티스타민족해방군(Ejército Zapatista de Liberación Nacional: EZLN)을 직접적인 준거점이자 하나의 정체성으로 삼았던 방식은 퇴색했고 순식간에 사라져버렸다는 점을 명확히 짚어야 한다.

이 글에서는 청년층과 학생 사파티스타 운동이 맞이한 역사적 위기에 대한 위와 같은 가설을 그 대응물, 즉 #나는132번째 운동이 멕시코의 사회운동사와 반체제 정치 문화의 여러 국면들 사이에서 이정표가 되었다는 사실과 구분할 것이다. 마지막으로 운동의 다른 준거점과 연결지점이 부재한 상황에서 #나는132번째 운동이 삽시간에 자취를 감춤으로서 후기사파티스타라는 정의가 어울릴 만한 무대가 열렸다. 우리가 주목하고자 하는 세 가지 경향, 다시 말해 사파티스타 운동이 차지했던 중심성이 사라지고 산발적으로 그 명맥이 이어지는 가운데서도 새로운 패러다임이 등장하지 않는 경향을 두루 포함하기에 후기사파티스타라는 정의는 시의적절한 것이다.

1.

사파티스타의 붉은 별과 반란군 부사령관 마르코스(Subcomandante Marcos)가 발표하는 성명서와 그의 발언은 청년층과 학생, 특히 대학생의 정치화와 정치 참여 과정에 영감을 주며, 큰 획을 남겼다. 1994~2001년까지 그 영향은 대단히 강렬하고 폭넓은 것이었고, 그 후에는 다소 산발적이고 느슨한 방식이지만 2006년까지도 지속되었다. 1994년 봉기 직후 초기 운동부터 멕시코 청년층과 학생층은 EZLN의 발의안과 사파티스타 공동체와의 연대행동을 중심으로 정치적으로 조직화되었다. 반체제적 정치문화와 운동의 시각에서 보자면, 우리는 이 시기를 '사파티스타 시대'라고 부를 수 있을 것이다. 2001~2005년까지를 포함하느냐에 따라 그 시대가 짧거나 길어질 수는 있다. 이 시기에 EZLN의 전투

활동은 수그러들고 그 중요성도 줄어들면서, 멕시코 국내 정치권과 관계를 재설정하기 시작했고, 사회정치적 영향력과 호소력에 더 많은 비중을 두도록 변화하기 시작했던 전환기였다. 2001년 '대지 빛깔의 행진(Marcha del Color de la Tierra)' 이후 민주혁명당 소속의원 대다수를 비롯하여 주요 정당들은 원주민 소수민족의 자치와 일련의 권리를 구체화한 '산안드레스 협약(Acuerdos de San Andrés)'을 외면했다. EZLN은 이를 계기로 제도적 소통 창구에는 빗장을 건 채, '시민사회'의 문을 두드렸고, 대중운동과 여론전을 주도하는 전략을 취했다. 이러한 방식으로 사파티스타 운동은 침잠하며 내부를 향해 돌아섰고, 침묵을 선택했다.[1)]

사파티스타 운동은 최근 수년 동안의 부침 속에서도 도시 청년층, 그 가운데 특히 대학생 정치 문화의 바탕을 이루고 있었기에 여전히 직접적인 구심점 역할을 해왔다. 사파티스타가 되는 방식은 다양했지만, 그 모든 방식은 같은 나무 몸통에서 뻗어 나온 하나의 정치 문화 구조라는 요소를 공유하고 있었다. '대안적 저항을 위한 청년모임(Jóvenes en Resistencia Alternativa: JRA)'과 '메트로폴리탄지역 학생단체(Colectivo Estudiantil Metropolitano: CEM)'처럼[2)] 사파티스타와 학생 정체성이 뚜렷

---

1) 치아파스 지역의 자치기관인 '카라콜(los caracoles)'과 '좋은 정부 위원회(las juntas de buen gobierno)'는 2003년부터 시작된 운동의 침잠기를 상징하는 동시에, 많은 공을 들여서 결국 실질적인 자치를 성공적으로 이끌어내는 과정을 보여준다. 2005년 「제6차 라칸도나 밀림 선언문」을 발표하고 '대안선거운동'을 시작하면서 국내 정치무대에 다시 등장하기 전까지는 EZLN 수립 20주년과 봉기 10주년 기념으로 2003년 진행된 캠페인 '20과 10 그리고 불과 말(20 y 10, El Fuego y la Palabra)'처럼 대부분 내부지향적인 방식으로 자신을 드러냈다.

2) '대안적 저항을 위한 청년모임(JRA)'은 2001년 다양한 대학생 조직이 합쳐지면서 등장했다. '메트로폴리탄지역 학생단체(CEM)'는 '대안선거운동'이 시작되면서 사파티스타 운동과의 연계를 강조했다. 초기에는 '대학생위원회(Consejo Estu-

하게 결합된 형태의 단체들도 있었고, 사파티스타 국민해방전선(Frente Zapatista de Liberación Nacional: FZLN)을 형성하기도 했던 주축 세력도 있었지만, 이들 이외에도 무정부주의자, 사회주의자, 공산주의자는 물론이고 민주혁명당 지지자라는 꼬리표까지 사회적, 문화적, 정치적으로 여러 가지 이름이 붙은 다양한 단체들도 있었다. 이들에게 사파티스타 운동은 문화적 의미에서 준거점이었으며, 정치적 정체성을 의미했다. 이들에게 사파티스타 정체성이 근본적인 것이었을 수도 있고 부차적인 것이었을 수도 있지만, 그 정체성 자체를 아예 지니고 있지 않은 경우는 거의 찾아볼 수 없었다. 사파티스타 시대를 상징하는 운동은 1999~2000년의 멕시코국립자치대학교(UNAM)에서 발생한 파업이었다.[3] 파업 주동자들은 여러 방식으로 EZLN과 직접적으로 연관되어 있었으며, 파업 기간 동안 마르코스가 수차례 이에 대한 입장을 표명했다. 이뿐만 아니라 당시 FZLN에 가입한 활동가 그룹은 많지 않았지만, 사파티스타

---

diantil Universitario)' 소속 학생들이 EZLN에 처음 접근하여, 청년층으로 참여했다. 대학생위원회 소속 학생들 다수는 친 카르데나스 성향(cardenismo)인데다가, 민주혁명당에도 우호적인 입장이었던 터라 1997년 멕시코시티 시장 선거에서 민주혁명당이 승리하고, FZLN이 설립되자 이중 소속을 허용하지 않기로 하면서 사파티스타 운동과 결정적으로 갈라섰다.

3) 대학 등록금을 부과하자는 안에 반대하면서 시작된 학생 파업은 전국적인 반향을 일으키는 대규모 운동으로 확대되었다. 이를 다루는 글이 여러 편 있으나, 사파티스타 운동이 학생 파업에서 차지했던 역할과 위상을 주제로 다루는 글은 전무하다. 이에 관하여 다음을 참고할 것. Hortensia Moreno y Carlos Amador, *UNAM: la huelga del fin del mundo*(México: Planeta 1999); María Rosas, *Plebeyas batallas*, (México: Era, 2001); José Enrique González Ruiz et al., *Enseñanzas de la juventud rebelde del movimiento estudiantil popular, 1999~2005*(México, DF: UACM, 2008); 가장 최근의 글로는 AAVV, *Huelga: la rebelión de los paristas*(México, DF: La Guillotina, 2011).

운동은 다양하게 해석되고 다양한 방식으로 모습을 드러내며, 하나의 무엇이라 정의할 수 없게 모든 운동에 스며들어 있었다.[4]

반체제 운동이 침체기로 접어들고, 신자유주의에 의한 재종속이 심화되는 와중에 사파티스타 운동은 멕시코뿐만 아니라 전 세계 청년 세대에게 저항이라는 이상을 다시금 꿈꾸게 했다. 때때로 그들의 이상은 고전적인 혁명 좌파주의와 현대 좌파주의의 상징을 대체하기도 했다. 1990년대의 반체제 급진주의는 상호적대적인 정치적 주체성들의 출현을 다시금 반갑게 맞이했고, 그러한 주체성들은 갈등 속에서 형성되어 해방적 지평을 바라보았다. 이러한 반체제 급진주의는 사파티스타 운동의 틀 속에서 모양새를 갖추게 되었고, 수평주의를 옹호하고, 권력 획득을 거부하며 대안적 소통매체를 집중 활용하는 등의 특징을 보여주었다. 이에 대한 반향은 앞으로 언급하겠지만, 현재까지도 그 울림이 퍼져나가고 있다.

사파티스타 운동이 특정하기 어려운 정치지향을 나타내는 이름이자, 조직력의 측면에서 독보적인 위치를 구가하던 그 시기동안, '도심(urbano)', '청년(juvenil)', '학생(estudiantil)', '대학(universitario)', '시민(civil)'까지 사파티스타 운동에 대한 5개의 수식어가 사람들의 입에 오르내렸다. 이 수식어들은 서로 교차되고 중첩되면서 사파티스타라는 명사를 설명했다. 사파티스타 내부에서 이렇게 구분하여 말하지는 않았다 해도, 이 5개 영역은 각각 이어지는 다른 영역을 품고 있음을 미루어 짐작할 수 있었다. 가장 마지막에 언급된 '학생'과 '대학생'이라는 두

---

4) 파업 초기 FZLN 소속 학생들은 각자 개별적으로 활동했다. 나중에야 마르코스 부사령관의 호소에 힘입어 다시 조직화되었는데, 이때는 이미 '중도'와 '극좌'로 갈라져서 의사결정과정으로서 협의회 운영에 차질이 생기고, 결국 파업위원회(Consejo General de Huelga)의 위상에도 타격을 준 후였을 것이다.

가지 영역에서는 사파티스타 운동으로 새로운 구성원을 편입시키고 양성시키는 새로운 물고를 틔우고, 새로운 정치문화를 확립함으로서 사파티스타 운동을 대단히 생생하고 치밀하게 표현해냈다. 그렇다면 우리는 EZLN에서 영감을 받아, 그 흐름에 몸을 맡기며, 다양한 방식으로 사파티스타되기를 받아들였던 활동가와 사파티스타 구성원 세대 전체를 '사파티스타 세대'라고 부를 수 있을 것이다.

'시민 사파티스타 운동(zapatismo civil)'이라는 개념은 본래 무장 세력으로서 EZLN의 특징과 이 운동의 지지자들이 보여주는 평화적 운동방식을 구별하려는 의도로 폭넓게 사용되었다. 이 말은 마르코스 자신이 직접 만들어냈다. 1997년 이본 르 봇(Yvon Le Bot)과의 의미심장한 대담에서 마르코스 부사령관은 무장투쟁으로서 사파티스타 운동의 한 편에 '국제적 사파티스타 운동(zapatismo internacional)'이 있고 '시민 사파티스타 운동'과 '사회적 사파티스타 운동(zapatismo social)'이라는 흐름도 등장했다는 점을 들어, 사파티스타 운동의 이념을 제시했다(Le Bot, 1997). '무장'과 '시민'을 구분하는 것은 초기 수년 동안 마르코스 부사령관과 EZLN이 취했던 방식으로, 다양한 사회 부문에서 보여주는 지지를 긍정적으로 수용하고 이러한 다원주의를 존중하며 제도권의 중재인들, 특히 민주혁명당에 신뢰를 보내며 '시민 여러분'과의 대화 창구를 열어두었다. 다른 한편, FZLN는 시민 사파티스타 운동의 가장 조직화된 형태로, '대화를 위한 시민 위원회(comités civiles de diálogo)'를 기초 단위로 삼아 구성되었다.[5)]

---

5) 「FZLN 해산에 대한 원주민 혁명 비밀 위원회의 성명서(Comunicado del Comité Clandestino Revolucionario Indígena sobre la disolución del FZLN)」가 발표된 2005년 11월까지도 시민 사파티스타 운동이 새로운 단계에 접어들었음을 알리며, 이 명칭을 '공식적으로' 사용하고 있음을 분명히 보여준다.

지지자들 사이에서 사용되었던 ‘시민 사파티스타 운동(zapatismo civil)’이라는 방식은 존 홀로웨이(John Holloway)의 짧은 글에 명료하게 표현되어 있다. 이 글에서 저자는 마르코스의 성명에서 가져온 ‘반향(resonancia)’이라는 개념을 통해 ‘정치하기’라는 것이 사파티스타식으로 어떻게 확장되는지 다룬다. 즉, 사파티스타적 방식이란 고전적 좌파의 맞은편에 있으며, 정당정치와 전위주의에도 반대하고, 권력 획득을 거부하는 한편, 공동체적이며 평의회적인 지향을 갖는다. 이 도전의 핵심은 ‘자치권’이다(Holloway, 2005: 168~179).[6] 이탈리아 자율주의에 영감을 받은 유럽의 사파티스타 단체들 이외에도, 2001년 12월 19일과 20일 아르헨티나에 등장한 주민협의회와 피켓 시위대, 그리고 노동자 공장 점거에서 발견할 수 있는 저항과 반란은 우연한 사건이 아니었다. 더구나 노동자 공장 점거가 발생한 지역에서는 사파티스타 운동을 준거점으로 삼는 분위기가 확산되면서 빌딩 숲 속에서 사파티스타되기가 무엇인지 더 깊은 통찰이 요구되었다.[7]

2.

2012년 대통령 선거를 둘러싸고 벌어진 ‘#나는132번째’ 운동을 계기로 과거와의 단절과 불연속성이 명확해졌다. 이 운동은 멕시코에서 등록금이 가장 비싼 대학 중 하나인 이베로아메리카나대학교(Universidad

---

6) 도시 사파티스타 운동에 대한 명확한 언급은 없으나 다음을 참고할 것. J. Holloway, “Fernando Matamoros y Sergio Tischler, Zapatismo. Reflexión teórica y subjetividades emergentes”(Buenos Aires: Bunr/Herramienta, 2008).

7) 도시 사파티스타 운동에 대한 주요한 대표적 성찰은 다음을 참고할 것. Colectivo Situaciones, “El silencio de los caracoles,” en *Rebeldía*(No.13, 11/2003).

Iberoamericana)의 대학생들이 제도혁명당의 대선후보인 엔리케 페냐 니에토(Enrique Peña Nieto) 편에 선 텔레비사 그룹(Grupo Televisa)과 TV아스테카(Televisión Azteca)라는 거대 언론사들의 불공정 보도에 반발하며 시작되었다. 그해 5월 11일 여러 명의 학생이 신자유주의 시대의 아이콘인 카를로스 살리나스 데 고르타리 전 대통령의 가면을 쓴 채 6년 전 산살바도르 아텐코(San Salvador Atenco)에서 자행된 탄압[8])을 의미하는 문구가 적힌 플래카드를 들고 대통령 후보자를 맞이했다. 제도혁명당은 2000년 선거에서 70년 동안 지켜왔던 권력을 내어준 후, 이 선거에서 대통령직 탈환을 벼르던 참이었고, 학생들은 당시 제도혁명당이 새롭게 내세운 간판 인물을 거세게 비판했다. 이 시위는 휴대폰 동영상으로 담겨 소셜 네트워크를 통해 퍼져나갔다. 그런데 제도혁명당 측에서 시위대가 '가짜 학생들'이라고 공격하며 비난하자, 이에 맞서 131명의 대학생들이 자기 학생증을 보여주는 동영상을 업로드하며, '#나도131번째', '#우리는131명 이상이다'라는 해시태그를 사용했다. 마침내 '#나는132번째'가 등장하며 새로운 동조자들을 규합했다. 이러한 과정에서 거대 언론사와 제도혁명당 후보자에 반대하는 대규모 사회적 움직임이 형성되었고, 그 가운데는 거리 시위, 일부 계열사 사옥에 대한 항의 방문, '알고 찍읍시다(voto informado)[9])의 캠페인, 선거 부정 방지와 다른 방식의 집단행동을 제안하는 온라인 사이트 등장도 있었다.

---

8) 엔리케 페냐 니에토 대선 후보가 멕시코 주의 주지사로 있던 2006년 산살바도르 아텐코에서 시위대를 향한 공권력 남용으로 두 명이 사망했고 200여 명이 체포되었으며, 공권력에 의한 수십 건의 성폭력 사건이 발생했다. —옮긴이

9) UNAM 사회과학대학의 교수진과 학생들의 주도로 출발했으며, 선거후보자들의 입장과 의견을 쉽게 알 수 있도록 정보를 제공하는 등 여러 활동으로 민주주의 정착에 노력하는 단체이다. —옮긴이

그 사이 마르코스를 구심점으로 삼아 멕시코 전역에서 벌어지는 다양한 투쟁을 연계시키려는 시도가 뜻대로 되지 않으면서, 선거 국면 속에서 '대안선거운동'은 순식간에 하강세로 들어섰다. 농민들 사이에서 전국원주민의회(Congreso Nacional Indígena)가 지니는 위상처럼 '대안선거운동'은 다양하게 표출되는 저항을 구체적으로 형상화하고 연결시키려는 시도였다. 사파티스타 운동의 영향을 받은 여러 도시지역 활동 모임들이 다양한 방식으로 저항해 나가고 있었는데, 보통 이런 모임들은 청년층과 대학생으로 구성되거나, 청년층이 핵심적 역할을 담당하고 있었다. 이러한 맥락에서 「제6차 라칸도나 밀림 선언문」은 시민 사파티스타 운동을 확장 및 강화시킴으로서 FZLN을 대체하고, 그 한계를 극복하려는 취지였다. 실제로 FZLN은 바로 해산되었다. 시민 사파티스타 운동 영역을 단순히 EZLN의 정치세력으로서만이 아니라 고유의 자기 동력을 가진 조직으로 확대 개편하려는 시도였다. 정작 EZLN 때문에 FZLN는 시민운동으로서의 성격을 지니지 못했다.

이 선언문이 제안한 바가 어떤 결과를 가져왔는지는 이미 잘 알려져 있다. '대안선거운동'의 출범으로 수많은 다양한 투쟁 경험이 서로 소통할 수 있는 통로를 마련하여[10] 그 선구적인 출발을 알렸지만, 선거운동을 진행하는 동시에 로페스 오브라도르와 그를 지지하는 연합세력을 드러내놓고 반대하는 전략은 부적절했고, 잘못된 한 수였다. 결국 '대안선거운동'은 먼저 고립을 자초했으며, 그 후에는 주변으로 밀려났고, 결국 조직화된 모든 형태의 시민 사파티스타 운동이 해체되는 결과를 가져왔다. 비록 이것으로 오랫동안 모호한 기준으로 명맥을 이어온 사

10) 이 시기에 대해서는 다음에 실린 대담록을 볼 것. *Rebeldía*, No.33, 29/7/2005, No.34, 28/8/2005 y No.35, 28/9/2005. <http://revistarebeldia.org/>.

파티스타 운동의 문화적 유산이 소멸되었다는 뜻은 아니었지만, 2006년은 하나의 역사적 주기가 마감된 해였다. ‘대안선거운동’이 메꾸고자 했던 공백은 그대로 텅 빈 상태로 남겨졌고, 반자본주의 기치를 내세우는 멕시코 좌파들의 파벌적 성격을 극복하고 연대를 형성하겠다는 계획은 「제6차 라칸도나 밀림 선언문」에 글로만 남게 되었다.

#나는132번째 운동의 등장 배경은 여러 가지가 있으나, 특히 2012년 국면의 특징을 2006년과 비교하여 설명할 수 있다. 2006년 정치무대에는 돌풍이 몰아치고 있었으며, 진보진영에서는 로페스 오브라도르 지지운동과 사파티스타의 ‘대안선거운동’이라는 두 가지 실질적인 선택지를 제시했다. 이 두 가지 운동은 서로 다른 전략적 입장과 상이한 대중적 기반을 가지고 신자유주의와 대적했다. 이들은 시대적 전환을 이루는 데 성공한 다른 라틴아메리카 지역의 역동성에 발맞추어, 민중의 편에서 있는 사회적 힘들 간의 상호관계를 실질적으로 바꾸어 나가며, 반신자유주의 흐름을 추동했다. 진보진영의 로페스 오브라도르 후보가 이 모든 과정의 중심에 서 있었는데, 바로 그 시점에 안타깝게도 다름 아닌 ‘대안선거운동’이 너무 앞서 나가버렸다. 그동안 확보한 기반을 내세워 로페스 오브라도르를 주요 표적으로 삼는다는 입장을 성급하게 발표하고, 제도권 좌파와 차별화를 선언했다. ‘대안선거운동’은 신자유주의를 지지하는 우파와 보수주의를 확실히 패배시키기에 앞서 좌파 후보자와 그 지지자들이 얼마나 보잘 것 없는지 고발하는 데 매달렸다.

그 후 선거 부정이 벌어졌고, 진보진영이 선거에서 승리하여 보수주의적 구석에 기대어 제도적 문턱을 넘을 수 있었을 가능성은 과거에 대한 가정으로 남겨졌다. 그리고 투표권을 지키기 위한 대중운동의 단계로 들어갔다. 그러나 ‘대안선거운동’ 측에서는 선거에 부정행위가 있었다는 점에 공감하면서도, 부정선거에 반발하는 이 운동을 폄하했다. 로페스 오브라도르를 지지하는 사람들의 이해관계와 조율의 틈바구니 속에서 진정한 대중적 분노가 어떻게 흘러가는지 보려하지 않았다. 지지 세력이 서로 손을 맞잡고 로페스 오브라도르를 둘러싸고 있었지만, 그뿐만이 아니라 그의 카리스마 넘치는 리더십 너머에서는 대중적 분노가 물결을 이루고 있었다.

말썽 많은 취임 이후 펠리페 칼데론 정부는 잃어버린 정당성을 찾기 위한 엄호물로 그 악명 높은 '마약범죄조직과의 전쟁'을 시작했다. 이 전쟁으로 정부는 방어진지를 구축할 수 있었을 뿐만 아니라, 신자유주의-반신자유주의-후기신자유주의를 둘러싼 논쟁이 설 곳을 잃게 만들었다. 이 내전 상태가 사회의 주요 이슈와 문제로 급부상하면서, 국가적 현안과 그 현안을 규정하는 힘의 상관관계를 새롭게 규정해버렸고, 그런 논쟁은 내전으로 흘러넘치는 피 속에 잠겨버렸다. 인권만이 아니라 사회 환경에 대한 권리와 노동권을 보호하려는 방어전 속에서[11] 로페스 오브라도르는 제자리를 지키고 자신의 운동을 조직해 나가며 전진했지만, 선거에서 승리할 수 있을 만큼의 유권자를 지지층으로 끌어들일 대안을 만들어내지는 못했다. 비록 일부 사회 부문에서 '모레나(국가재생운동, Movimiento de Regeneración Nacional: Morena)'에 참여했고, 지금도 참여하고 있거나 그 언저리에서 관계를 유지하고 있지만 로페스 오브라도르를 주축으로 형성되는 흐름은 청년층과 대학생의 열정에 불을 지피지는 못했고 지금도 그러하다. 모레나는 로페스 오브라도르 지지자를

---

11) 2010년과 2011년에 대한 평가는 다음을 참고할 것. M. Modonesi, Lucio Oliver, Fernando Munguía Galeana y Mariana López de la Vega, "Balance de la conflictualidad en México en 2010," en *OSAL*(No.29, 5/2011); M. Modonesi, L. Oliver, F. Munguía y M. López, "México 2011: violencia y resistencia," en *OSAL*(No.31, 5/2012).

결집시키는 조직으로, 현재 2015년 중반에 있을 선거를 내다보며 정당 건설을 도모하고 있다.

무장폭력에 희생당한 이들을 대변하며, 하비에르 시실리아(Javier Sicilia)가 시작한 '정의와 평화를 위한 운동(Movimiento por la Paz con Justicia)' 초기에는 청년층과 대학생들의 열정적인 참여가 큰 비중을 차지했지만, 마찬가지로 한 세대를 움직이고 정치적 각성을 하게 만드는 대안에 이르지는 못했다. 1986년과 1988년 사이 대학생위원회(Consejo Estudiantil Universitario)와 카르데나스주의(cardenismo)를 경험한 세대나 사파티스타 운동과 UNAM 파업을 경험한 세대와는 달리, 현재의 청년층은 자신의 경험으로 그 사건을 살아 내거나, 자신의 경험처럼 받아들이지 않았다. '대지 빛깔의 행진(Marcha del Color de la Tierra)' 이후, 특히 1999~2000년 UNAM 파업 이후에 정서적으로 씁쓸한 반동이 들이닥치고 난 후인 2001년부터, 청년 대학생들의 활동과 정치 참여는 점차 감소하는 추세였다.

따라서 '#나는132번째' 운동은 이러한 역사적 교착상태와 정치적 정체성과 준거점의 부재 상태 속에 구겨 넣어진 채로 탄생했다.

3.

'#나는132번째' 운동은 결정적 국면에 아로새겨진 스펙터클한 사건처럼 돌연 등장하여 정당성을 인정받았으며, 교양 있는 중간 계층으로 권력에는 관심 없는 성실한 청년층이 갖춘 정치적 올바름이 무엇인지 보여주었다. 이 청년층은 관료적 정당이 지배하는 공화국의 선거 과정 전반에서 탈정당적 색채를 가지고 있기도 하다. 더구나 이 운동은 소셜 네트워크를 중심으로 사회에 호소했고, '아랍의 봄', 스페인의 '분노한 사람들(Indignados)', '월스트리트 점령시위(Occupy Wall Street)' 등 최근에 발생한 일련의 운동들과 함께 곧바로 전 세계적 물결을 이루었다.[12]

다른 글에서 우리는 #나는132번째 운동의 궤적을 종합하고, 그 특징을 나타내는 몇 가지 요소를 간추려보았다(Estrello y Modonesi, 2012). 여기에서는 사파티스타 시대에 마침표를 찍고 청년층 및 대학생의 정치화와 후기사파티스타 운동단계의 출발을 알리는 #나는132번째 운동의 구체적인 측면에 초점을 맞추고자 한다.

다른 모든 역사적 시기와 마찬가지로 사실 한 시대의 끝이란 다음 과정의 시작이 있어야만 온전히 인정될 수 있으며 평가될 수 있다. 새로운 시대는 과거와의 연속성을 시야에 둔 상태에서 단절을 분명히 하는 것으로 시작된다. #나는132번째 운동으로 시작된 시대는 대학생의 사파티스타 운동 경험을 뛰어넘어, 그것을 통합시키고 승화시킨다. 화학에서 빌려온 '기화' 또는 '승화'라는 개념은 단단하고 고정된 형태의 사파티스타 정체성이 어떻게 공기 중으로 사라지며 퍼져 나가는 기체 형태로 변하는지 가장 잘 표현해주는 방식이다. 여기서는 그러한 성찰과 관련된 두 가지 정반대의 논점을 간략히 논의할 것이다. 첫 번째 논점은 #나는132번째 운동은 사파티스타 운동으로 규정할 수 없다는 것이고, 두 번째 논점은 어찌되었든 부차적이나마 그것은 사파티스타 운동이라는 것이다.

#나는132번째 운동은 사파티스타 운동이 아니었다. 인맥으로 연결된 것도, 그 유산을 물려받은 것도 아니다. EZLN을 직접적인 준거점으로

---

12) 이 방면에 중요한 기여를 한 것은 Gloria Muñoz y Desinformémonos, *#YoSoy132. Voces del movimiento*(México: Bola de Cristal, 2011)이다. 이 책은 Luis Hernández Navarro와 Adolfo Gilly의 대담처럼 매우 흥미롭고 명쾌한 인터뷰를 통해 이 운동에 참여한 주요 인물들의 목소리를 들려준다.

삼지도 않으며, 사파티스타 운동 전반을 참고하지도 않는다. 사파티스타의 영향력 아래 있는 지역의 자치 공동체를 깊이 경외하고 호감을 보였으며, 사파티스타 운동이 현재 멕시코에서 진행 중인 저항운동들의 중요한 한 부분이라는 점을 염두에 두고 있었다는 점은 분명하다. 1994년 봉기의 중요성을 부정하지도 않았고, EZLN이 베를린 장벽 붕괴 이후 반체제적 운동사의 획기적인 사건으로 국내외에서 갖는 중요성을 부정하지도 않았다. 그러나 동시에 다름 아닌 바로 이러한 종류의 인정은 #나는132번째 운동이 움직이고 사고하는 장에서 사파티스타 운동이 스며들었던 시민 부문, 도시지역, 청년층 같은 영역과의 그 어떤 직접적인 역사적 연속성을 발견할 수 없으며, 그 모습조차 찾아볼 수 없다는 점을 보여준다.

사실 #나는132번째 운동 속에서 나온 문헌에서는 실질적이든 이상화된 것이든 EZLN과의 뚜렷한 연계가 전혀 드러나지 않는다. 이러한 거리 두기는 정치적이라기보다는 역사적인 것에 가까운 듯이 보인다. '대안선거운동'을 거쳤거나, 여전히 그곳에 발을 담고 있는 사람들로 구성된 '데스인포르메모노스(Desinformémos)'[13]와 함께 글로리아 무뇨스(Gloria Muñoz)가 진행한 인터뷰에서 드러나는 사파티스타에 대한 인식과 이미지가 그러한 거리감을 확인시켜준다. 인터뷰에 응한 학생들은 원주민 인구비율이 높은 체란(Cherán)과 오스툴라(Ostula) 지역에 나타난 마을공동체 경찰조직 운동(Muñoz y Desinformémonos, 2011: 140)과 더불어 자치권 투쟁과 관련하여 단 한 차례 사파티스타를 언급할 뿐이고, 잠재적으로 연대가 가능하다고 여기는 사회단체의 명단에 '대안선거운동'을 올려두었을 뿐이다. 이 명단에는 무정부주의, 사회주의, 공산주의

13) 2009년 활동을 시작한 온라인 독립 언론이다. —옮긴이

그룹들도 함께 기재되어 있다(Muñoz y Desinformémonos, 2011: 159). 이렇게 명단을 작성하는 것은 자신들과 유사한 투쟁이 무엇이 있고, 동조해 줄 수 있는 세력이 누구인지 목록으로 만드는 과정이었는데, 다시 말하면 자신들과 가깝다고 여기되, 거리와 차이를 두고 있는 것이다. #나는132번째 운동은 사파티스타 운동이 아니며 그렇게 정의되지도 않지만, EZLN을 인정하고 존중한다. EZLN은 원주민 운동과 공동체 운동이자 역사적 준거점으로 비춰진다. 그러나 자연스러운 동조자 또는 투쟁의 사례를 나열할 때 그것을 위계적으로 1순위로 여기지도 않는다.

2013년 1월과 2월 발표된 EZLN의 성명서들에서는 마르코스가 직접 긍정적이며 찬사어린 어조로 #나는132번째 운동을 언급했고, 그 후에도 「그들과 우리들(Ellos y nosotros)」[14]이라는 다른 글에서 다시 언급했다. 그러나 그 이후에도 여전히 #나는132번째 운동의 회의와 협의회 등에서 사파티스타 운동, 또는 「제6차 라칸도나 밀림 선언문」으로 공표된 '대안선거운동'의 재개에 대해 더 관심을 보였다거나 더 높이 평가하게 되었다는 식의 변화는 나타나지 않았다.

따라서 우리는 사파티스타 운동의 영역이 재설정되는 시대에 살고 있다. 사파티스타 운동은 원주민 공동체 영역으로 축소되고, 광범위한 도시 영역, 특히 과거에 확고히 자리 잡은 학생 부문은 쇠퇴한 것이다. 다른 한편 #나는132번째 구성원들은 현재 멕시코에 청년, 도시, 시민 사파티스타 운동이 존재한다는 점을 인정하지 않는다. 그러한 운동은 사라졌거나, 세대 혁신도 이루지 못하고, 표면적으로 확장되지도 못한

---

14) "Apagando el fuego con gasolina(posdatas a la carta gráfica)." en *Enlace zapatista*. <http://enlacezapatista.ezln.org.mx/2013/01/12/apagando-el-fuego-con-gasolina-posdatas-a-la-cartagrafica/>, 11/1/2013.

상태로 정치적인 영향력조차 미미해져버린 수사로만 남았기 때문이다. 바로 이것이 우리 논의의 핵심이다.

#나는132번째 운동의 복합적이고 다양한 외면에는 선언적으로든 표면화되어 나타난 것이든 사파티스타 운동의 흐름이 담겨 있지 않았다. JRA 설립자이자 지도자로, 도시지역 및 청년 사파티스타 운동영역에서 오래 활동해온 세사르 엔리케 피네다(César Enrique Pineda)는 #나는132번째 운동 내부 구성에 대해 흥미로운 분석적 시도를 하여, 진보적 자유주의, 노동자주의, 혁명적 사회주의적 지향을 가진 집단, '분노한 사람들' 등의 8가지 정치적 입장을 구분한다.[15] 그는 "비록 광범위하게 원주민 소수집단과 그들의 투쟁에 대해 공감하는 분위기를 감지하게 되지만, 자치주의와 해방주의적 입장은 일부이거나 소수라는 점이 분명"하며 최근의 흐름에 대항하는 운동의 방향성에 영향을 미치지 못한다고 잘라 말한다. #나는132번째 운동의 청년 대다수는 실제로 수년 전부터 '분노한 사람들'로 정의되는 거시적 정체성에 속한 것으로 보인다. 그들은 현대 자본주의 사회의 현 상황에 반대하고 저항하는 다양한 표현으로, 이데올로기적으로 규정되지도, 명백히 조직화되지도 않아서 때로는 모순적으로 보이고, 그 어떤 정치적 중재나 리더십에도 신뢰를 보내지 않는다.[16]

다른 한편으로 운동에 참가한 활동가이기도 했던 피네다는 극단적인 수평주의(horizontalismo)와 협의회중심주의(asambleísmo)에 대해 비판한

---

15) C. E. Pineda, "#YoSoy132: corte de caja," *Rebelión*(8/10/2012). <www.rebelion.org/noticia.php?id=157 285>

16) 이와 반대로 피네다(Pineda)는 #나는132번째 운동의 열기가 식어갈 무렵 그러한 광범위하고 산재된 영역이 소셜 네트워크의 역할과 운동의 간접 지배를 과대평가했다고 지적한다.

다. 정신을 차릴 수 없을 정도로 대변인이 자주 교체되어서만은 아니고, 그러한 급진적 다양성은 수많은 섬으로 이루어진 제도(諸島)처럼 흐트러진 채 존재하는 다양한 집단과 흐름 가운데 그 무엇도 헤게모니를 쥘 수 없게 만들고, 안정적 연합을 기획하지도 못하게 만들기 때문이다. 사실 이러한 파편화된 내부 상황은 #나는132번째 운동의 장점이자 단점이었으며, 지금도 그러하다. 협의회들은 자율성을 가지고 각각 자유롭게 활동할 수 있었는데, 동의를 이끌어내고 만장일치를 이루어내려 했다면 그들이 보여준 놀라운 저력에 제동이 걸리고 말았을 것이다. 그러나 그와 동시에 피네다가 지적하듯이 그러한 성격은 "협의회 다양성의 조율되지 않은 대위법"과 "공적인 메시지의 분쇄"로 바뀌고 말았다.

이러한 맥락에서 2012년 12월 1일 페냐 니에토의 대통령 취임식에서 벌어진 대치상황을 이해할 수 있다. 경찰 병력의 과도한 진압과 그곳에 잠입한 이들이 보여준 명백한 도발 이외에도 일부 학생들 사이에서 다소 놀라운 폭력 상황이 터져 나왔다. 일부는 분명 무정부주의자였고, 그들 이외의 다른 사람들은 상점 몇 곳을 부수고 약탈하는 것뿐만 아니라 경찰과 충돌하면서 단순히 그들의 분노와 화를 퍼부었다. 이 사건에서 조정 역할의 부재와 운동 내부의 정치적 자제력의 결여가 분명히 드러났다. 장점으로 여겨지곤 하는 자발성도 예기치 못한, 비난받아 마땅한 행동을 오히려 두둔하는 데 쓰였다.

얼마 전까지만 해도 이러한 양상은 흔히 나타나는 것도 아니었고, 최소한으로 억제되고 제한되어 표출되곤 했다. 청년 및 대학생의 정치의식화 과정에서 사파티스타 운동이라는 준거점과 제도화된 좌파가 사라진 자리를 혁명적 좌파 소그룹이 전파하는 정치 문화와 규율이 메우지는 못한다. 이들 소그룹은 빈틈을 찾아 들어왔지만 아주 너른 공간을 차지할 수는 없었다. 무정부주의 단체나 친 무정부주의자가 무대 전면에 등장해 주연을 맡은 것은 그러한 빈틈을 보여주는 것으로, 정치적 지평을 상실했음을 여실히 드러낸다. 예를 들어, 리차드 데이(Richard Day)는 무정부주의의 부상을 '새로운 신(新)사회운동들'(Day, 2008)이라 이름 붙여 이론화하고 부각시키지만, 그것은 하나의 시대적 흐름이나 전환은 아니다.

이처럼 정형화된 정치적 태도는 전반적으로 재설정되고 재정의되고 있어서, 몇 가지 경향만을 겨우 감지할 수 있을 뿐이다. 그러한 경향은 디아스포라적인 성격으로 수렴되는 것 같다. 여기서 창의적인 수많은 시위가 다양한 흐름을 확산시킨다. 그리고 그러한 다양한 흐름 속에는 정치적 협상 대신 도를 넘은 가두 투쟁을 벌이는 일도 포함된다.

4.

명확하고 잘 조직된 형식이 없다는 점에서 청년 및 대학생 사파티스타 정치문화와 정체성이 흐트러지거나 소멸되었다는 냉정한 진단이 내려진다. 그럼에도 그와 동시에 그런 논의에 담겨 있는 행간의 의미를 섬세하게 이해해야 한다. 사파티스타 운동이 승화되었다고 해서 곧바로 그 운동이 소멸되었다고 단정한다는 뜻은 아니다. 오히려 그 역사적 유산을 전수받는 행운을 마련하여 다른 형식과 다른 이름으로 번역되거나 연장될 가능성에 대해 논하는 것이다.

사실 EZLN을 필두로 시작된 운동 방식이 퍼져 나가면서, #나는132번째 운동에는 명시적이지도 않고 구별해낼 수도 없게 사파티스타적 표현이 담겨 있다. 드러내놓고 사파티스타 운동을 따르고 있지는 않지만 그것을 떠올리게 하는 반향이 엿보인다.

#나는132번째 운동은 다름 아닌 1994년 치아파스 봉기를 상징적 출

발점으로 삼았던 사회운동의 한 주기, 그 세계적 흐름의 하나였다. 치아파스 봉기는 비유를 활용한 설득력을 갖추고 촘촘한 지원 네트워크를 바탕으로 사회운동의 한 시대를 열었고, 이내 대안세계운동으로 발전했으며 최근에는 세계 곳곳에서 '분노한 사람들'이란 이름으로 그 흐름이 이어졌다.

이러한 의미에서 #나는132번째 운동은 사파티스타 운동이 아니면서 동시에 사파티스타 운동이었다고 할 수 있을 것이다. 20세기의 정치사회운동이 역사적으로 보여왔던 방식들을 극복하고자 하는 경향 속에 있었기 때문이다. 종합해보자면 권력에 대한 이해 방식, 민주주의, 수평주의와 같이 사파티스타 운동이 제시한 몇 가지 문제들이 광범위한 영향을 미친 것이다. 이러한 영향으로 68세대 이후 '신(新)사회운동'의 정치적 의미가 되살아나고, 신자유주의가 하위주체를 양산해내는 데 대한 반작용으로 적대(antagonismo)가 재가동되며, 정체성과 문화에 토대를 둔 권리쟁취 운동은 전 세계적인 반체제적 기획과 흐름으로 확장되고, 명확해진다. 또한 세계화를 정치적 틀로 받아들이고, 전 세계 좌파의 고전적 규범을 넘어서 수평적이며 포용적인 양식에 기대어 자발성, 창조성, 다양성을 강조하며 담론과 조직 형태를 혁신한다. 최근 20여 년 동안 이와 같은 경향이 산발적이지만, 지속적이고 확장되는 형태로 나타났는데, 여기에 사파티스타가 개척한 수평적 커뮤니케이션의 확산과 인터넷 활용이 가져온 신선함을 덧붙여야 하며, 최근에는 소셜 네트워크가 가져온 변화도 포함해야 한다.

집단행동의 방식, 그 가운데 특히 사회운동방식에서 나타난 이러한 변화와 변화 과정은 현재 수많은 정치적 논쟁과 학문적 논의의 대상이며 앞으로도 그럴 것이다. 그러나 여기서 그러한 변화에 주목할 생각은 없다. 다만 #나는132번째 운동은 사파티스타 운동과 단절되었음을 보여주는 것 이상으로 그 흐름이라는 포괄적인 과정의 일부였다는 점을 받아들여야 한다.

#나는132번째 운동이 사파티스타 운동의 연장선에 있다는 가설을 뒷받침하기 위해서는 이 운동이 어디까지 도달했느냐 만큼이나 그 한계 역시 '다중(multitud)'이라는 키워드에서 함께 읽어낼 수 있다는 점을 분명히 해야 한다. 즉, '다중'에 대해 높이 평가하거나, 그 자체가 지니고 있는 모순들을 보여주는 방식이다. 가장 세련된 방식으로 도시 사파티스타 운동을 이론화한 개념 중 하나로, 자치주의(autonomismo)를 불러들이는 논쟁적 형식으로서 이 용어를 활용하기 위해서도 그 점을 강조할 필요가 있다. 예를 들어, 너무 자주 교체되는 대변인이라든가 매체에 대한 찬양과 소셜 네트워크에 기댄 파급력을 과대평가하는 등의 모순을 안고 있다. 또 다른 예를 든다면, 폭넓은 대중적 호소력은 비록 시의적절하기는 했으나 운동의 무당파적 성격으로 이어졌고, 결국 제도적 권력의 장과 그 영역에 진입하려는 의지를 분명히 거부해야만 윤리적으로 그 가치를 인정받게 된다.

비록 #나는132번째 운동에서 작성된 문서들에는 사파티스타 운동과의 관련성을 드러내놓고 적거나 표현하지 않았다고 앞서 지적했지만, 동시에 그 문서들에는 사파티스타를 연상시키는 문체가 묻어 있다. 이 운동에서 나온 가장 핵심적인 집단행동 가운데 하나인 '텔레비사 방송계열사 항의 방문'에서 2012년 7월 26일 「언론의 민주화를 위하여(Por la democratización de los medios de comunicación)」라는 글을 발표했다. 가장 유려하게 작성되어 널리 알려진 이 글은 사파티스타 운동에서 영감을 받은 것이 분명하며, 그러한 영감을 문학적으로 어떻게 비틀었는지 눈여겨볼 수 있다.

우리가 도착했을 때 세상이 그곳에 있었고 우리는 수세기 동안 억압받고 굶주린 민중이었습니다. 우리는 분노로 가득 차 있었습니다. 우리는 혁명 대신 부정선거로 뒤범벅이 되어 있었습니다. 우리는 이름 없이 무기를 든 500년의 세월이자 치아파스였습니다, 우리는 아구아스 블랑카(Aguas Blancas)[17]였고, 살해당한 땅의 민중이었습니다. 우리는 위기와 외채에 허우적거리는 일거리를 얻지 못한 빈손이었습니다. 우리는 파업이었고, 무너져 내린 바리케이트였으며, 아텐코(Atenco)[18]이자 오아하카(Oaxaca)[19]였으며, 짓밟히고 살해당한 여성들이자 억압의 희생자였습니다. 우리는 노예이고, 이주민 가정이며, 한 줌의 재가 되어버린 어린아이들[20]이며, 다리에 매달려 있는 시체이며,[21] 국가폭력의 희생자이며, 선거전의 협상카드이며,

---

17) 1995년 6월 28일 멕시코 게레로 주 경찰이 아구아스 블랑카스 지역에서 정치집회를 주도하고 있던 남부산맥농민단체(Organización Campesina de la Sierra del Sur: OCSS) 회원들에게 총격을 가하여 십여 명이 사망하는 사건이 발생했다. ―옮긴이

18) 이 글의 각주 8번에서 설명한 산살바도르 아텐코 사건을 의미한다. ―옮긴이

19) 2006년 5월부터 수개월 동안 오아하카 주에서 발생한 대규모 교사 집회를 의미한다. 표면적으로는 오아하카 주의 학교시설물 개선 등 더 나은 교육 서비스를 주 정부에 요구하기 위한 집회였으며, 그 배경에는 오아하카 주 정부의 비민주적인 억압정책에 대한 반발이 포함되어 있었다. ―옮긴이

20) 2009년 6월 5일 소노라 주의 ABC어린이집에서 발생한 화재로 5개월부터 5살 사이의 아이들 49명이 사망하는 사건이 발생했다. 멕시코 사회보장위원회(Instituto Mexicano Seguro del Social: IMSS)의 위탁운영 어린이집에서 발생한 이 사건으로 2000년대 사회보장제도의 약화가 사회적 쟁점이 되었으며, 아무도 이 사건에 대해 사법적 책임을 지지 않음으로서 멕시코의 불처벌 관행이 다시 한번 확인되었다. ―옮긴이

21) 2009년 10월 범죄와의 전쟁 속에서 티후아나 지역의 교각에 목이 매달려 있는 시신이 발견되었다. 언론을 통해 공개된 이 사진은 최근 멕시코의 폭력을 극단적으로 보여준다. ―옮긴이

시장의 자유가 자행하는 살해였습니다. 우리는 침묵이었고, 고통이었으며 억압이었습니다. 그들은 우리에게서 모든 것을 빼앗아 가려 했지만, 우리가 잃어버린 것은 오직 두려움뿐이었습니다. 이제 우리는 더 이상 침묵하고 있지 않을 것입니다. 우리는 우리의 몸을 이끌고 여기에 와서 이렇게 외칩니다. 이제 그만!!![22]

5.

#나는132번째 운동으로 연결되었던 이음새가 2012년 후반과 2014년 사이에 풀려버렸다. 그 에너지와 창의성은 시위 속으로 녹아내렸는데, 그런 시위는 항상 분노와 좌절로 점철되고, 언제나 불법으로 낙인찍히고 억압의 대상이 되기 마련이다.

다른 한편에서는 EZLN의 '작은 사파티스타 학교(Escuelita Zpatista)' 설립을 제안하는 자리에 수백 명의 멕시코 국내외 청년들이 모여들었다. 이것은 도시지역에서 사파티스타 운동의 흐름을 가시적으로 되살릴 수 있는 가능성을 보여준 것이었다. 그럼에도 2013년 학교 설립 제안을 담은 「그들과 우리들(Ellos y nosotros)」이라는 장문의 성명서 제목에서부터 정체성을 협소하게 규정하여, 특히 '우리들'의 범위를 제한하고, 그 외부를 매우 포괄적으로 '그들'로 구분하고 있다.[23] 학교 설립 제안은

22) #YoSoy132, "Discurso íntegro por Cerco de 24 hrs a Televisa"(27/7/2012), disponible en <www.codigotlaxcala.com/especiales/yosoy132-discurso-integro-por-cerco-de-24-hrs-a-televis/pdf>.

23) 이 글의 일부는 암호를 넣어야만 읽을 수 있게 되어 있다. 이 암호를 믿을 만하다고 생각되는 사람들에게만 알려줌으로서 '우리들'의 경계를 강화한다. '그들'의 범위가 포괄적이라는 것은 2006년에 그랬던 것처럼 진보적 지식인, 특히 이름에

두말할 필요 없는 성공을 거두어, 원주민 자치가 얼마나 탄탄하고 많은 것을 이루었는지 다시 한 번 눈으로 확인하게 되었지만, 그 성공 이면에는 어떤, 얼마나 많은 멕시코 청년들이 사파티스타 공동체와 단순히 연대하는 것을 넘어서, 그 공동체 속에서 그들과 함께 세상을 바꾸는 힘과 대안적 전망을 실현시킬 방법과 길을 찾게 될지를 지켜봐야 할 것이다. 사파티스타 공동체의 일원이 되거나, 얼마나 밀접한 관계를 유지하느냐 정도의 차이는 있을지언정 그들과 함께 그 방법과 길을 찾을 것인지 주목해야 할 것이다.

도시지역, 청년, 학생 사파티스타 운동이 다시 등장했을지라도 사파티스타 운동이 사회운동의 중심이었던 역사적 한 시기가 끝나가고 있다는 사실을 뒤집을 수는 없다. 단지 한시적으로나마 후기사파티스타 운동의 현주소를 확인할 수 있을 뿐이다. 다시 말해, 후기사파티스타 시대에서는 정치적 촉매제와 준거점이 부재한 반면, 매우 다양한 이데올로기적 스펙트럼을 가진 단체와 집단들이 일정한 수로 안정적으로 유지되고 있으며, 다른 한편에는 청년 대중이 등장한다. 이 청년층은 구체적인 사회 쟁점과 사회적 국면에 대해 비조직화된 자발적 형태로 개입한다.

다른 한편에서 멕시코 하위 계급은 일상적인 정치·사회 투쟁에 열중한다. 이러한 투쟁은 방어적인 성격, 때에 따라 지역에 반란의 불씨를 일으킬 수 있는 적대 관계, 다른 방안이 없기에 어쩔 수 없이 독자적인 자치 영역을 부분적으로 확보하려는 노력 등으로 특징지어진다. 마치 자기결정권과 조직화라는 참호 안에서 눈앞에서 밀려오는 지배계급의

먹칠을 당한 지식인을 비롯해 진보진영과 특히 그 지도자인 로페스 오브라도르와 그의 정당인 모레나(Morena)를 분명히 겨냥하여 비판한 것이었다["Ellos y nosotros. I.- Las(sin) razones de arriba"(enero de 2013). <http://enlacezapatista.ezln.org.mx/2013/01/20/ellos-y-nosotros-i-las/>].

공세에 맞서려는 것과 같다.

이러한 배경에서 후기사파티스타 세대는 #나는132번째 운동을 머릿속에 간직하고, 무대의 주인공이 되기 위한 새로운 기회, 결정적인 새로운 국면을 기다리며 정치화라는 고된 경험을 살아내고 있다.

참고문헌

Aboites, Hugo. 2007. “La crisis de la nueva educación.” *El Proyecto Educativo de la UACM.* México: UACM.

Albertani, Claudio. 2011. “Demasiado poco, demasiado tarde. La rectora, la grilla barata y la autonomía.” <https://lists.nolineal.org.mx/pipermail/urbietorbis/2011-April/006334.html>

Asamblea Universitaria. 2011. *Expediente de Revocación.* México: UACM.

Day, R. J. F. 2008. *Gramsci è Morto. Dall'egemonia all'Affinità.* Milán: Eleuthera.

Escudero, Juan. 2011. “Crisis en la UACM.” *Acción Revolucionaria*, No.16, agosto-septiembre. México.

Estrello, Luz y M. Modonesi, 2012. “El #YoSoy132 y las elecciones en México. Instantáneas de una imposición anunciada y del movimiento que la desafió.” *OSAL*, No.32, 11/2012.

Gloria Muñoz y Desinformémonos. 2011. *#YoSoy132. Voces del Movimiento.* México: Bola de Cristal.

González, Enrique. 2011. “Algunas observaciones sobre la crisis en la Universidad Autónoma de la Ciudad de México(UACM).” <http://es.scribd.com/doc/71512212/Algunas-observaciones-sobre-la-crisis-en-la-UACM-EnriqueGonzalez-Rojo-Arthur>

González Ruiz, José E. 2012. “Los docentes de la UACM no somos servidores públicos.” *Contralínea*, No.265, 1 de enero. México.

Goche, Flor y Argüello, Isabel. 2011a. “UACM: Bitácora negra de la rectoría de Esther Orozco.” *Contralínea*, No.256, 23 de octubre. México.

_____. 2011b. “La disputa por la UACM.” *Contralínea*, No.263, 11 de diciembre. México.

_____. 2012 “Los golpes al corazón de la UACM.” *Contralínea*, No.267, 15 de enero. México.

Granados Chapa, Miguel A. 2011. “La rectora Orozco.” *Reforma*, 13 de abril. México.

Harvey, David. 2004. *El Nuevo Imperialismo*. Madrid: Akal.

Hobsbawm, Eric. 2010. *Historia del Siglo XX*. Buenos Aires: Critica.

Holloway, J. 2005. "Zapatismo Urbano." *Humboldt Journal of Social Relations*, vol.29, No.1, pp.168~179.

Le Bot, Y. 2005. *Subcomandante Marcos: el sueño zapatista*. México: Plaza y Janés, 1997.

Llanos, Raul. 2011. "Por consenso, reforma a la UACM: partidos." *La Jornada*, 5 de abril. México.

López, Juan(coord.). 2008. "¡Prepa sí, cárcel no! Un sueño, una lucha para la educación(1982-1992)." <http://www.uacm.edu.mx/Sedes/GerardoPrepas/tabid/2840/Default.aspx>

Muñoz, Patricia. 2011. "Descubren en UACM intento de charrazo." *La Jornada*, 19 de enero. México.

Orozco, Esther. 2011. "A los Universitarios, a la ALDF, a la opinión pública." *La Jornada*, 4 de abril. México.

Pérez Rocha, Manuel. 2002. "El proyecto de la Universidad de la Ciudad de México." conferencia en la Universidad Nacional Autónoma de México del 7 de junio. <http://www.alternativaeducativa.df.gob.mx/foros/mperez.html>

Pérez Rocha, Manuel. 2011. "Educación contra la corriente. Parte III." *La Jornada*, 7 de abril. México.

Poy, Laura y Olivares, Emir. 2011. "Insisten aspirantes rechazados en que se incrementen espacios educativos." *La Jornada*, 5 de agosto. México.

Ramírez, Bertha Teresa. 2011. "Exculpan a la rectora de la UACM." *La Jornada*, 31 de mayo. México.

Rodríguez, Roberto. 2011. "La crisis de la UACM." *Campus Milenio*, No.411. México.

Rodriguez, Tanía y Sermeño, Ángel. 2006. "Pensar la universidad, hacer universidad. Entrevista con Manuel Pérez Rocha." *Andamios*, Vol.3, No.5, diciembre. México: UACM.

Santillana, Arturo. 2011. “La UACM y la república de las letras.” *Metapolítica*, Vol.15, No.74, julio-septiembre. México.

Stolowicz, Beatriz. 1999. “Los estudiantes de 1999: un nuevo actor.” *Vientos del sur*, No.16, diciembre. México.

Tassinari, Aideé. 2011. “La crisis de gobierno en la Universidad Autónoma de la Ciudad de México. Parte I.” <http://www.uacm.edu.mx/Portals/71/activeforums_Attach/La_crisis_de_gobierno.pdf>

Trejo, Rubén. 2011. “Paradoja histórica. Esther Orozco: destacada científica, ineficiente rectora.” <http://bit.ly/A5qota>

Universidad Autónoma de la Ciudad de México. 2004. *Ley de la Universidad Autónoma de la Ciudad de México*. México: UACM.

Universidad Autónoma de la Ciudad de México. 2007. *El proyecto educativo de la UACM.* México: UACM.

Vargas, Juan. 2007. “La izquierda mexicana: institucionalización y crisis.” en Beatriz Stolowicz(coord.). *Gobiernos de izquierda en América Latina: Un balance político*. México: Aurora.

Vega, Ricardo. 2006. “El Consejo General Interno.” en M. J. Rodríguez, O. Campuzano y Verónica Puente(coords.). *I Foro Sobre Educación en la UACM.* México: UACM.

Zuckermann, Leo. 2010. “Desastre de Modelo Universitario.” *Excélsior*, 28 de abril. México.

제12장

멕시코 공권력의 군사화에 맞선 시민사회

라우라 로에사 레예스 · 마리아나 페레스 레베스케 _박수경 옮김

멕시코는 조직범죄의 발생과 그에 맞선 국가의 군사적 대응, 그리고 범죄조직이 다시 공공기관으로 파고들면서 이어지는 돌고 도는 폭력의 연쇄 속에 있다. 이 글은 이러한 연쇄작용을 밝히고, 다음과 같은 두 가지 대처방법을 분석한다. 첫째, 사회는 정부 당국의 어떠한 지원도 받지 못하지만, 이러한 문제를 해결하기 위해 스스로 조직하여 대응하며, 둘째, 정치적 망명을 요청하는 것이다. 두 번째의 경우, 심각해지는 폭력 상황에 저항하다가 위협을 받는 사람들이 이 방법을 취하기도 하며, 특히 미국과 캐나다와의 외교관계에 영향을 미친다. 치안 확보를 위해 군사화하는 전략을 그만두고, 시민사회가 참여하는 3자 합의로 대응 방법을 바꾸는 것만이 우려스러운 작금의 사태를 변화시킬 수 있을 것이다.

라우라 로에사 레예스 Laura Loeza Reyes 멕시코국립자치대학교(UNAM) 인문학 및 과학 학제간연구소(Centro de Investigaciones Interdisciplinarias en Ciencias y Humanidades) 연구원.
마리아나 페레스 레베스케 Mariana Pérez-Levesque 캐나다 몬트리올대학교 정치학 석사과정

* 이 글은 ≪Nueva Sociedad≫ 227호(2010년 5~6월)에 실린 글을 옮긴 것이다.

1. 서문

조직범죄와의 전쟁이라는 정책 기조에 따라 안전과 질서를 책임지는 군대를 이용해 국가가 주민을 향해 정치 폭력을 휘두름으로써 멕시코에 범죄의 소용돌이가 거칠게 몰아치게 되었다. 이러한 현상을 이해하기 위해서 우리는 세 가지 요소를 분석할 것이다. 먼저 연방행정권을 책임지는 대통령이 고안한 정책의 적절성과 실효성, 둘째, 두 가지로 명확히 구분되고 대립된다고 여겨지는 위정자와 사회가 보여주는 일련의 과정, 마지막으로 이러한 상황이 멕시코의 북미자유무역협정국인 미국과 캐나다와 외교 및 무역 관계에 미치는 영향을 살펴볼 것이다.

치안정책이 실효를 거두지 못했다는 것은 폭넓게 확인되었다. 무력을 유일한 방편으로 삼은 것은 더 많은 폭력을 불러오게 될 뿐이다. 앞에서 제시한 두 번째 주제와 관련하여, 주민들이 그러한 정책에 반대한다는 점을 지적할 필요가 있다. 정치 폭력에 반대하는 입장을 표명하는 사회는 조직범죄와 공공기관을 통제하는 당국에 비해 불리한 입장에 있기 때문에 권력의 이해관계라는 문제에 봉착했다는 것이 우리의 가설이다. 동시에 정치적 대표성도 문제다. 연방선거관리위원회(Instituto Federal Electoral)의 자율성 상실과 기권율의 증가로 위정자들은 실제로 유권자의 선호를 대표하지 못하는 경우가 많다.[1] 의회에서 합의를 도출하는 것이 어려운 상황에서[2] 대통령은 상대의 의견을 듣지 않고, 통치를 위해 권위주의에 호소해온 결과, 사회와 당국 간의 소통이 결여된 상태

1) 이와 관련하여 최근 2009년 7월 하원의원 선거의 기권자와 무효표의 비율은 시사하는 바가 크다.

2) 현재 여당은 의회에서 다수의석을 차지하지 못하여, 추진 법안을 승인받기 위해서는 물밑 작업과 협상에 많은 공을 들여야 한다.

이다. 따라서 행정권과 국가의 다른 권력 사이에 존재하는 불균형, 의견의 불일치를 마치 범죄인 양 다루는 태도, 마약조직의 기세가 드센 지역에서 결사 및 이동의 자유와 같은 개인에게 보장되어야 하는 권리를 억압하는 등 민주주의의 질과 관련된 문제가 나타난다.

이러한 의미에서 치안 확보를 위한 군사화는 폭력의 연쇄작용을 끊어내기는커녕 민주주의와 거버넌스를 공고화하는 데 타격을 안겨주었다. 치안을 책임지는 기관들에 팽배한 불처벌 관행, 부패, 불투명성을 해결하기보다 오히려 그러한 문제들을 영속시키는 데 기여해왔다.

2. 팔레르모 의정서의 관점에서 본 펠리페 칼데론의 정책[3)]

에드가르도 부스카글리아(Edgardo Buscaglia)가 107개 국가를 대상으로 진행한 연구에 따르면, 조직범죄에 대항하는 펠리페 칼데론 전략의 실패는 무력의 사용에만 전적으로 의지했다는 점에서 원인을 찾을 수 있다. 그에 따르면, 조직범죄는 정치, 자산, 준군사적-작전, 사회라는 네 개의 축을 중심으로 움직인다. 이 축들을 둘러싸고 범죄조직이 구성되는데, 범죄조직은 사회, 기관, 경제 구조에 동시에 파고들 수 있다. 이러한 조직은 팔레르모 의정서가[4)] 복제품 제작 유통부터 인신매매까

3) 이 부분은 카르멘 아리스테기(Carmen Aristegui)가 에드가르도 부스카글리아(Edgardo Buscaglia)와 진행한 다음의 두 차례 인터뷰에 근거하여 작성되었다. CNN en español, 13/7/2009<www.dailymotion.com/video/x23ivx_aristeguientre vistabuscagliamafiame_politics cnn en español>; MVS Radio, <Primera Edición>, 13/7/2009<www.youtube.com/watch?v=JlFtdk4r-0k>.

4) 2000년 이탈리아 팔레르모에서 채택된 'UN 초국가적 조직범죄 방지협약

지 25개로 유형화한 범죄들을 연결시킨다. 팔레르모 의정서에는 멕시코 정부도 서명했는데, 이 의정서에서 정하는 바에 따르면 위에서 언급한 네 가지 축에 동시에 대처할 것을 권하고 있다.

멕시코에서 조직범죄가 사회를 관통하게 된 것은 국가가 수행해야 할 의무이자 국정 운영을 담보해주는 기본적인 기능을 지켜내지 못한 결과이다. 국민의 경제적 번영과 문화적 안정의 보장, 치안 확보, 공공질서 확립과 같은 기본적인 기능을 국가가 수행하지 못한 것이다. 이러한 상황에서 범죄조직들은 사회기반시설 확보, 생계를 위한 대출, 학교 설립, 성당 건립, 분쟁 해결을 위한 개입과 같은 공공서비스의 역할을 해주고, 콜롬비아 자위대(Autodefensas Unidas de Colombia)와 비슷하게 '자기 방어' 전략으로 자신들이 다른 범죄조직으로부터 주민을 보호해주고 있다며 후원자를 자처하고 나서, 자신들에게 충성하는 사회적 망을 만들 수 있게 되었다. 즉, 국가가 제공해주지 못하는 것을 보장해줌으로써 범죄조직 스스로 자신을 기여자로 포장하고 있다. 이러한 방식으로 범죄조직은 자기 세력권을 전국으로 확장하는 데 성공했다.

범죄 방지 대책이 없는 탓에 빈곤층은 이러한 범죄조직으로 매우 쉽게 흘러들어간다. 더구나 침체된 경제발전과 더불어 최근 경찰력 창설에 점점 더 많은 공공자원이 빠져나가고 있다. 사실 2006년과 2010년 사이 치안확보 예산은 249.7% 증가한 반면, 보건 및 고용대책 예산은 112.2% 증가했으며, 사회복지 예산은 12.7% 증가했을 뿐이다.[5] 라틴아메리카 카리브 경제위원회(CEPAL)에 따르면, 2009년 빈곤층은 라틴아

(Convención de las Naciones Unidas contra la Delincuencia Organizada Transnacional)' <www.unodc.org/unodc/crime_cicp_convention.html>.

5) Cámara de Diputados del Congreso de la Unión, "Presupuesto de egresos de la Federación para el ejercicio fiscal 2006-2010"(México).

메리카 전역에서 감소했으나 멕시코에서만 3.1% 증가했다.[6] 멕시코에서 조직범죄의 자산 관리 영역과 정치적 네트워크를 건드리지 않고 있기 때문에, 이들 조직이 자산을 움직여 국가의 폭력에 더 강한 무력으로 대응할 수 있게 한다. 이런 식으로 폭력과 부패가 더 많은 폭력과 부패를 만들어내는 악순환이 계속되고 있다.

다른 한편, 입법부인 의회에는 작전수행 과정에서 국민에게 자행되는 횡포를 막을 수 있도록 작전 과정에 대한 정보공개를 국가안보 및 정보원(Centro de Investigación y Seguridad Nacional) 원장에게 요구할 수 있는 위원회가 없다. 멕시코에는 국방과 관련된 의회 전통이 존재하지 않기 때문에 투명성의 문제에서 군대는 의회에 정보를 공개하지 않는다(Moloeznik Gruer, 2007: 103). 입법부의 권한은 행정부에서 올린 예산안을 승인하거나 부결시키는 데 제한되어 있다. 따라서 실제로 군대는 정치적으로 자율성을 가지고 민간 차원을 넘어서 자신의 목적과 이해관계에 따라 움직인다. 마찬가지로 행정부에서 결정을 내리기 위해 필요한 정보를 제공해주는 정보 활동도 하지 않는다. 정보 활동으로 국가기관에 조직범죄가 침투했는지 파악할 수 있는데도 말이다.

인권에 대해 살펴보자면, 헌법은 고문과 성폭력을 포함하여 인권침해를 저지른 군인은 민간 법정이 아니라 군대를 관할하는 군사법정에 세우도록 하고 있다.[7] 그 결과 국가인권위원회에서 군에 소속된 사람을

---

6) Cepal, *Panorama social de América Latina 2009*(Cepal/Naciones Unidas, noviembre de 2009).

7) 군인이 인권을 침해하는 경우 군사 사법권 관할에 배속된다. 그러나 멕시코 헌법 13조에 따르면, 군사 사법권은 단지 "군사 훈련에 대한 불복종"에 대해서만 적용된다. 군법은 이러한 불복종을 매우 넓은 의미로 이해하여, 군 복무 중인 군인이 저지르는 '주 차원 또는 연방 차원의 법률 위반'을 포함한다. 다음을 참고할 것.

제소한 건이 최근 2년 동안 증가하여, 2008년에는 1230건에 이른다.[8)] 동시에 경제적·사회적 소외계층에 속한 경찰과 군인들에게 마약과 부패는 일반적으로 하나의 대안을 의미한다.[9)] 엘레나 아사올라(Elena Azaola)의 연구에 따르면, 경찰 부패 시스템은 바로 교수와 교육담당자의 선동 아래 경찰학교에서 시작된다.[10)]

이와 같이 통제되지 않는 상황은 국방부에 기록된 탈영에서 잘 드러난다. 마르코스 몰로에스닉(Marcos Moloeznik)에 따르면 2000~2006년 사이 12만 3218건의 탈영이 발생했다(Moloeznik Gruer, 2009: 58). 이러한 기록은 군기관이 처해 있는 재정적·정치적 조건이 얼마나 열악한지 보여주는 것이다.

위에서 인용한 연구에서 부스카글리아는 범죄조직의 침투와 범죄조직과 연계된 자들의 체포 그리고 국가의 봉건적 성격 덕분에 조직범죄가 더 활개를 치고 있다는 점을 보여준다. 이러한 전략에 대응하기 위해 팔레르모 의정서는 무력을 사용하지도 말고, 범죄조직이 침투한

Código de Justicia Militar, artículo 57.

8) *Informe Anual de la Comisión Nacional de Derechos Humanos*. <www.cndh.org.mx>

9) 2010년 1월 공공안전부 장관 헤나로 가르시아 루나(Genaro García Luna)는 지역경찰의 약 60%가 월 4000페소 이하, 38.4%가 월 1만 페소 이하의 보수를 받는다고 시인했다. 다른 한편 군인의 기본급은 2006년 194달러였으며, 미국 국경 지역 군인의 월급은 394달러였다. Guillermo Ríos, “Deplorables salarios de los policías: ssp,” en *El Sol de México*(22/1/2010). <www.oem.com.mx/elsoldemexico/notas/n1488394.html>; Jorge Alejandro Medellín, “Aumentará 3,5% salario base de soldados,” *El Universal*(8/12/2006). <www. eluniversal.com.mx/notas/392800.html>

10) *Imagen y autoimagen de la policía de la Ciudad de México*(México, DF: Flasud / Ciesas / Ediciones Coyoacán, 2006).

기관을 해체하지도 말라고 조언한다. 그 대신 정당처럼 이 사안과 관련된 사회적 주체들과 협력하여 그들 스스로 문제가 된 기관을 자정하도록 권고한다. 이러한 전략은 다른 나라에서 성공적인 결과를 낳았으나, 멕시코에서는 행정적 분권화라는 문제에 부딪친다. 더구나 연방선거관리위원회는 선거 범죄에 연루된 정당을 통제하고 제제해야 했을 것이다. 이것은 법국가라는 틀에서 더 손쉬운 일이다.[11]

금융정보 시스템은 조직범죄에 협력하는 사람을 찾아내야 한다. 부스카글리아에 따르면 멕시코에서 합법적으로 설립된 사업체 72%에 조직범죄가 침투해 있으며, 멕시코는 전 세계적으로 조직범죄가 가장 넓게 장악하고 있는 5개 국가 가운데 하나이다.

3. 시민사회의 대응

이러한 정치적 상황 속에서 폭력은 다양한 방식으로 여러 사회 영역

---

11) 여기서는 법을 따르는 정부가 존재한다는 의미로 사용하고 있다. 그런 정부에서는 정부 당국의 행위를 규정하는 원칙이 그 행위에서 적법성에 대한 집착으로 나타난다. Arturo Alvarado y Diane Davis, "Cambio político, inseguridad pública y deterioro del Estado de derecho en México," *Estudios Sociológicos*(vol.xix, No.55, 2001), pp.239~245, citando a Samuel González Ruiz, Ernesto López Portillo y Arturo Yánez, *Seguridad pública en México, problemas, perspectivas, propuestas*(México, DF: UNAM, 1994), p.49. Alvarado와 Davis에 따르면, 시민을 향한 정부 권력의 독단을 방지하기 위해서는 그러한 정의에 정부와 시민 사이의 이견을 좁힐 수 있는 메커니즘이 마련되어 있어야 하며, 인권과 시민의 안녕을 존중하는 의미가 포함되어야 한다. 다음을 참고할 것. A. Alvarado y D. Davis, "Cambio político, inseguridad pública y deterioro del Estado de derecho en México," pp.240~241.

에 영향을 미치고 있다. 부유층과 중산층은 납치와 강도의 위험에 가장 많이 노출되어 있지만, 사설 보안업체와 계약을 맺을 수 있다. 사설 보안 산업은 최근 수년 동안 성장하여, 전국 치안 체계(Sistema General de Seguridad Pública)에 관한 법률 개정안[12]에서는 치안 확보의 보완책으로 인정하고 있다. 가장 취약한 계층이 법적으로 가장 보호를 받지 못하고 있다. 멕시코시티 인권위원회는 이러한 사실을 지적하며, 다음과 같은 사례를 제시했다. "부자와 동행하다가 사망한 운전사 및 그의 가족들에 대해서는 주의를 기울이지 않았다. 단지 높은 수입을 가진 사람들에게만 귀 기울였을 뿐이다."[13] 극단적인 상황에서 주민들은 "대안적 사법 체제"을 고안해내는 쪽을 선택한다. 이런 경우 종종 조직범죄의 손을 빌리거나, 개인적으로 해결하는 쪽으로 기울기 마련이다.

이는 시민사회의 대응과 반드시 연결되는 것은 아니지만 국가가 해결하지 못하는 문제의 해결책을 모색하는 다양한 방법이 있다는 사실을 보여준다. 여기서 주민들이 취하는 3가지 형태의 대처 방식을 발견할 수 있다. 첫째, 조직범죄 또는 공공기관의 횡포로 피해자가 되었을 때 신고하지 않는다. 둘째, 이와 같은 폭력에 저항하고 고발하기 위해 스스로 조직한다. 셋째, 다른 나라로 망명을 신청한다.

이와 같은 세 가지 방식 가운데 두 번째만이 엄격한 의미에서 시민사회의 대응이라 할 수 있다. 사회가 조직화되는 모습을 보여주기 때문이다. 다른 두 가지 방식은 개인적인 차원에서의 대응이지만, 국내외 정치적 과정에 영향을 미친다는 점에서 역시 중요하다. 신고하지 않겠다는

---

12) Título Décimo Tercero, "De los servicios privados de seguridad."

13) 2009년 12월 23일 라우라 로에사(Laura Loeza)가 진행한 멕시코시티 전 행정감찰관 에밀리오 알바레스 이카사(Emilio Álvarez Icaza)와의 인터뷰.

결정은 조직범죄에 대한 불처벌 관행 때문인 것으로 해석된다. 이것은 조직범죄가 공공기관에 침투한 결과이자, 국가가 보호받아야 하는 증인은 물론이고 신고자를 보호하려는 정치적 의지가 없기 때문이다. 2006년 연구에 따르면, 신고 접수된 중범죄 및 극악범죄는 31.6%에 불과하다.[14] 신고하지 않음으로서 불처벌 관행과 폭력이 재생산된다.

또 다른 대안으로서 망명 신청은 미국과 캐나다와의 외교 및 무역관계에 긴장을 야기하고 있다. 2005~2009년 멕시코에 대한 외국인 직접투자는 현저히 감소했으며 경제성장도 둔화되었다. 2009~2010년 세계 경쟁력 보고서에[15] 따르면, 정부 관료제 실효성의 부재, 부패, 범죄, 강도, 민주주의의 위축, 법치 국가의 부재로 인하여 멕시코 기업 경쟁력은 큰 타격을 받고 있다. 멕시코인 망명신청자의 유형은 예전과 달라서, 미국과 캐나다에서 그들의 대우는 망명신청자와 멕시코 주민이 처한 상황을 심각하게 악화시키고 있다. 기본적으로 조직범죄와 정치 폭력에 조직적으로 저항한 사람들의 경우에 그러하다. 인도적 동기 및 정치적 동기로 캐나다에 망명을 신청한 멕시코인은 2004~2008년간 거의 세 배로 증가했다.[16]

---

14) CIDE-Seguridad Ciudadana, “Indicadores de atención a víctimas,” en *Índices de desempeño del sistema de seguridad pública y justicia penal*(CIDE-Seguridad Ciudadana, México, DF, 2008), pp.12~13, citado por Gustavo Fondevila, “Ministerios Públicos e investigación criminal en la Ciudad de México,” en R. Benítez Manaut et al.(eds.), *Atlas de la seguridad y la defensa de México, Colectivo de Análisis de la Seguridad con Democracia*(México, DF, 2009), pp.87~89

15) Foro Económico Mundial, *The Global Competitiveness Report 2009-2010* (Ginebra, 2009). <www.weforum.org/pdf/gcr09/gcr20092010full report.pdf>

16) 멕시코 정치적 망명 신청자는 2004년 6874명에서 2008년 1만 7937명으로 증가했다. 한편에서는 인도적 동기로 망명을 신청한 사람은 2004년 2819명에서 2008년

이제 시민사회의 대응에 대해 먼저 살펴본 후 망명 요청에 대해 언급할 것이다.

4. 시민사회의 대응: 인권과 민주주의의 수준

위정자들과 국회의원들이 보여준 비모범적인 사례에도 불구하고, 수많은 지표가 폭력문제를 해결할 대안을 찾으려는 사회의 움직임을 나타내고 있다. 무수한 NGO가 당면한 문제와 마주하고, 불처벌 관행에 맞서 싸우며, 범죄를 고발하기 위해 매일 고된 일을 하고 있다는 점을 눈여겨봐야 한다. 지역적 차원에서는 공동체 경찰이 있는데, 이것은 원주민 마을의 자치권이 회복된 것으로, 전통적인 마을 운영 체계를 토대로 하고 있다. 마찬가지로 공적 영역에서 시민의 실천과 가치를 전파하는 공동체의 단체들이 있다. 이런 단체들은 NGO의 지원을 받는 경우도 있고, 받지 않는 경우도 있다.

그러나 정부는 국제협약에서 정한 대로 이러한 활동을 증진시키는 대신 억압으로 대응하고 있다. 멕시코 정부도 협약의 체결 국가임에도 말이다. 결국 사회적 합의가 부재한 상황에서 지금은 "사회적 저항을 범죄화"하는 것이 하나의 대응책으로 회자되기에 이르렀는데, 이것은 '조직범죄'[17]라는 용어를 느슨하게 적용한 결과이다. 정치적으로 엄격

9385명으로 증가했다. 다음을 참고할 것. Citoyenneté et Immigration Canada, *Faits et Chiffres 2008: Aperçu de l'immigration*, <www.cic.gc.ca/francais/ressources/statistiques/menu-faits.asp>.

17) 팔레르모 의정서 제2항에 따르면, "조직범죄 단체는 3인 이상으로 구성된 집단으로, 일정 정도의 시간적 영속성을 가지며, 직간접적으로 경제적 이득 또는 물질적

한 기준에 따라 이 용어를 사용한다면, 현재 멕시코에서 정치적 암살로 가장 고통 받는 사람들이 활동가와 기자라는 점을 보여줄 것이다.

인권 보호를 목표로 삼는 독립기관들의 보고서에 따르면, 경제적으로 가장 취약한 계층, 특히 농민 및 원주민 공동체와 노조 조합원들이 인권 침해의 가장 큰 피해자들이다. 특히 생계를 위협하거나 생활환경을 파괴하는 프로젝트를 중단시키기 위해 조직화하는 등, 권리 회복을 요구하거나 사회 부정을 고발할 때 위험에 처한다.

시민사회단체, 특히 인권보호를 목표로 하는 단체들과 정부 당국 그리고 조직범죄는 각각 서로 대립하고 있는데, 이들 간의 권력관계는 균형을 이루지 못한다. 사법 체계는 시민단체들의 편에 서지 않는다. 인권 관련 국내외 단체들이 권고안을 지속적으로 내놓고 있지만, 지방정부부터 연방 정부까지 모든 차원의 정부 당국으로부터 조직적으로 외면받는다. 그러한 권고안을 가장 명백히 무시하는 것은 연방 정부이다.[18] 일례로 치안정책과 인권 침해의 관계에 대해 펠리페 칼데론 대통령에게 질의했을 때, 그는 다음과 같이 대답했다. "불안정한 치안과 결단력 있게 싸우는 데 요구되는 비용은 범죄가 일어나도록 그냥 방치

형태의 이득을 얻을 목적으로 한 가지 이상의 중범죄 또는 본 협약이 유형화한 범죄를 저지를 계획으로 체계적인 활동을 하는 집단으로 규정한다."

18) 이와 관련하여 여러 사건을 인용할 수 있다. 2008년 펠리페 칼데론 대통령은 자신의 권한을 이용하여 유엔 비사법적 약식 또는 자의적 처형 특별 보고관인 필립 알스톤(Philip Alston)의 방문을 연기시켰고, 멕시코에서 자행된 고문에 관한 유엔의 최근 보고서를 12년 동안 기밀에 붙였다. 또한 '시민권과 정치적 권리에 관한 국제규약'의 이행에 대한 보고서 출판도 승인하지 않았는데, 여기서 멕시코 국내 NGO들의 자체 보고서를 공개할 수 있었을 것이다. Jorge Carrasco Araizaga, "Calderón rechaza la supervisión de la ONU," *Proceso*(No.1733, 17/1/2010), p.24.

하여, 우리의 결정과 우리의 공간이 범죄자의 손에 넘어가게 되었을 때 치러야 하는 비용보다 언제나, 비교할 수 없을 만큼 적다."[19] 즉, 폭력을 독점하는 것을 인권 존중과 민주주의 강화보다 우선시하는 것이다. 그러나 그냥 성명으로만 치부할 수는 없는데 이러한 전략은 정부에서 마련한 여러 법적 장치에 토대를 두고 있다. 구금을 헌법으로 상향시켜 명시했으며, 조직범죄의 경우에 사후적으로 사법적 검토를 받는다는 조건으로 공공안전부 장관이 구금, 수색, 전화 도청을 지시할 수 있는 권한을 가지게 되었고, 조직범죄 관련 신고자의 데이터베이스를 구축하고, 조직범죄에 대해서 유죄 판결을 받은 범죄자는 보석 신청을 할 수 없도록 하고, 범죄의 경우 경찰이 가택 수색을 할 수 있도록 허용한 것들이 그 예이다(Valenzuela, 2008: 84).

소수의 예외를 제외하면, 각 주 정부의 인권위원회는 성명서에 문제를 축소하여 발표하고 이런 식으로 불처벌 관행을 강화하며, 연방 정부의 정책에 동조해왔다.[20] 국제적 차원에서는 유엔, 미주인권재판소, 다양한 국제 인권 관련 단체들이 멕시코를 대상으로 권고하는 일이 점점 더 잦아지고 있다. 예를 들어 민간인이 관련된 사건에 군법을 적용하는 것은 인권보호를 위한 국제규범을 위반하는 것으로 여겨진다.[21]

---

19) 다음 인터뷰의 일부를 인용한 것이다. Jorge Zepeda Patterson, *El Universal*, 27/2/2009, citado en Raúl Benítez Manaut et al.(eds.), *Atlas de la seguridad y la defensa de México, Colectivo de Análisis de la Seguridad con Democracia* (México, DF, 2009), p.25.

20) 2008년 2월 13일 국제인권감시기구(Human Rights Watch)는 국가인권위원회가 제 기능을 하지 못하고 있다고 위원장에게 지적했다. 신고된 사건의 90%가 피해자와의 상담 없이 합의로 해결되고 있다는 점을 보여주었다. Luis Hernández Navarro, "México. Once retratos de la impunidad," .*El Cotidiano*(vol.3, No.150, 7-8/2008), p.89~100.

그러나 서민층에서만 이러한 활동을 하는 것은 아니다. 중견기업인들이[22] 주도하는 NGO인 범죄 척결을 위한 멕시코연합(México Unido Contra la Delincuencia: MUCD)의 역할이 두드러지는데, 2004~2005년 불안한 치안에 대한 국민들의 불만을 촉발시킨 것이 이 단체였다. MUCD는 치안문제에 관해서 행정부가 유일하게 인정하는 대화상대가 되었는데, 행정부는 국내의 불안한 치안확보를 위한 정책의 효과와 관련 기관의 활동을 평가하고, 균형추 기능을 수행하도록 MUCD의 권한을 인정해주고 있다. 이러한 관계는 '안전, 정의, 적법성을 위한 국가협약(Acuerdo Nacional por la Seguridad, la Justicia y la Legalidad)'[23]에 명시되어, MUCD를 "시민사회의 대표자"로 인정하고 있다. 위 협약은 국가의 3권, 3개 차원의 정부[24] 그리고 시민사회의 참여를 연계한다. 그럼에도 협약에 서명한 시민사회 단체 대부분은 우파 단체들, 정부 주도 노조, 기업인 협회로 채워져 있다.

인권에 대한 전문교육을 받지 않은 사람들이 MUCD를 이끌고 있다. 그들은 계급차별적인 관점을 가지고 있으며, "이제야 겨우 치안 부재가 사회정의와 관련된다는 사실을 깨닫고 있다".[25] 이와 같은 사실을 반영

21) 2008년 인권감시단 국제시민위원회는 펠리페 칼데론 대통령을 사건의 책임자로 직접 지목하며, 멕시코의 인권 상황을 "극단적 문제상황"으로 분류했다. 마찬가지로 유엔 인권최고대표인 루이스 아버(Louise Arbour)가 같은 해 멕시코를 방문하여 여성 학살에 대한 우려를 표명했으며, 범죄와의 전쟁에 군인이 개입하는 것을 비판했다.

22) 주요 기업인의 아내인 호세피나 리카뇨(Josefina Ricaño)가 아들이 납치 살해된 후 제안하여, 1997년 11월 11일 이 단체가 설립되었다.

23) MUCD는 이 협약의 74가지 사항 가운데 15가지를 제안했다. Diario Oficial de la Federación, 26/8/2008.

24) 지방 정부, 주 정부, 연방 정부를 의미한다. —옮긴이

하는 사례로 "멕시코 시민 전체를 대상으로 열 손가락 지문 채취를 의무적으로 등록하여 영구 보존하는 체계를 도입"하여, 은행계좌 개설, 여권 신청, 핸드폰 구입 시 요구하도록 하자는 제안을 들 수 있다. 또한 "납치 사건의 경우 기타 범죄보다 우선하여 통화 정보를 수집"하도록 하자거나, "납치 방지에 우선적으로 예산을 배정"하고, 핸드폰 요금의 자동 이체는 물론이고 중범죄자 수용소에 수감된 납치범의 면회와 통화 기록을 "추적 관찰"하자고 제안한다. 이러한 제안 가운데 일부는 사생활을 침해하는 것이며, 모든 시민이 법 앞에 평등하다는 전제를 무시하는 것이다. 조직범죄가 상호연관 되는 25개 유형의 범죄를 하나로 묶고 있는 한, 일부 범죄만 우선적으로 대처하고, 다른 범죄는 소홀히 다룰 수는 없다. 더구나 사법체계와 교도소에 남아 있는 고문이라는 관행 때문에 수감 중인 범죄자를 보호하는 것이다. 끝으로, 조직범죄가 공공기관에 침투해 있기 때문에 제안된 통제 체계는 일반 국민을 매우 열악한 조건으로 내몰 수 있다.

MUCD는 조직범죄와의 전쟁에서 공공기관의 역할 수행을 평가하기 위해 국민들을 대상으로 여론조사를 실시한다. 조직범죄로부터 압수한 물품으로 마련된 공적 자원을 여기에 사용한다. 또한 전자매체를 통해 공식적 공간에도 접근한다. 그러나 그들의 여론조사는 치안 불안에 대한 시민인식 평가로 제한될 뿐 실제로 벌어지는 폭력과 치안 부재 사건을 파악하거나 현 정책에 대한 사회적 합의가 이루어졌는가를 살펴보지는 않는다. 마찬가지로 범죄자가 누구인지도 밝히지 않는다. 사실 멕시코 치안 부재에 대한 시민들의 인식은 매우 부정적이다. 2009년 5월

25) 2009년 12월 23일 라우라 로에사(Laura Loeza)가 진행한 멕시코시티 전 행정감찰관 에밀리오 알바레스 이카사(Emilio Álvarez Icaza)와의 인터뷰.

멕시코인 4명 가운데 3명이 최근 12개월 동안 치안문제가 더 심각해졌다고 느꼈다(Mitofsky, 2009).

MUCD에 주목하는 것은 정부가 30년 전부터 인권 보호를 강조해온 다양한 독립단체들을 인정하지 않고 있음을 보여준다.[26] 그러한 독립단체들은 충분한 활동 역량을 가지고 있으며 네트워크를 통해 전국적인 활동을 한다.[27] 이에 관하여 "시민사회의 대표"로서 MUCD를 선택한 기준이 무엇이냐는 질문을 할 법하다. 이러한 점은 치안 부재와 폭력과 맞서 싸우는 투쟁에 사회가 빠져 있으며, 이러한 구분은 사회경제적 불평등이라는 변수에서 유래한다는 사실을 보여주는 것이기도 하다.

5. 정치적 망명: 외교관계에 미치는 영향

국제적 사례에 따르면 국내시장을 더 개방하고 외국인 직접 투자를 더 증가시키면 부패를 감소시키는 데 도움이 된다(Buscaglia y van Dijk, 2003: 14). 그러나 멕시코에서는 예외적인 상황을 발견할 수 있다. 예를 들어 캐나다 광산기업과 같은 초국가 기업의 이해관계를 살펴보면 알

---

26) 그런 단체들 중에는 1988년에 설립된 미겔 아구스틴 프로 센터(Centro Miguel Agustín Pro), 1991년 설립된 프란시스코 데 비토리아 인권센터(Fray Francisco de Vitoria), 1979년 설립된 안토니오 데 몬테시노스 센터(Antonio de Montesinos), 1991년 설립된 바르톨로메 데 라스 카사스 센터(Fray Bartolomé de las Casas) 등이 있다.

27) 한 가지 사례는 '모두를 위한 모든 인권 네트워크(Derechos Humanos Todos los Derechos para Todas y Todos)'로 32개 주 가운데 21개 주에 포진해 있으며 65개의 단체를 하나로 묶고 있다.

수 있다. 치안 부재에 대한 두려움으로 멕시코와의 국경을 철벽 방어하려는 미국과 캐나다의 대응은 멕시코인들의 삶의 조건을 악화시키는데 기여할 뿐, 권위적인 정책을 전환하도록 멕시코 정부를 압박하는데 전혀 도움을 주지 못한다. 북미자유무역협정(NAFTA)의 불균형적인 성격이나 멕시코인에 대한 캐나다의 입국 정책이 그러한 사례로, 생산 활동, 학문 활동, 문화 활동 등 모든 분야에 심각한 타격을 주고 있으며, 더구나 일부 정치 망명 신청자에게도 부정적 영향을 미치고 있다.

다른 한편으로, 조직범죄와의 전쟁을 '지원'한다는 미국의 정책은 군사화를 위한 재정 지원에만 집중하고 있다. 그러한 종류의 개입이 얼마나 무용한지를 나타내는 수많은 증거가 있음에도 말이다. 메리다 발의안(Iniciativa Mérida)[28]이 그러한 의미에서 명백한 증거이다.

2009년 5월 6일 바락 오바마 대통령의 멕시코 방문을 계기로, '모두를 위한 모든 인권 네트워크(Red Todos los Derechos para Todas y Todos)'는 미국이 멕시코 정부에 제공하는 군사적 지원을 우려하는 서신을 미국 의회와 국무부 대표자들에게 보냈다. 서신을 통해 미국 정부의 대표자들이 보이는 다양한 입장을 통일하고 그러한 지원의 근거를 밝힐 것을 요청했다. 여기서 구체적으로 국무부 장관이었던 힐러리 클린턴과 대통령의 성명서를 언급했는데, 이 성명서에서는 "미국의 마약류 수요가 높은 점 등 여러 요인 때문에 멕시코가 마약범죄조직과 관련하여 겪고 있는 폭력사태에 미국이 일정 정도 책임을 져야" 한다는 점을 인정하고 있다.[29] 동시에 국토안보부의 재닛 나폴리타노(Janet Napolitano)가 군사

28) 마약조직범죄와 싸우기 위해 2008년 미국, 멕시코, 중미국가들 간에 체결된 국제 조약이다. ―옮긴이

29) 2009년 5월 6일 멕시코의 '모두를 위한 모든 인권네트워크'가 미국 의회와 국무부 대표자들에게 보낸 서신. <www. wola.org/media/Carta_ong_Congresoeeuu_

화에 힘을 쏟는 대신 민간기관을 강화하는 것이 중요하다고 밝힌 성명서를 언급했다. 이 서신에 서명자로 참여한 사람들은 자원을 "치안 부재의 원인이 되는 빈곤, 불평등, 교육 및 노동기회의 부족에 대처하는 프로그램으로 돌려, 존엄성을 유지할 수 있는 삶을 살아갈 수 있게 하거나, 구술심리재판 시스템을 도입하는 등 멕시코 사법개혁의 긍정적 측면을 강화시키고 민간기관을 육성하는 데"[30] 사용할 것을 요구했다.

시민단체들의 이러한 요구는 삼자 협의를 중요하게 여기는 국제 협약들과 맥을 같이 하며, 이를 등한시하는 잘못을 저지르고 있는 것이 멕시코 정부만은 아님을 보여준다. 2005년 3월 멕시코, 미국, 캐나다 정상은 '북미 안전과 번영을 위한 동맹(Alianza para la Seguridad y la Prosperidad de América del Norte, Aspan)'을 체결했다. 이 동맹의 기본 목적은 "우리 사회를 더 안전하게 만들고, 우리 기업을 더욱 경쟁력 있게 만들며, 우리 경제를 더욱 탄탄하게 만들기 위해 새로운 협력 공간을 구축"하는 것이다.[31] 2004년 멕시코 대통령과 캐나다 총리는 멕시코-캐나다 동맹에 서명했다. 그 목적은 공동으로 국제 경쟁력을 향상시키며 양국 관계를 강화하는 데 있다. 양국의 경제적 관계가 촉진되고 성장하기 시작하여, 양국 간 무역량은 95% 증가했고, 이제 캐나다는 미국에 뒤이어 멕시코에서 두 번째로 큰 시장이다(García et al., 2006: 7).

2005년 3월 23일 비센테 폭스(Vicente Fox) 멕시코 대통령, 폴 마틴(Paul Martin) 캐나다 총리, 조지 W. 부시(George W. Bush) 미국 대통령은 3개국의 발전과 자유무역과 관련하여 국회와 시민사회 사이의 대화와 교류를

---

ayuda_militarfinal1.pdf>

30) *Ibíd.*, p.3.

31) "Declaración conjunta sobre los avances alcanzados. Alianza para la Frontera México-Estados Unidos," abril de 2003, citado en García et al.(2006: 6).

촉진시키고, 3개국이 앞으로 공동으로 할 수 있는 행동을 합의하는 데 동의했다(García et al., 2006). 이 모든 것은 "우리의 안전과 번영은 상호의존적이며 보완적인 것이라는 원칙"에 따른다(García et al., 2006: 13). 시민사회가 삼자 협의에서 다룰 정치 및 경제적 사안에서 중요한 위치에 있다는 점은 일부 멕시코인들이 미국과 캐나다를 상대로 신청한 망명의 의미를 더욱 부각시킨다. 멕시코 언론은 수천 명의 멕시코인들이 망명을 요청하거나 사업체를 이전하면서 미국으로 향한다고 보도한다. "그들은 전통적인 의미의 이민자가 아니라, 자국의 폭력에서 도망치는 기업인, 부유하고 품위 있는 계층의 사람들이다"(Villamil, 21/3/2010: 8). 또한 조직범죄로 인한 폭력의 희생자이거나 사회적 갈등을 범죄 취급하는 상황에서 도망치려는 사람들이 정치적 망명을 신청한다. 그러나 캐나다 정부는 멕시코의 불처벌 관행에 대응하려다 보니 이러한 내막이 형성된다는 점을 인정하지 않고 캐나다 이민 정책에 대한 도전으로 받아들인다. 자국에서 벗어나려고 이 상황을 기회로 삼아 정치 망명을 가장한 이민자들이 있기 때문이다. 이제 참고할 만한 두 가지 사례를 제시하며 실제 정치 망명 신청자들만을 살펴보겠다.[32]

1번 사례는 2007년 멕시코를 떠나 몬트리올에 도착한 후 '산하비에르 광산 반대 연합전선(Frente Amplio Opositor a la Minera San Javier)'에 참여한 전력으로 정치적 망명을 신청한 사람의 이야기이다. '산하비에르 광산 반대 연합전선'은 캐나다 광산기업인 뉴골드-산하비에르 광산(New Gold-Minera San Javier)의 산루이스포토시 주 산페드로 광산 개발을 반대

32) 인터뷰를 바탕으로 기술된 사례들이다. 정보제공자의 익명을 보장하기 위해 1번 사례와 2번 사례로 지칭할 것이다. 이 부분은 양쪽 인터뷰를 기반으로 작성되었다.

하는 사회운동을 펼쳤다. 이 기업은 노천광산 방식으로 지역을 개발하는데, 이 방식은 다량의 폭발물과 시안화물을[33] 사용하기 때문에 환경을 파괴하지만, 매우 적은 비용으로 개발을 진행할 수 있어 높은 이윤을 남긴다. 회사는 법으로 정해진 지역에서 광산을 개발했지만, 이 지역에는 지하수층이 있다. 그럼에도 멕시코 정부당국은 환경부의 승인으로 광산 운영을 허가했다. 2004년 광산 반대 운동은 연방재판소에서 승소했고, 광산개발을 중지하고 회사는 지역에서 떠나라는 판결이 내려졌다. 광산기업은 판결에 불복하여 개발을 계속했고, 이로써 반대운동은 더 과격해졌다. 2006년 이 사건은 이미 국제적으로 알려진 상태였다. 망명을 신청한 사람은 변호사로 반대운동에 참여했고, 정치범을 도왔다. 결국 그는 지방 정부, 주 정부, 연방 정부와 산하비에르 광산 측에서 고용한 자들의 추적을 받게 되었다.[34] 2009년 11월 27일에는 멕시코 광산 피해자 네트워크(Red Mexicana de Afectados por la Minería)의 활동가이자, 캐나다 광산업체 블랙 파이어(Black Fire) 반대운동을 하던 마리아노 아바르카(Mariano Abarca)가 치아파스 주의 치코무셀오(Chicomuselo)에서 살해당했다. 망명신청자인 해당 변호사는 이 사건 이전에 이미 유사한 위협을 경험한 바 있었다. 수년간의 징역형에 처해질 만한 범죄를 자신에게 뒤집어씌우려 한다는 사실을 알고, 이 변호사는 부인과

33) 강한 독성을 가진 화합물로 청산가리가 대표적이다. －옮긴이

34) 구체적으로 말하면, 정부 당국은 5년 된 그의 갤러리와 카페를 폐쇄했다. 그의 변호사 사무실도 마찬가지였다. 2006년 그와 그의 현재 부인은 자신들을 알아본 산하비에르 광산 직원들로부터 신체적 폭행을 당했다. 폭행을 신고했지만 폭행한 광산 직원들은 아무런 처벌도 받지 않았고, 오히려 산페드로 광산이 있는 지방 정부에 일자리를 얻었다. 당국은 인터뷰 대상자가 변론을 맡았던 젊은 활동가들에게 풀어줄 테니 변호사에게 책임을 전가하라고 회유했으나 성공하지 못했다.

함께 잠적했고, 이후 멕시코를 떠났다. 캐나다는 비자를 요구하기 전에 멕시코인들의 입국수속을 신속히 처리해주었기 때문에 그는 캐나다를 선택했다. 2007년 5월 26일 캐나다에 도착하여, 몬트리올 공항에서 정치적 망명을 요청했다. 법률적 절차는 "느리고 괴로웠다". 임시 거처를 요청하고 첫 번째 심리가 열린 2009년 12월 17일까지 2년이 넘게 걸렸다. 두 번째 심리는 2010년 4월 27일에 예정되어 있었다. 그는 "일반적으로 이러한 사안은 첫 번째 심리에서 결정되는데, 내 경우는 굉장히 소모적"이었다고 지적한다. 그는 이렇게 덧붙였다. "판사의 태도는 무척 편파적이었습니다. 그는 매번 멕시코 정부 당국을 옹호했고, 변호에 필요한 몇 가지 사건을 입증하기 위한 증인이나 영상물도 허락하지 않았죠. 심리 이후 3일 이상 필요한 중대한 사안이었던 겁니다." 심리가 끝나갈 무렵 그의 변호사는 시간이 더 필요하다고 요청했지만, 판사는 "그냥 멕시코인일 뿐이잖소!"라고 대답했다. 이 때문에 판사 교체를 요청했지만 거부되었다.[35)]

2번 사례도 어느 전문직 인물에 관한 것이다. 그는 멕시코에서 은행 간부로 일하고 있을 때 돈세탁에 협조하지 않으면 죽이겠다는 마약범죄 조직의 협박을 받기 시작했다. 이러한 협박에서 벗어날 수 없다는 사실을 알고 2006년 사직하고 캐나다로 이민을 결정했으며, 그곳에서 망명을 요청했다. "사무실에 가서 제 상황을 설명했습니다. 저를 임시 거처에 받아주었습니다. 며칠 후 첫 번째 심리를 위한 출두명령서를 받았습니다." 그는 경제적 문제로 이민 온 것이 아니라는 점을 보여주기 위해

---

35) 몬트리올에서 정치적 망명을 신청한 사람과 익명으로 진행한 인터뷰(1번 사례). 2010년 2월 27일 캐나다 몬트리올에서 마리아나 페레스-레베스케(Mariana Pérez-Levesque)와 라우라 로에사(Laura Loeza)가 인터뷰.

서 멕시코의 자기소유 부동산 증명서, 자동차 등록증, 멕시코 보험증명서와 최근 재직증명서를 제출했다. 그는 망명한 지 1년 6개월 후에 첫 번째 심리를 가졌고 한 달 후에 거주지를 얻게 되었다. 그는 즉시 노동허가를 받지 못했지만 몇 군데 음식점에서 일을 했다.[36]

인터뷰에 응해준 두 사람은 노동권을 침해 받고, 고용인으로부터 차별을 경험하며(1번과 2번 사례), 이민 절차를 담당하는 공무원으로부터도 차별(1번 사례)을 당한다고 말한다. 전직 은행 간부였던 그는 "어느 음식점에서 나는 8달러를 받았습니다. 명세서에는 최저임금인 8.5달러를 주었다고 나와 있지만 말이죠. 그리고 12시간을 쉬지 않고 일했습니다"라고 말했다. 어쨌든 두 사람의 이야기는 주목할 만한 차이를 보여주는데, 신청서가 처리되는 시간과 필요한 증거에서 그들의 요청은 각각 달리 취급되었다. 1번 사례에서 캐나다 광산 기업이 연루된 사안이라는 사실 때문에 절차가 지연되었으리라 생각하지 않기는 어렵다. 이 경우 앞에서 언급한 3개국 협약과 정반대로 멕시코와 캐나다에서 시민권이 보장되지 않았다는 점은 명백하다.

6. 결론

멕시코의 정치적 폭력 상황은 정부기관에 조직범죄가 침투한 결과이며, 이것이 현재의 불처벌 관행과 높은 수위의 부패를 설명해준다. 또한 조직범죄와의 '전쟁'이라는 정책을 팔레르모 의정서에 따라 수정하지

---

36) 몬트리올에서 정치적 망명을 신청한 사람과 익명으로 진행한 인터뷰(2번 사례). 2010년 3월 20일 캐나다 몬트리올에서 라우라 로에사가 인터뷰.

않으려는 정부의 태도도 설명할 수 있다. 부스카글리아의 연구에 주목한다면, 멕시코에서 폭력은 이전에 결코 목격하지 못했던 수위까지 치솟을 수 있다. 허약해진 민주주의라는 조건 속에서 인권에 가해지는 구조적 폭력까지 포함해서 이러한 폭력 상황은 시민사회를 약화시키고 조직범죄를 강화시킨다. 무엇보다 향후 3년간 정책 방향의 변화를 기대하기 어려우며, 지금 멕시코는 주권을 점점 더 상실하는 것으로 그 대가를 치르고 있다는 점도 분명하다. 우리는 우리의 국가 안보를 위해 인접 국가들과 이해관계를 함께하지만, 지역의 경제 및 정치적 과정에서 시민사회가 갖는 중요성을 되새겨 삼자 협의를 이행해야만 지금 상황의 방향을 틀어 실질적인 해결책으로 나아갈 수 있게 될 것이다.

참고문헌

"Acuerdo Nacional por la Seguridad, la Justicia y la Legalidad." *Diario Oficial de la Federación*, 26/8/2008.

Alvarado, Arturo. 2009. "La policía, los militares, el sistema de seguridad pública y la administración de la coacción: México frente a América Latina." *El Cotidiano*, vol.24, No.153, 1-2/2009, pp.63~72.

Buscaglia, Edgardo, Samuel González Ruiz, Stefano Fumarulo y César Prieto Palma. 2002. "Delincuencia organizada y terrorismo. Su combate a través de la Convención de Palermo." *Revista Universitaria de la Universidad Católica de Chile. Delincuencia organizada y corrupción*, vol.1, No.1, pp.1~9.

Buscaglia, Edgardo y Jan van Dijk. 2003. "Controlling Organized Crime and Corruption in the Public Sector." *Forum on Crime and Society*, vol.3, No.1-2, 12/2003.

Calderón Hinojosa, Felipe. 2007. "Mensaje a la Nación." 2 de septiembre de 2007.

Cámara de Diputados del H. Congreso de la Unión. 2009. "Código de Justicia Militar." en *Diario Oficial de la Federación*, 29/6/2009. México, DF.

_____. 2009. *Constitución política de los Estados Unidos Mexicanos en Diario Oficial de la Federación*, 24/8/2009. México, DF.

Comisión de Derechos Humanos, Asamblea General de las Naciones Unidas. 2006. "Informe del Gru-po de Trabajo sobre el Examen Periódico Universal." Ginebra.

Conferencia de las Naciones Unidas sobre el Comercio y el Desarrollo. *Base de datos sobre la inversión extranjera directa.* <http://stats.unctad.org/fdi/ReportFolders/reportFolders.aspx?sCS_referer=&sCS_ChosenLang=en>

Corte Interamericana de Derechos Humanos: Caso de González, et. al., "Campo de algodón." juicio del 16 de noviembre de 2009, Serie C, No.205.

Gruer, Marcos Pablo Moloeznik. 2007. "Militarización de la seguridad pública, autonomía de las Fuerzas Armadas e imperativo de la reforma militar en México." *El Cotidiano*, vol.22, No.146, 11-12/2007.

Gruer, M. P. Moloeznik. 2009. "Sistema de defensa, Fuerzas Armadas y profesión militar." en Raúl Benítez Manaut et al.(eds.). *Atlas de la seguridad y la defensa de México, Colectivo de Análisis de la Seguridad con Democracia.* México, DF.

Mitofsky, Consulta. 2009. *Percepción ciudadana sobre la seguridad en México.* mayo de 2009. México, DF.

Olvera, Alberto. 1996. *La sociedad civil, de la teoría a la realidad, El Colegio de México*. México, DF.

Poder Ejecutivo Federal. 2007. "Decreto por el que se crea el Cuerpo Especial de Fuerzas de Apoyo Federal." *Diario Oficial de la Federación*, 9 de mayo de 2007. México, DF.

_____. 2009. "Ley General del Sistema Nacional de Seguridad Pública." *Diario Oficial de la Federación*, 2 de enero de 2009. México, DF.

Rodríguez García, Arturo. 2009. "Menos recursos para programas de género." *Proceso*, No.1726, 29/11/2009, pp.10~12.

Trans-Border Institute. 2010. "Drug Violence in Mexico. Data and Analysis from 2001-2009." Justice in Mexico Project, University of San Diego, La Jolla, enero de 2010.

Vera, Rodrigo. 2009. "No era para tanto." *Proceso*, No.1721, 25/10/2009, pp.26~68.

Valenzuela, Luis Arriaga. 2008. "Sistema de procuración de justicia y derechos humanos en México." *El Cotidiano*, vol.23, No.150, 7-8/2008.

제13장

신자유주의적 반개혁에 맞선 멕시코시티자치대학교 지키기

리카르도 베가 루이스 _박수경 옮김

2001년 당시 멕시코시티 시장이었던 안드레스 마누엘 로페스 오브라도르의 주도로 설립된 멕시코시티자치대학교(UACM)는 진보적이고 민중적인 지향을 가지고 탄생했다. 이러한 지향은 멕시코 대학기관을 휩쓸고 있는 신자유주의적 가치와는 확연히 구분되는 것이었다. 2010년 5월 에스테르 오로스코(Esther Orozco)가 대학 총장에 취임하면서 신자유주의 교육 모델을 UACM에 도입하는 일련의 개혁이 시작되었다. 현 멕시코 시장 마르셀로 에브라르드(Marcelo Ebrard)의 우경화를 반영하는 변화였다. 그는 에스테르 오로스코가 총장에 선출되도록 한 장본인이었다.

이러한 변화는 대학 곳곳에서 분노를 샀고 반대의 목소리가 높아졌다. 포용과 진보라는 대학의 본래 취지에 어긋나는 것일 뿐만 아니라 교수직에 요구되는 학위가 없다는 이유로 합리적인 근거 없이 여러 명의 교원을 해고하려는 이 갑작스러운 돌풍에 대해 우려하는 목소리였다. 이 글은 신자유주적 반개혁 시도에 맞서 UACM의 여러 캠퍼스에서 교수, 교직원, 학생들이 1년 6개월 동안 펼친 저항에 관한 것이다. 진보적 사상의 진정한 요람이라는 상징적 공간을 지키려던 운동의 성과, 실패, 결과, 비전에 대해 살펴본다.

리카르도 베가 루이스 Ricardo Vega Ruiz 멕시코시티자치대학교(UACM) 사회과학 학부 졸업. 메트로폴리탄자치대학교 소치밀코 캠퍼스(Universidad Autónoma Metropolitana-Unidad Xochimilco) 정치 및 문화분과 내 세부전공 라틴아메리카연구 소속. 멕시코국립자치대학교(UNAM) 라틴아메리카 지역학 석사과정.

* 이 글은 ≪OSAL≫ 31호(2012년 5월)에 실린 글을 옮긴 것이다.

교육을 통속적으로 잘못 이해하여 실용주의적 목적으로만 바라보면, 그러한 실용주의와 설부른 직업교육은 인간의 영혼이 자연스럽게 지니고 있는 통합성을 조각조작 쪼개버리고 만다. 그리고 이해관계에 맞지 않거나 이상적인 것에 대해서는 그 무엇도 가르치려 하지 않으며, 앞날을 위해 눈앞의 현실 너머를 생각하지 못하는 식견 좁은 영혼들을 준비시키는 일이 얼마나 아슬아슬한 지경에 처해 있는지 충분히 살피지 않는다. 같은 사회에서 살면서도 서로 다른 삶의 방식을 따라 살아왔던 영혼들은 얼어붙은 사막으로 나뉘어져 제각각 살아가게 될 것이다.

호세 엔리케 로도(José Enrique Rodó), 『아리엘』

1. 승리한 대중 투쟁의 역사

9헥타르에 달하는 황폐한 교도소를 에워싸려고 그 땅 이쪽 끝에서 저쪽 끝까지 느릿느릿 한 명씩 늘어섰다. 이 '교도소 에워싸기'는 버려진 옛 감옥을 교도소로 만들려는 멕시코시티 정부의 계획을 저지하려는 이스타팔라파(Iztapalapa) 주민들의 저항 행동이었다. 이스타팔라파는 멕시코시티에서 가장 빈곤한 지역이기도 하다. 1997년 그 해, 주민단체들은 "교도소 자리를 대학 교육기관으로 재정비하는 것이 훨씬 좋을 것"(López, 2008)이라는 데 의견을 모았다. 시위를 수차례 거듭하고, 집회를 2년 넘게 한 후에야 비로소 목적을 달성하게 되었다. 이제 벽으로 둘러싸인 그 곳에는 자유를 애타게 갈망하는 자의 절망 대신 멕시코시티자치대학교(UACM)의 5개 캠퍼스 가운데 하나가 자리하여 대학 분위기가 숨 쉬고 있다. 그 캠퍼스의 이름이 '자유의 집(Casa Libertad)'인 것은 우연이 아니다.

1980년대부터 전국적으로 사립대학이 증가함과 동시에 교육 기회에서의 배제를 나타내는 지표도 매우 빠르게 증가하는 경향이 두드러지게 나타났다는 점을 고려한다면 UACM의 탄생은 그것만으로도 공립 교육의 승리이다. 멕시코시티는 어마어마하게 몸집이 불어나서 대학 수준의 교육과정에 대한 요구가 빠르게 증가했지만 2001년 4월 멕시코시티 시장인 로페스 오브라도르(임기 2000~2006년)의 시행령으로 UACM가 설립되기 전까지 30년 동안 단 한 개의 공립대학도 설립되지 않았다. 이 사실은 명시적으로 드러난 것은 아니어도 공립대학의 씨를 말리는 정책이 있었음을 보여주는 중요한 증거이다(Pérez Roch, 2002: 3).

설립 후 10년 만에 이 대학 프로젝트는 빠르게 발전하고 성장했다. 2011년에 이미 5개 캠퍼스를 갖추고 1만 697명의 학생이 등록했다. 대학 자치를 확보하는 과정에서 보여준 진전도 의미심장하다. 2004년 12월 멕시코시티 의회가 '자치법(Ley de Autonomía)'을 승인함으로써 UACM는 자치에 대한 권한과 책임을 부여받았다. 다른 대학 관련 법령과 달리 이 법은 자치의 형태를 제한하는 단체법이 아니라 "오히려 교수들과 학생으로 구성된 자체 기관이 내부 운영에 관한 모든 것을 결정할 책임을 지도록 하고 있다"(UACM, 2004: 5). 2001년부터 2005년까지 이 대학의 운영기관은 저명한 지식인과 총장으로 구성된 고문단(Consejo Asesor)이었다가 발언권과 투표권을 갖는 교원과 학생들로 구성되는 전체교내위원회(Consejo General Interno)로 바뀐 후, 2007년 최종적으로 대학위원회(Consejo Universitario: CU)로 교체되었다. 대학위원회는 총장과 행정직원 대표 2명 이외에 교원과 학생이 같은 비율로 참석한다. '자치법'에 따라 대학위원회가 최고 운영기관의 지위를 보장받은 것은 멕시코의 주류 교육 모델인 신자유주의적 모델에 맞선 대안으로 설립된 대학의 자치를 법률적으로 보장하는 중요한 진전으로 여겨졌다.

2. 대안적 교육 프로젝트

멕시코 혁명 이후 민족혁명당, 멕시코혁명당, 제도혁명당으로 이어지는 여러 국가 정당[1] 체제 안에서 국가 정체성과 국가 통합을 증진시키는 교육기획이 추진되었다(Aboites, 2007: 35). 이것은 분명 국가 정당 체제의 이념적 열망만은 아니었다. 국내시장을 형성하고 활성화시켜 국가산업화라는 계획을 실현하기 위한 공간으로 탈바꿈시키기 위해 필요한 일이었다. 1980년대 신자유주의가 도입되기 시작하면서 교육은 경제 모델의 필요성에 늘 종속되었다. 오직 수출 특화의 형태로 자본축적의 방향이 바뀔 때만 국내시장이나 국가 정체성과 국가 통합에 대한 관심이 누그러진다. 우고 아보이테스(Aboites, 2007: 36)가 지적하듯 교육은 멕시코의 새로운 노동자, 근대적이며 국제화된 경쟁의 경제체제에 적합한 노동자를 양성시켜야 한다는 과제를 부여받는다. "어떻게 교육할 것인가라는 질문은 교육권을 어떻게 확보하고 확장할 것인가에 관한 문제, 다시 말해 교육 서비스를 필요로 하는 사람이 얼마나 되는가, 그들에게 교육 서비스를 제공하기 위해 무엇을 해야 하는가, 사회 내에서 교육권을 어떻게 진전시키고 그 내용이 무엇인가를 규정하는 일보다는 경제 분야와 사회적 기능의 측면에서 어떤 지식과 역량이 필요하며 몇 명이 필요한가에 있다."

---

1) 정치적 의사를 표현하기 위해 시민이 설립하는 일반적인 정치 정당과 달리 국가 정당은 현행 정부나 국가 주도로 설립된다. 민족혁명당(Partido Nacional Revolucionario: PNR)은 1929년 당시 대통령이었던 에밀리오 포르테스 힐(Emilio Portes Gil)이 설립했으며, 1938년 라사로 카르데나스(Lázaro Cárdenas) 대통령이 멕시코혁명당(Partido de la Revolución Mexicana: PRM)으로 재편했다. 이후 1946년 현재의 제도혁명당으로 바뀌었다. —옮긴이

UACM의 교육과정은 국내시장의 경쟁력 강화나 수출 부문에 특화된 소수의 노동자 집단을 키우는 데 관심을 가지는 대신 민주적 사회를 건설한다는 계획과 맞닿아 있다. 그러한 목표에 도달하려면 사회의 경제 모델과는 별개로 원칙적으로 사회의 교육 수준을 끌어올릴 필요가 있다. '자치법'에 명시되어 있듯이 "국민들 가운데 높은 교육열을 보이는 다양한 사회집단이 있다. 국민들은 가능한 최고 수준의 교육을 받으려 하므로, 민주적 교육정책은 더 많은 국민에게 효과적으로 교육의 기회를 제공하려 노력하는 것으로 화답해야 할 것이다"(UACM, 2004: 4). 이러한 목적에서 출발한 UACM는 다양한 영역에서 혁신적이고 대안적인 대학교육과정을 제안한다. 여러 캠퍼스의 지리적 위치부터 교수법, 학습방법, 교육의 비판적 성격, 학생들에게는 시기상조인 직업교육과정의 한계를 극복하고자 하는 시도까지 포함한다. 이에 대해 가장 두드러진 측면을 간략히 살펴보려고 한다.

멕시코국립자치대학교(Universidad Nacional Autónoma de México: UNAM), 국립 과학기술대학(Instituto Politécnico Nacional), 메트로폴리탄자치대학교(Universidad Autónoma Metropolitana)와 같은 국내 이름 있는 국공립대학들은 배제를 양산한다는 심각한 결점을 안고 있다. 대학교육기관은 멕시코시티 주위의 도심 지역에서만 매년 20만 명의 청소년을 배제시킨다(Poy y Olivares, 2011: 40). 그러한 기관에 등록하려면 고등교육과정 졸업증으로 충분하지 않다. 지원자들은 그 외에도 선발되기에 충분한 '재능'이 있다는 점을 입학시험을 통해 증명해야 한다. 불평등한 사회에서 이러한 선발제도는 공정하지 못하다. 재능으로 여겨지는 것은 일반적으로 기존 특권의 산물이기 때문이다. 따라서 흔히 생각하는 것과 달리 주류 교육 체계는 불평등을 완화시키기보다는 재생산하며 영속시킨다. 이러한 배제와 불평등 구조와 달리 UACM는 입학 정원을 제한하지 않는다. 입학 과정에는 학생을 걸러내는 장치가 전혀 없다. 대학교육은 보편적인 권리이며, 정의롭고 민주적인 사회의 필수적인 요소라는 원칙에서 출발하기 때문이다. “정책이란 가장 수혜를 받을 만한 가치가 있다고 여겨지는 사람이 아니라 그 수혜를 가장 필요로 하는 사람에게 주어져야 한다. 만약 가장 필요한 사람을 지원하기로 결정한다면, 여타의 대학에서 입학을 판가름하는 것으로 여겨지는 그러한 재능을 판별하는 기준에 따라 입학 전형을 치러서는 안 된다”(Rodriguez y Sermeño, 2006: 276). 대학교육을 보편화시킨다는 역사적 책임을 이어받아 UACM는 특권적인 국내 대학들에 대해 강하고 분명히 비판하며 대학교육의 개혁에 앞장선다.

주류 대학교육의 한계 가운데 유독 두드러지는 것이 학생을 교육과정에 종속된 수동적 존재로 다루는 협소한 개념이다. 이러한 개념틀 속에서 교수는 학습 성취도를 평가하는 동시에 사회적으로 인정받는 증명서, 진급, 학위 등을 부여하기 위한 평가를 이중적으로 수행한다. 교수 한 개인에게 부과되는 이 두 가지 기능을 구분하지 않음으로써 교수와 학생 사이에서 이루어지는 교육과정에 수직적 구조가 생겨난다. 그 외에도 학생들이 증명서, 성적, 자격증 등을 취득하는 데 많은 노력을 기울이게 만드는 경향이 있다. UACM의 초대 총장이었던 마누엘 페레스 로차(Pérez Rocha, 2011)는 다음과 같이 지적한다.

> 이러한 증명서가 교육과정과 뒤섞이고 혼동되면 될수록 지식의 중요성이 사라지며, 교수가 해주는 서명에 법적 효력과 돈이 되는 가치가 담기면서, 교수는 공무원이 되어버린다. 교수와 학생의 관계는 타락하고, 시험에 뭐가 나오는지에만 관심을 갖는다. 이러한 증명서가 상을 주거나 벌하는 데 쓰일수록 학생들은 불안해하거나, 주눅 들거나, 오만해진다.

이러한 경향에 대한 반발로 UACM는 이 두 가지 기능을 명확히 분리한다. 교수는 단지 교육학적 가치에 대한 평가만을 담당하며, 교환가치라 할 수 있는 커리큘럼의 영역을 점검하는 데 집중된 평가는 담당기관에서 맡는다. UACM는 교육의 교환가치에 대한 개개인의 욕구는 부차적인 것으로 여기며, 지식 발전을 위해 모인 대학 공동체를 만들어 나가길 꿈꾼다.

이는 당연히 학습과정에서 학생과 교수자의 민주적 관계를 더욱 강조한다. "학생들이 대학의 존재 이유"(UACM, 2004; 3)이며 교육과정에서 능동적 주체이다. 학생들이 자기 고유의 문화를 형성해 나가고, 자기가 더 흥미를 느끼고 동기 부여가 되는 학습 프로그램을 선택하는 당사자들이다. UACM는 유연성이라는 원칙에서 출발하여 학생이 단선적인 학업 진로 대신 다양한 방식으로 통합된 진로를 만들어갈 수 있도록 한다. 즉, 본래의 학업 계획에 해당하는 수업을 수강하는 것 이외에 학생은 다른 영역의 수업을 수강하면서 자신의 전공을 심화시킬 수 있다. 이처럼 유연하게 적용되는 운영방식에 따라 학습과정이 추가되기도 하며, 이에 따라 학생 스스로 졸업시점을 정하게 된다. "학부는 8학기 또는 9학기로 설계되지만, 이런 식으로 UACM 학생은 자기 목표에 맞는 진로를 선택할 뿐만 아니라 학습과정의 리듬과 기간을 결정할 수 있다. 그리하여 4년이든 그 이상이든 원하는 기간 동안 본인의 목표에 도달하게 된다"(Pérez Rocha, 2007: 20). 국내 국공립대학 대부분이 최대 학업기간을 제한하고, 입학 요건에는 전업 학생이 가능한 청소년이어야 함을 명시한다. 이것은 그러한 조건을 갖추지 못하는 일부 사람들을 배제하는 메커니즘으로 작용한다. 이들은 경제적 조건 때문에 일찍부터 불안정한 일자리를 얻을 수밖에 없는 사람들이다. 따라서 하루의 대부분을 학업에 투자할 수는 없다. 신자유주의로 사회가 재편되면서 점점 더 많은 청소년들이 가정의 경제적 책임을 짊어지게 되었고, 이와 함께 그러한 '입학 요건'에 일반적으로 나타나는 배제의 현상은 더욱 심화되었다. 따라서 유연성이라는 원칙은 학생의 자율성을 최대한 보장한다는 의미뿐만이 아니라 역사적으로 대학교육에서 배제되었다고 할 수 있는 사회집단이 대학교육에 접근할 수 있도록 하는 데 무게를 두고 있다.

마지막으로 대학 예산의 공공적 성격을 되살리고, 그러한 공공성에 뒤따라오는 사회적 약속을 강조할 필요가 있다. 비록 현실적인 이유와 재정적 이유로 모든 공공 서비스를 국가가 부담하고 있는 것은 아니지만, 원칙적으로 국고로 지원해야 하는 것들이 있다. "대학교육의 경우가 그렇다. 교육이란 대학교육의 대상자에게 주어지는 사적인 혜택이 아니라, 다름 아닌 사회적 목적의 권리와 혜택이기 때문이다"(UACM, 2004: 8). 공공자원으로 재정 지원을 받는 공립대학은 지식을 쌓아 나가고, 학문을 전파하는 역할 이외에도, 더 정의롭고 더 민주적이고자 하는 한 사회의 요구에 부응하고, 그 사회가 봉착해 있는 문제에 대한 해결책을 함께 모색할 것을 약속한다.

3. 에스테르 오로스코의 신자유주의적 반(反)개혁

UACM의 개교 9주년을 며칠 앞둔 2010년 5월 분자생물학 박사 에스테르 오로스코가 엔지니어이자 교육학 전문가인 마누엘 페레스 로차(Manuel Pérez Rocha)의 후임으로 총장이 되었다. 마누엘 페레스 로차는 9년 동안 총장직에 있었을 뿐 아니라 대학의 설립자이기도 했다. 오로스코의 두툼한 이력서, 특히 멕시코시티 정부 요직을 두루 거쳤다는 이력이 다른 두 후보, 우고 아보이테스(Hugo Aboites)와 엔리케 곤살레스 루이스(Enrique González Ruiz)를 물리치고 대학위원회 표의 80%를 얻게 해주었다. 그러나 총장 선출 과정에서 대학위원회는 순전히 마르셀로 에브라르드 시장(임기 2006~2012년)이 이끄는 멕시코시티 정부가 사전에 짜놓은 각본 속의 꼭두각시 역할을 했을 뿐이다.

사실 오로스코가 총장에 선출된 것은 UACM의 자치권을 축소시키려는 현 멕시코시티 정부의 정치적 계산 때문이다. 2007년 멕시코시티 의회는 7억 520만 페소를 대학 예산으로 책정하는 안을 승인했으나 멕시코시티 재정부에서는 4억 6500만 페소로 삭감했다. 다음 해에는 1억 페소로 책정된 것을 6670만 페소로 삭감했다. 여기에 덧붙여 2009년에 멕시코시티 정부는 국공립대학 재정을 4.9% 삭감하기로 결정했고, 당시 민주혁명당의 마르셀로 에브라르드 시장은 UACM 재정을 2억 4520만 페소로 삭감했다(Tassinari, 2011: 3). 오로스코가 "에브라드르와 친분"을 맺고 있으니, 재정적인 문제를 해결하고 대학 프로젝트를 유지 및 강화하는 데 필요한 경제적 안정을 가져오리라는 기대감 속에서 대학위원회 대부분이 오로스코에게 표를 던졌다. 대학 공동체 일부도 위원회의 그러한 한 치 앞을 내다보지 못한 견해에 동조하여, 여러 학생과 교원들이 오로스코 총장 취임식에 마련된 에브라르드의 축사에 앞서 "우리에게 예산을 달라! 예산을!"이라고 외쳤다. 자신의 각료였던 사람이 UACM의 총장이 되는 바로 그 행사에서 시장은 중단된 재정지원을 풀어주겠노라 약속했다.

UACM 총장으로 오로스코를 낙점한 결과가 축복은 아니었다는 점이 곧 확인되었다. 총장이 멕시코시티 정부와 친밀한 관계를 맺고 있었던 덕분에 대학 예산의 2억 페소가 되돌아오게 되었지만, 대학위원회는 UACM 프로젝트를 신자유주의화하는 대가로 오로스코와 함께 '재정파

탄'에서 벗어나리라는 것을 염두에 두고 있지 않았다.[2] 그나마도 재정 문제는 상대적으로 나아졌을 뿐이다. 사실 오로스코는 임기 시작부터 국내의 주류 신자유주의 교육 모델에 해당하는 개혁을 제안하고 승인했는데, 그러한 개혁은 '자치법'에서 정하고 있는 것과 근본적으로 상충하는 것이다. 그 후에는 총장의 운영방식에 의문을 제기하는 교수, 학생, 교직원 등 모든 구성원을 억압하는 정책이 실시되었고, UACM 단일노동조합(Sindicato Único de Trabajadores de la UACM: SUTUACM)의 기조를 인정하지 않고, 대학의 자치를 거듭 침해했다. 총장직을 수행하면서 오로스코는 자기를 해임시키는 데 동조하는 대학 공동체와 연구소를 헐뜯었다.

대학본부의 반개혁 조치 가운데 강조할 만한 것은 입학 정원을 제한하지 않는 제도를 폐지하고, 대학 운영의 유연성을 없애려는 것이다. 2011년 5월 31일 대학위원회는 본래 신입생 지원제도로 여겨지던 통합과정(Ciclo de Integración)을 수정하는 데 합의했다. 이 결정에 따라 특정 전공에 등록하려면 이 과정을 수강하고 이수하는 것을 의무로 규정했다. 수백 명의 대학생이 서명하여 대학위원회 위원장에게 발송한 서신에 잘 나타나듯 "기본과정에 해당하는 강의의 신청 자격을 얻기 위해 통합 프로그램(Programa de Integración) 이수를 의무화하는 것은 실제로

2) 대학위원회의 재정기획부 책임자인 아이데에 타시나리 아스쿠아가(Aideé Tassinari Azcuaga) 교수는 2억 페소를 받아들인 것은 대학의 자치를 침해한 행위라고 못 박아 말했다. 총장은 그 침해 행위를 받아들였고 결코 문제 삼지 않았다. 그녀에 따르면 멕시코시티 정부가 제공한 금전적 자원은 UACM의 '정관(Estatuto General Orgánico)'과 '대학법(Ley de la UACM)'의 규정에 해당되지 않는 "기타로 분류된" 것이었다. 정관과 UACM 법률에서는 UACM이 예산 편성을 자유롭게 결정해야 한다고 규정하고 있다(Tassinari, 2011: 7).

올해부터 '입학 허가를 필터링'하겠다는 의미이다. 이것은 우리 대학의 기본법을 위반하는 것이다".3) 그 수정안은 대학교육에 관한 권리를 보편화하자는 오랜 숙원을 수용한 '자치법'에 위배되며, 임시로 입학시험을 실시할 수 있는 기반을 마련하고 있다. 그뿐만 아니라 학습과정의 리듬과 기간을 결정하는 학생의 자치권을 축소시켰다. 이러한 반(反)개혁은 2011년 10월 18일 여러 캠퍼스에서 발생한 시위와 파업으로 저지되었다. 대학위원회에서는 그러한 움직임을 무시할 수 없었던 탓이다.

또한 850건의 장학금 지급에 대해서도 언급할 필요가 있다. 이 장학금은 멕시코 의회의 동의를 얻어 28세 이하 평균학점 8이상인 UACM 학생 가운데 지급하도록 하고 있다. 이는 현행 UACM 장학금 지급에 관한 규칙을 위반하는 것인데, 이 규칙에 따르면 '자치법'의 취지에 걸맞게 장학금 지급요건으로 나이나 평균학점을 정하지 않고 있다. 학생에게 제공하는 혜택 여부를 그러한 기준에 따라 결정하는 것은 현행 대학 규정에 어긋날 뿐 아니라 이 프로젝트의 근본 취지인 민주적인 대학 공동체 형성이라는 목표로부터 사실상 멀어지는 일이다. 「UACM 교육 프로젝트(El proyecto educativo de la UACM)」라는 내부 문서에는 다음과 같이 적고 있다.

3) 2011년 10월 7일 자로 UACM 대학위원회 위원장에게 제출된 「UACM의 교육 모델 수정에 대한 일부 의견과 질문」에 따르면, 대학위원회 회의에서 통합 과정 수정을 주장하는 측은 장기 입학시험을 치르게 하는 것이 통합 과정의 목적임을 분명히 했다. "2011년 5월 31일 진행된 그 회의에서 쿠아우테펙 에두아르도 플로레스 소토(Cuautepec Eduardo Flores Soto) 교수는 이 프로그램이 따라야 할 기준을 다음과 같이 열거했다. 의무여야 할 것, 기초 과정에 등록하기 위해서 이수 증명서 필수, 학생이 이수해야 할 시간의 증가, 학기 평가를 통과하지 못한 학생에게는 계절학기 동안 추가로 평가를 받아 이수할 수 있는 기회를 제공할 것(Goche y Argüello, 2012: 32)."

최근 대학교육기관은 학업수행평가에 따라 경제적 포상 여부를 결정하는 방식을 도입하면서 국가가 제공하는 자원을 선택적으로 배분하는 정책을 받아들이고 있다. 이러한 정책은 교육프로젝트에 담겨 있는 지식과 교육이라는 의미보다 점수를 중요시하고, 협력보다는 경쟁으로 규정되는 개인주의적 진로 발달을 촉구한다(Pérez Rocha, 2007: 13).

평점을 기준으로 정해지는 장학금 혜택은 학생 공동체를 파편화시키고, 경쟁을 부추기고, 학생들이 일정한 성적을 얻으려 애쓰게 만든다. 이런 현상은 교육의 교환가치라는 개인적 필요보다 지식 발달이라는 목적으로 대학 공동체를 건설하겠다는 목표와 배치된다.

비록 여기서 언급한 것들이 오로스코가 총장에 취임한 후 미처 2년도 지나기 전에 도입된 반개혁의 특수한 사례들은 아니지만, 대학의 법적 근거에 위반되는가 여부와 상관없이, 전형적 신자유주의 주류 모델을 따라 본래의 대학 프로젝트를 사실상 유야무야 없애 버리려는 대학 본부의 체계적이고 의도적인 계획을 보여주는 명확한 두 가지 사례이다. 그러나 대학 프로젝트를 신자유주의화 하려는 의도 이외에도 오로스코의 빗나간 대학 행정은 총장직에 걸맞지 않은 우를 범했다. 총장은 대학 자치를 침해하는 행위를 조장하고,[4] 대학위원회와의 합의를 파기했다. 총장은 교칙이 정하는 최고행정기관인 대학 대외협력 문화 위원회(Comisión de Difusión Cultural, Extensión y Cooperación Universitaria)와 사전

4) 2011년 4월 4일과 5일 총장은 전국적 일간지 두 곳에 돈을 내고 성명서를 냈다. 그 성명서에서 멕시코시티 의회와 정부를 상대로 "예산 확보, 인재 추천, 인프라 구축 및 실험실 설치, 등록금 대폭 인상으로 UACM를 지원하는 한편, 필요한 경우에는 무책임하게 자리를 차지하고 있는 사람들을 처벌해야 할 것"이라고 공개적으로 요청했다(Asamblea Universitaria, 2011: 6).

협의 없이 대학과 관련된 공식 발표를 했다. 또한 대학 예산 9만 4464페소를 2011년 4월 4일 ≪라호르나다(La Jornada)≫ 전면 광고료로 지불하여, 대학의 이익과 직접적 관련이 없는 곳에 예산을 남용했으며, 오로스코 총장이 총장 지위를 남용하여 자신이 멕시코시티 과학기술연구소(Instituto de Ciencia y Tecnología) 소장으로 있었을 때 측근으로 일했던 사람 최소 11명을 현재 대학 직원으로 고용했다. 또한 공공자원을 총장 개인 재량으로 불투명하게 집행하여 대학 본부는 대학위원회와 협의를 거치지 않고 대학 예산 가운데 2억 페소 이상을 사용했으며, 대학 프로젝트의 구체적인 집행을 위한 프로그램을 취소하고 관련 부서를 해체하여, UACM가 전국 일간지 ≪라호르나다≫에 실었던 교육 특집을 중단시켰고, 사회협력이라는 약속을 실현하고자 추진한 사회공동체 협력(Enlace Comunitario) 프로그램을 폐지했다. 그리고 취임하기 전에 대학 행정부에서 예고했던 2개의 대학원 프로젝트에 제동을 걸었다.[5)]

위에서 말했듯 대학 행정부가 신자유주의 반개혁을 추진하기 위해서는 분열 정책을 활용하여 반발을 억누를 필요가 있었다. 지금까지 13명의 교직원이 해고되거나 정직되었고, 그 외 2명의 고용 안정성이 위협당

---

5) 대학협의회(Asamblea Universitaria)의 결정에 따라 구성된 '에스테르 오로스코 총장직 인사 철회 요구 통합위원회(Comisión de Integración del Expediente de Revocación)'는 거의 100페이지에 육박하는 문서를 대학위원회에 제출했다. 그 문서에는 "에스테르 오로스코가 공직에 몸담기에 부적합하다는 점을 포함하여, 즉각 퇴임해야 마땅한 9가지 이유가 하나 하나 적혀 있다". 다른 한편, 시사지 ≪콘트라리네아(Contralínea)≫ 2011년 10월호에 플로르 고체(Flor Goche)와 이사벨 아르구에요(Isabel Argüello)의 심층 기사가 "UACM: 에스테르 오로스코 총장의 검은 나침반"이라는 제목으로 실렸다. 더 최근에는 동일 저자들의 "UACM의 정곡을 찌르다"라는 제목의 글이 2012년 1월 17일 실렸다. 두 편의 심층 기사에는 총장이 저지른 불명예스러운 일이 몇 가지 자세히 기록되어 있다.

하고 있으며, 현재 반개혁에 맞서는 운동에 활발히 참여해온 3명의 연구교수에 대해서는 절차가 진행 중인데 아마도 해고로 결론이 날 것이다.[6] 덧붙여 대학공동체 구성원 30여 명이 멕시코시티 인권 위원회(Comisión de Derechos Humanos del Distrito Federal)에 총장과 그 측근에 대한 진정서를 제출한 상태이다. 인권위원회 3차 조사위원 루이스 히메네스 부에노(Luis Jiménez Bueno)는 다음과 같이 언급한다. "진정 사유의 양과 피해자라고 주장하는 진정인의 수를 보았을 때 이렇게 대규모의 사건은 전례를 찾아보기 어렵습니다. 더구나 이렇게 단기간에 제출된 양으로는 이례적입니다"(Argüello y Goche, 2011a). 이뿐만 아니라, 대학 당국은 '등록증'이 없다는 핑계로 현 UACM 단일노조 집행부를 인정하지 않는다. 이 등록증이란 것은 제도혁명당이 노동조합을 통제하기 위해 도입한 방식이다. 자기 이익을 옹호하기 위해 단체에 가입할 수 있다는 노동자의 합법적이고 정당한 권리를 침해하면서, 1년 6개월 이

6) 해고된 교수들은 알베르토 베니테스(Alberto Benítez), 이르마 로드리게스(Irma Rodríguez), 호르헤 부르주 로드리게스(Jorge Bourges Rodríguez), 루이스 알폰소 브리오네스 페레스(Luis Alfonso Briones Pérez)이다. 해고된 교직원들은 마리아 엘레나 무뇨스 카스테야노스(María Elena Muñoz Castellanos), 후안 카를로스 바랑코 아마도르(Juan Carlos Barranco Amador), 에두아르도 알바 킨테로(Eduardo Alva Quintero), 헥토르 네사우알코요틀 루나 루이스(Héctor Nezahualcóyotl Luna Ruiz), 마리아 훌리아 코르테스 엔리케스(María Julia Cortés Enríquez)이다. 에두아르도 모스체스(Eduardo Mosches), 이람 발베르데(Hiram Valverde), 페드로 데 레온(Pedro de León)은 교직원으로 정직을 받았다. 로사 이셀라 수사나 마르티네스(Rosa Isela Susana Martínez), 이반 고메스 세사르 에르난데스(Iván Gómez César Hernández)는 직장 내 따돌림을 겪었다. 현재 절차가 진행 중인 교수는 존 해저드(John Hazard), 클라우디오 알베르타니(Claudio Albertani), 호세 카를로스 루케(José Carlos Luque) 3명이다. Flor Goche y Isabel Argüello(2011a)에서 이 가운데 11가지 사례를 다룬다.

상 노조가입비 지급을 유예했고, 결국 행정상 부정행위로 총장을 형사 고발할 수 있었다(Ramírez, 2011: 38). 더 최근에는 총장 측근의 노조 일부가 집행부를 가장하여 위조 문서로 '등록증'을 신청했는데, 바로 이런 행위가 멕시코 노조와 관련된 은어로 차라소(charrazo)[7]라는 것이다(Muñoz, 2011: 37).

4. UACM의 학생운동: 평가와 전망

대학 프로젝트는 그 출발부터 지금까지 일련의 모순을 안고 와야 했다. UACM는 대중운동 승리의 계승자로서, 민주주의를 실현하겠다는 강한 의지를 안고 출발하여, 모든 사람에게 대학교육의 문을 연다고 약속했다. 그러나 그와 함께 출발한 대학 운영의 내부 구조는 우연이든 필연이든 그 목적에 정확히 부합하지 않았다.[8] 대학이 처음 출발할 때는 자문위원회의 이름으로 모인 저명한 지식인들과 총장이 최고 권위를 행사했다. 이 대학이 어떻게 출발했는지는 알고 있지만 대학 프로젝트의 정치적 전망까지 내다보지는 않았던 수동적이고 파편화된 학생 공동체가 형성되면서 여기에 가세했다. 초기에 이제 막 모양새를 갖추는 중이었던 프로젝트는 그다지 명확하지 않았지만 대학에 들어온 교수

---

7) 멕시코의 조합주의적 정치체제 속에서 제도혁명당은 다양한 방식으로 노조에 통제력을 행사해왔다. 차라소는 노조 지도자들과 국가기관 사이에 형성되는 협력관계를 의미한다. ―옮긴이

8) UACM의 본래 취지를 지키려는 투쟁은 정확히 2005년 대학 내 첫 번째 대의제 기관이었던 전체교내위원회를 민주화하려는 투쟁으로 거슬러 올라간다(Vega, 2006: 233~242).

들 대부분은 그 프로젝트에 대한 뚜렷한 신념과 의지를 가지고 그 일을 해냈다. 다른 한편, 초기 입학생들은 그러한 신념보다는 필요에 따라 UACM에 들어왔지만, 곧 대학 프로젝트의 가치를 소중히 여기게 되었다. 말 그대로 그들은 벽돌을 쌓는 것을 보면서 학교를 다녔는데, 이런 상황은 학생들이 임대 건물에서 수업을 들어야 하는 등의 열악한 환경을 견뎌야 했다는 의미이다. 또한 주류 대학들 사이에서 "그렇고 그런 학생들"이 모인 "무늬만 대학"[9]이라는 평판을 듣는 프로젝트의 실험대상이 된다는 낙인도 견뎌야 했다는 의미이다. UACM는 양적으로 빠르게 성장했고, 이로써 본래 프로젝트의 취지를 완전히 잃어버렸다. 양적으로 빠르게 성장하면서 교원의 수도 빠르게 늘어났고, 교수진이 프로젝트에 대해 가졌던 신념은 부차적인 것으로 밀려났다. 그리고 대학에 입학한 학생들은 인내의 소중함을 알려주는 결핍에 더 이상 시달리지 않았고, 이제 다 지어진 대학과 안정된 제도 속에서 학교에 다니게 되었다.

그러나 프로젝트 본래의 취지가 다소 무색해지는 이러한 경향은 곧 반대 흐름과 맞닥뜨리기 시작했다. 사실 대학 프로젝트를 무력화시키고 길들이려는 대학 행정부의 시도는 역설적으로 지난 10년 동안 대학 내에서 실현되지 못하고 있었던 두 가지, 학생 정체성의 형성과 내부 운영기관의 민주화에 대한 요구에 물꼬를 텄다. 사실 대학 본부는 대학협의회를 구성한 학생, 교원, 교직원의 거센 반발과 마주쳐야 했다. 대학협의회는 강의실 차원을 넘어 학생, 교원, 교직원이라는 세 부문을 연결시킬 수 있었다는 점 이외에도, 무엇보다 대학 프로젝트의 본래 취지가 얼마나 중요하고, 그것이 신자유주의 시대에 어떤 정치적 함의

9) Leo Zuckermann(2010)가 UACM와 학생들을 이렇게 평가했다.

를 갖는지 학생들이 의식하고 있다는 전제를 깔고 있었다. 이 두 가지 요소가 UACM 학생 정체성을 형성하는 데 기여했다.

개교 10주년을 며칠 앞두고 그 운동은 정점에 이르렀다. 2011년 3월 25일 멕시코시티 의회 교육위원회(Comisión de Educación de la Asamblea Legislativa del Distrito Federal: ALDF)는 '자치법' 개정안을 승인했다.[10] 이 개정안에는 총장의 재임용을 허용하고, 총장의 신임에 따른 인사권을 허용하는 내용이 들어 있었다. 그 즉시 모든 캠퍼스를 아우르는 대학협의회가 구성되었고, ALDF의 전횡에 반대하는 운동을 조직했다. 같은 달 29일 수천 명의 UACM 학생들이 ALDF 앞에 모여 대학 자치권 침해에 맞서 시위를 벌였다. 이 시위로 대학 자치를 침해하는 ALDF의 월권 행위를 저지하는 데 성공했다. ALDF 위원장이 수정안을 통과시키지 않겠다고 직접 선언하도록 만들었던 것이다.

그러나 학생시위와 UACM 대학위원회가 ALDF의 전횡을 주춤하게 만드는 사이에 총장인 오로스코는 바로 그 자신이 총장으로 있는 대학 공동체를 상대로 새로운 전선을 그었다. 이때는 대학 프로젝트를 신자유주의화하려는 시도가 아직 분명해지기 전이었다. 2011년 4월 4일부터 총장은 UACM를 "혼란의 도가니", "사기 치는 교육", "실패한 방법"(Orozco, 2011: 15) 등으로 평가하며 언론 플레이를 시작했다. 이런 발언은 대학위원회를 포함해 대학 공동체를 경악에 빠뜨렸다. ALDF의 전횡에 반대하며 형성된 학생운동세력이 대학의 명예를 실추시키는 그러한 대학 본부의 행태를 재빨리 저지하고 나섰다. 대학위원회에 오

---

10) Comisión de Educación de la Asamblea Legislativa del Distrito Federal V Legislatura, Reunión de Trabajo, Versión estenográfica, 25 de marzo de 2011. 의회의 결정사항은 여러 매체를 통해 공개되었다(Llanos, 2011).

로스코 퇴진을 요구하는 탄원서에 서명하기로 여러 캠퍼스의 대학협의회가 뜻을 모았다. 3900명이 넘는 사람들이 이 문서에 서명했다. 더구나 대학위원회 본 회의에 단과대, 학과, 재학생, 졸업생, 교수 등의 명의로 수많은 성명서가 제출되었고, 오로스코의 해임을 요구하기 위해 상징적인 본관 점거가 이루어졌다. 대학위원회는 4월 11일 총장의 공식 발언을 부정하는 성명서를 발표했다. 나중에 명백히 밝혀졌듯이 총장이 대학의 명예를 실추시키는 발언을 했던 것은 다름 아닌 대학 프로젝트에 대한 근본적인 반개혁의 출발을 알리는 것이었다.

갈등이 촉발된 2011년 3월부터 2012년 초인 현재까지 이 운동이 계속되고 있는데, 3월부터 5월까지 정점으로 치달았다가 작년 6월부터 진정 국면으로 접어든 후에 다시 상승세를 타지 못하고 있다. 다만 10월 중순에 1일 파업을 성사시키면서 살짝 활기를 되찾은 시기가 있었지만 3개 캠퍼스에서만 파업이 이루어졌고, 하강 국면을 돌이킬 만큼 그 흐름을 유지시키지는 못했다. 대학협의회는 두 가지 역량을 갖추고 있음을 보여주었다. 일단 갈등을 대외적으로 표면화시킬 줄 알았다. UACM 프로젝트를 지지하는 타 대학 교수들의 비판적 목소리에 기대고 민중 세력과 연대함으로써 대중 미디어의 포위망을 뚫고 학내 갈등을 외부로 표출하는 능력이 있었다. 그리고 총장의 도발에 일일이 끈질기게 행동으로 대응할 줄 알았다.

그럼에도 한발 앞서간 것은 대학 본부였다. 2011년 3월 당시 대학 공동체 대부분과 대학위원회가 대학 본부에 정면으로 맞서는 입장을 공개적으로 표명함으로서, 대학 본부는 막다른 길에 몰렸다. 그러나 6월 현 대학 본부는 대학위원회 내부의 권력관계를 뒤바꾸는 데 성공하면서 그 위기의 순간을 모면하고 새로운 국면을 맞이했다. 그 덕분에 최근 2년 동안 대학 프로젝트를 점진적으로 해체해 나갈 수 있었다.

직장 내 따돌림, 부당 해고, SUTUACM 불허 등의 조치는 대다수의 교원들 사이에 두려움을 조장하는 데 꽤나 성공해서, 동료가 해고되고 대학 프로젝트가 흐지부지 되는 속에서도 별다른 행동을 취하지 못하고 방조자로 머물러 있게 만들었다. 현 총장의 공격적인 반개혁으로 학생 사회 전반에서는 불만이 터져나오고 있다. 그럼에도, 이러한 공격은 학생들의 다양한 입장을 이용해 분열 정책으로 반발을 잠재우려 할 뿐만 아니라, 장학금 확보를 "중점 정책"으로 제시하여 학생 일부를 움켜쥐고 꼼짝하지 못하게 하고 있다. 비록 현 학교 행정에 대해 비판적 입장을 견지하고 있지만 혹시 장학금 혜택을 받을 수 있을까 하는 기대로 두 손을 놓고 있는 것이다.[11]

대학 본부는 이러한 "중점 정책"이 불만을 잠재울 용도로 쓰이는 투자라는 것을 알고 있었다. 이것 없이는 반개혁을 진행하는 데 필요한 수동적인 동의나마 얻어내기 어려울 것이라는 점을 알고 있었던 것이다.

멕시코 교육의 신자유주의화 과정과 대학 본부의 전략이 서로 앞서거니 뒤서거니 하고 있다는 점을 잠시 이야기해둘 필요가 있다. 1999~2000년 멕시코국립자치대학교(UNAM)의 파업은 신자유주의 프로그램을 한 번에 밀어붙이려던 정통적인 전략에 제동을 걸었다. 반개혁의 목표는 멕시코의 가장 의미 있고, 중요하며, 유서 깊은 대학의 공공성을

11) 학생들의 논문 작성과 연구 프로젝트에 대해 재정적인 지원을 한다는 행정부서의 공지가 여기저기서 학생들의 열띤 호응을 불러왔다는 점을 눈여겨봐야 한다. 그런 지원이 논문 작성과 연구를 진행하는 첫 걸음이다. 그러나 이러한 학문 활동에 배정된 예산은 2000만 페소에 불과했고, 3400만 페소는 멕시코시티의 살바도르 공화국(República del Salvador) 거리에 있는 건물 리모델링에 쓰였다. 에스테르 오로스코의 보고서에 따르면 그 건물은 UACM 본관으로 사용될 것이다(Tassinari, 2011: 9).

제거하는 것이었다는 점을 우리는 기억하고 있다. 그러나 1999년 파업은 학생운동의 일부 승리였다. 그 이전 10년 동안 신자유주의 반개혁 전략은 점진적으로 부분별로, 유연하게 진행되어왔고, 그때까지 그 흐름을 거스르지 못했다. 사실 각 대학의 조건에 따라 대학교육은 점진적으로 해체되어왔다. 어느 전공의 교재가 바뀌고, 어느 단과대학 어느 전공의 학습과정이 바뀔 뿐 대학의 사유화에 대해서 말하지는 않지만, 예전에는 단순히 신분증이었던 학생증이 이제는 '포인트 적립 카드' 기능도 한다. 사립교육기관의 자격증 이수과정, 연수과정, 직업교육과정을 통해 '새로운 형태의 졸업증'이 등장한다. 등록금에 대해서는 이야기하지 않지만, 다른 부대비용이 몇 페소씩 오른다. 노조에 적대적인 이야기를 드러내놓고 하지는 않지만, 정규직 교원 계약은 임시직 계약으로 전환되고, 몇 개월 단위의 임시직 직원들은 용역계약으로까지 내몰린다. 사기업과 계약하고 특허를 낀 연구는 사유화되고 있다.

현 정세에서 에스테르 오로스코가 신자유주의 반개혁을 점진적이지만 뚜렷이 진전시킬 수 있었던 것은 기본적으로 대학협의회가 '운동' 전략을 취하면서 출발했고, 그 출발점을 극복하지 못하고 있기 때문인 것으로 풀이된다. 갈등이 촉발되었을 때 대학 공동체의 신속한 대응은 ALDF의 전횡을 막기 위한 최선의 방법이었다. 그럼에도 대학 프로젝트를 점차 무용화시키려는 시도를 저지하는 데 시위만으로는 부적절하고 불충분하다. 부적절한 것은, 그것이 불가능한 것은 아니라 해도 장기간에 걸쳐 소소한 수확물을 거두며 천천히 전진해 나가는 반개혁의 전략에 맞설 만한 운동의 동력과 에너지를 유지하는 것이 매우 어렵기 때문이다. 따라서 대학협의회가 다양한 행동을 취하고, 발의안을 고집해왔다 할지라도 총장의 반개혁을 저지할 수 없었다. 서면 항의, 요청, 요구, 사무실 점거, 여러 캠퍼스에서 동시다발적으로 진행된 파업, 시위, 문화제 등으로는 충분하지 않았다. 필요한 추동력을 마련했을지라도 우선적 과제를 선별할 수 있게 해주는 방향 설정과 장기적 전략으로 불필요하게 힘을 소모하지 않아야 하는데, 이것 없이 순수 운동에 목을 매는 것으로는 원하는 결과를 얻을 수 없기 때문이다. 특히 지금까지처럼 대응 차원에서 방어하는 방식에서 벗어나, 정부기관 내부에서 강한 목소리를 낼 수 있도록 힘을 쏟고, 특히 대학 강의실과 복도에 관심을 쏟는 장기적 전략을 수립할 수 있을 최소한의 조직구조를 갖추지 않는다면 원하는 결과를 얻을 수 없음은 자명하다. 대학 본부에서 현재 전개하는 '참호전'에 맞설 최선의 전략은 앞만 보고 나가는 싸움이 아니라 장기적이고 복합 전선을 구축하여 전진과 후퇴를 함께 하는 투쟁이어야 한다.

장기적 총파업을 성사시키기 위해 힘을 모으는 것이 대학 프로젝트를 신자유주의화하려는 현 대학 행정부의 시도에 종지부를 찍으려는 대학협의회의 전략적 목표가 되어야 한다. 대학협의회 또는 그 상위 조직은 총장 퇴진을 요구하는 데 서명한 수천 명의 학생과 수백 명의 교수들을 기반으로 삼고 있다. 대학협의회는 수십 명의 대학위원회 위원들이 아니라 자기의 기반을 믿어야 한다. 동전은 던져졌다. 오로스코 총장은 이미 한 번 재선 가능성을 열어보려고 시도했는데, 이 시도가 성공하지 못한다면 2년 임기만 남은 셈이고, 이 기간 동안 본래 UACM 프로젝트를 최대한 보존하려고 노력하는 방어적인 '운동' 전략을 연장시키는 데 승부를 걸거나 아니면, 대학협의회의 구성을 바꾸어 총장을 퇴진시키고, 대중투쟁이 지닌 힘을 보여주는 표본이자 주류 교육 모델에 대한 대안으로 등장한 이 프로젝트를 강화시킬 만한 충분한 힘을 모으는 데 승부를 거는 것이다.

오는 7월 멕시코시티 시장 선거는 틀림없이 이 갈등을 새롭게 규정하는 데 결정적인 요소로 작용할 것이다. 민주혁명당 내부에서는 실제로 '현대적이고 책임감 있는 좌파'라는 마르셀로 에브라르드의 정치 기획을 계속 끌고 갈 인물로 미겔 앙헬 만세라(Miguel Ángel Mancera) 후보를 지목했다. 이번 멕시코시티 정부(2006~2012년)는 UACM 내부 사안에 대한 지나친 간섭과 UACM을 정치적 전리품으로 삼으려는 태도를 보였을 뿐만 아니라 사유화 정책을 일반적 기조로 삼았는데,[12] 그 결과 멕시코시티 시민들 대부분의 눈에는 제도혁명당과 국민행동당이라는 경쟁 정당 사이의 정책 차이가 사라져버리게 되었다. 이러한 행태는 좌파를 표방하기는 하지만 선거에 기대어 유지된, 다시 말해 사회 투쟁과는 거리가 먼 정당의 존재 방식이다. 이런 정당은 대안을 약속하고, 체제를 안정화시킬 '책임감 있는' 태도를 가지려 하지만 동시에 변혁적 내용은 비워내 버린다(Vargas, 2007: 261). 이러한 상황에서 UACM 학생운동처럼 좌파의 관점에서 에브라르드 정부의 행태를 비난하는 꿈틀거리는 힘은 '다루기' 어려운, 언제 폭발할지 모르는 위험 요소이다. 만약 그 힘이 폭발한다면 UACM를 둘러싼 갈등의 고리를 끊는 것만큼이나 시장 선거에서도 예상 밖의 결과를 가져올 수 있다. UACM 학생운동은 이러한 정세를 잘 활용해야 한다. 선거가 끝났을 때도 총장이 계속 그 자리에 있다면 그 다음에 그 자리에서 끌어내리기는 더 어려워질 것이다.

UACM 운동은 승리를 거둔 대중운동을 자랑스럽게 계승하고 있으며, 오랫동안 교육기회를 갈망했던 멕시코시티 소외계층의 바램을 이어받

---

12) 한 가지 사례는 동부고가도로(Supervía Poniente)로 더 잘 알려진 유료도심고속도로(Autopista Urbana de Peaje) 건설과 지하철 12호선 신축을 위한 토지 징발인데, 건설 공사에 참여하는 다국적 기업들의 입장에서는 짭짤한 수입을 올리게 된다. 상하수도 사업에 사기업 투자를 허용하는 계획안에서도 마찬가지다.

고 있다. 학생운동은 종종 자기권리 회복이라는 협소한 틀에 갇혀버리곤 하는데, 그 틀을 극복하고 대중적 갈망에 담겨 있는 정치적 의미를 이해해야 한다. 사실 교육 부문에 대한 신자유주의적 반개혁은 이미 쟁취한 권리를 사라지게 만들 뿐 아니라 교육을 자본 축적을 위한 새로운 공간으로 만들려 한다. 공동의 자산과 권리를 빼앗음으로써 교육을 자본의 순환 고리 속으로 밀어 넣으려 한다. 학생운동은 데이비드 하비(Harvey, 2004: 111)가 말하는 "강탈에 의한 축적"에 저항하는 투쟁의 스펙트럼에 들어가 있다. 강탈에 의한 축적이란 현대 자본주의 재생산의 중심축이다. 이런 의미에서 현재 공교육을 위한 투쟁은 현재 라틴아메리카 전체와 이 나라의 자본 축적 경향을 지탱하고 있는 기반들 가운데 하나를 허물어버릴 작정으로, 사회 한 부문의 요구에서 정치적 요구로 전환될 수 있는 힘을 가지고 있다.

하지만 그것이 모든 학생운동의 현재적 가능성이라면, 마찬가지로 그 한계도 인정해야 한다. 공교육을 위한 투쟁들은 역사상 주류였던 체제를 극복하고자 힘을 쏟고 있지만, 이것은 다른 힘들과 결합되었을 때만 가능할 것이다. 강탈에 의한 축적에 저항하는 투쟁의 현재적 중요성에도 불구하고 계급투쟁처럼 확대재생산에 대항하는 투쟁이 동시에 전개되고 있으며, 반자본주의 투쟁이 지니는 이러한 두 가지 측면 가운데 한 가지라도 소홀히 취급한다면 자본주의를 극복하려는 노력이 약화된다는 점을 잊어서는 안 된다.

> 자본축적은 사실 이중적 성격을 지닌다. 그러나 확대재생산과 강탈에 의한 축적이라는 두 가지 측면은 유기적으로 연계되어 있으며, 변증법적으로 얽혀 있다. 확대재생산의 영역에서 나타나는 투쟁들을 (전통 좌파가 이러한 투쟁을 특히 강조해왔다) 강탈에 의한 축적에 반대하는 투쟁들과

맺고 있는 변증법적 관계 속에서 바라보아야 한다(Harvey, 2004: 136).

유일하게 전 세계적으로 동시다발적으로 확산되며 터져 나온 학생 소요에 대해 평가하며 에릭 홉스봄(Eric Hobsbawm)이 얻은 교훈은 이제 막 시작된 이번 세기에서도 유효하다. “1969년과 1970년까지 이어진 1968년의 사건이 혁명이 아니었던 이유, 절대 혁명이 될 수 없을 것처럼 보였던 이유는 학생들이 아무리 많이 운집하고 시위를 활발히 조직했다 해도, 그들 홀로 혁명을 할 수는 없었기 때문이다”(Hobsbawm, 2010: 301).

참고문헌

Aboites, Hugo. 2007. "La crisis de la nueva educación." en *El Proyecto Educativo de la UACM.* México: UACM.

Albertani, Claudio. 2011. "Demasiado poco, demasiado tarde. La rectora, la grilla barata y la autonomía." <https://lists.nolineal.org.mx/pipermail/urbietor bis/2011-April/006334.html>

Asamblea Universitaria. 2011. *Expediente de Revocación.* México: UACM.

Escudero, Juan. 2011. "Crisis en la UACM." *Acción Revolucionaria,* No.16, agosto-septiembre. México.

García, Elma del Carmen Trejo et al., "Alianza para la Seguridad y la Prosperidad de América del Norte(Aspan)." *México, Cámara de Diputados LIX Legislatura*, julio de 2006.

González, Enrique. 2011. "Algunas observaciones sobre la crisis en la Universidad Autónoma de la Ciudad de México(UACM)." <http://es.scribd.com/doc/71512212/Algunas-observaciones-sobre-la-crisis-en-la-UACM-Enrique-Gonzalez-Rojo-Arthur>

González Ruiz, José E. 2012. "Los docentes de la UACM no somos servidores públicos." *Contralínea*, No.265, 1 de enero. México.

Goche, Flor y Argüello, Isabel, 2011a, "UACM: Bitácora negra de la rectoría de Esther Orozco." *Contralínea*, No.256, 23 de octubre. México.

_____. 2011b. "La disputa por la UACM." *Contralínea*, No.263, 11 de diciembre. México.

_____. 2012. "Los golpes al corazón de la UACM." *Contralínea*, No.267, 15 de enero. México.

Granados Chapa, Miguel A. 2011. "La rectora Orozco." *Reforma*, 13 de abril. México.

Harvey, David. 2004. *El Nuevo Imperialismo*. Madrid: Akal.

Hobsbawm, Eric. 2010. *Historia del SigloXX.* BuenosAires: Crítica.

Llanos, Raúl. 2011. “Por consenso, reforma a la UACM: partidos.” *La Jornada*, 5 de abril. México.

López, Juan(coord.). 2008. “¡Prepa sí, cárcel no! Un sueño, una lucha para la educación(1982~1992).” <http://www.uacm.edu.mx/Sedes/GerardoPrepas/tabid/2840/Defau lt.aspx>.

Muñoz, Patricia. 2011. “Descubren en UACM intento de charrazo.” *La Jornada*, 19 de enero. México.

Orozco, Esther. 2011. “A los Universitarios, a la ALDF, a la opinión pública.” *La Jornada*, 4 de abril. México.

Pérez Rocha, Manuel. 2002. “El proyecto de la Universidad de la Ciudad de México.” conferencia en la Universidad Nacional Autónoma de México del 7 de junio. <http://www.alternativaeducativa.df.gob.mx/foros/mperez.html>

_____. 2011. “Educación contra la corriente. Parte III.” *La Jornada*, 7 de abril. México.

Poy, Laura y Olivares, Emir. 2011. “Insisten aspirantes rechazados en que se incrementen espacios educativos.” *La Jornada*, 5 de agosto. México.

Ramírez, Bertha Teresa. 2011. “Exculpan a la rectora de la UACM.” *La Jornada*, 31 de mayo. México.

Rodríguez, Roberto. 2011. “La crisis de la UACM.” *Campus Milenio*, No.411. México.

Rodríguez, Tanía y Sermeño, Ángel. 2006. “Pensar la universidad, hacer universidad. Entrevista con Manuel Pérez Rocha.” *Andamios*, Vol.3, No.5, diciembre. México: UACM.

Santillana, Arturo. 2011. “La UACM y la república de las letras.” *Metapolítica*, Vol.15, No.74, julio-septiembre. México.

Stolowicz, Beatriz. 1999. “Los estudiantes de 1999: un nuevo actor.” *Vientosdelsur*, No.16, diciembre. México.

Tassinari, Aideé. 2011. “La crisis de gobierno en la Universidad Autónoma de la Ciudad de México. Parte I.” <http://www.uacm.edu.mx/Portals/71/active

forums_Attach/La_crisis_de_gobierno.pdf>

Trejo, Rubén. 2011. "Paradoja histórica. Esther Orozco: destacada científica, ineficiente rectora." <http://bit.ly/A5qota>

Universidad Autónoma de la Ciudad de México. 2004. *Ley de la Universidad Autónoma de la Ciudad de México*. México: UACM.

_____. 2007. *El proyecto educativo de la UACM*. México: UACM.

Vargas, Juan. 2007. "La izquierda mexicana: institucionalización y crisis." en Stolowicz, Beatriz(coord.). *Gobiernos de izquierda en América Latina: Un balance político*. México: Aurora.

Vega, Ricardo. 2006. "El Consejo General Interno." en M. J. Rodríguez, O. Campuzano y Verónica Puente(coords.). *I Foro sobre educación en la UACM*. México: UACM.

Villamil, Jenaro. 2010. "Relación 'agotada'." en *Proceso*, No.1742, 21/3/2010.

Zuckermann, Leo. 2010. "Desastre de Modelo Universitario." en *Excélsior*, 28 de abril. México.

제14장

멕시코의 환경 수호 운동

공유재산 강탈에 맞선 다양한 저항들

미나 로레나 나바로 _김용호 옮김

미나 로레나 나바로는 이 글에서 최근 멕시코에서 벌어지고 있는 환경 수호 운동을 분석했다. 이 글은 공유재산의 개념 분석에서 시작해서 공유재산을 두고 다투는 적대적 관계를 중점적으로 분석한다. 자본은 공유재산을 뺏기 위해 다양한 방법을 동원하고 민중 역시 이에 맞서 다양한 방어 전략을 구사한다. 저자에 따르면 공유재산이란 시장논리가 아닌 공동체의 사회적 행위가 구현되는 일상적인 기반이다. 자본의 수탈은 다양한 형태로 언급되며, 그중 가장 뚜렷한 형태가 바로 채굴주의 정책이다. 그러므로 환경 수호 운동은 약탈 자본과 민중의 적대적 관계를 드러내는 가장 분명한 본보기다. 민중에게 공유재산이란 돈으로 가치를 매길 수 없는 것이기에 매각할 수 없다. 그래서 그들은 약탈 자본에 맞서 공유재산 수호에 나선 것이다.

미나 로레나 나바로 Mina Lorena Navarro 멕시코국립자치대학교(UNAM) 사회학과 교수로 재직 중인 여성 사회학자다.

* 이 글은 ≪OSAL≫ 32호(2012년 11월)에 실린 글을 옮긴 것이다.

1. 서론

최근 라틴아메리카 대륙 곳곳에서 공유재산에 대한 강제수용과 수탈이 다양하게 진행되고 있다. 각국은 개발정책을 개정하면서까지 공유재산 수탈에 나서고 있다. 그래서 사회적 갈등, 특히 환경문제로 인한 갈등이 증가하고 있는 것이다. 우리는 멕시코에서 발생하고 있는 다양한 사회 갈등[1]에 대한 이해를 돕고자, 공유재산을 둘러싸고 자본과 민중이 벌이고 있는 대립관계의 핵심들을 제시하고자 한다. 우리는 다음과 같은 방식으로 일련의 논거들을 제시해 나갈 것이다. 우리는 먼저 공유재산의 개념과 다양한 존재 형태들을 살펴볼 것이다. 그런 뒤 공유재산을 강제적으로 수용하기 위해 자본이 동원한 다양한 수탈 방법과 그 특징들을 살펴볼 것이다. 이후 이러한 수탈에 맞서고 있는 민중들의 다양한 저항운동들을 살펴본 뒤, 마지막으로 공유재산을 수호하기 위해 민중들이 벌이고 있는 사회계몽 운동을 고찰해볼 것이다.

---

1) 이 글은 박사논문의 일부로 멕시코 환경투쟁에 관한 2008~2011년의 인터뷰들을 정리한 것이다. 대부분의 사례들은 시골 또는 준도시 지역 원주민 공동체들의 투쟁 경험이며, 여기에 멕시코 서부 과달라하라 시의 '삶의 도약(Un Salto de Vida)'이라는 공동체의 경험을 합친 것이다. 이곳에 발표된 사례들은 지역구성원과 시민운동가 및 학자들이 함께 토론하고 성찰한 결과물이다. 이 토론에는 세르히오 티슐러(Sergio Tischler), 라켈 구티에레스(Raquel Gutierrez), 클라우디아 캄포스토(Claudia Camposto), 엔리케 피네다(Enrique Pineda), 다니엘레 피니(Daniele Fini) 등이 공동으로 참여했다.

2. 공유재산의 개념

자본과 공유재산 사이의 갈등을 다루기 위해선 먼저 공유재산에 대한 개념부터 이해해야만 한다. 공유재산은 지역공동체의 공동재산으로, 광범위한 일상생활 곳곳에서 표출되는 모든 것이다. 그것은 시장이나 국가의 논리가 아니라 사회적 관행을 통해서 표출된다. 협동 작업을 통해서 공동으로 생산하고 공동으로 소유하는 공동체의 관습을 통해 실현되는 것이다. 그러므로 자본이 공유재산의 존재 자체를 부정할 경우, 민중들은 강력하고 구체적으로 저항한다. 비록 공유재산 각각이 서로 다른 다양한 역사적 배경을 지니고 있을지라도 말이다.

그래서 우리는 공유재산을 자본에 대한 비판, 자본에 대한 투쟁으로 간주한다. 공유재산은 자본의 형태를 부정함으로써만 존재하기 때문이다. 모든 것을 상품화하는 자본주의 사회에서 공동으로 소유한 물질이란 필연적으로 불안정하고 취약할 수밖에 없다. 그러므로 공유재산에 대한 자본의 다양한 수탈 형태들은 자본에 대한 기존 비판들을 자연스럽게 조망하게 만든다.

우리는 자본의 약탈에 직면한 공유재산 수호가 정치의 새로운 패러다임, 즉 새로운 유토피아적 지평을 제공한다고 생각한다. 가치평가를 유도하는 자본의 다양한 조정능력 대신에 자본을 부정하고 전복시킬 수 있는 공동체의 사상이기 때문이다. 공동체의 행동을 실천하고 재건하며 널리 유포하는 정책인 것이다.

어쨌든 이 세상에는 공동체의 다양하고 복잡한 재산이 존재한다(Hardt & Negri, 2011: 10). 거기에는 지역 공동체에만 존재하는 물, 대지, 숲과 같은 생태적인 재산도 있고(Dyer-Witherford, 2007), 전 지구적 공유재산인 대기와 바다도 있다(Madrilonia, 2011: 57). 공공적인 복지·보건·교육 서비스의 제공이나 공용 네트워크인 미디어·가상공간·인터넷 망과 같은 사회적 재화도 있다(Dyer-Witherford, 2007). 공유재산은 지식·언어·기호체계·정보 등 상호작용, 즉 사회적 생산의 결과물로서 존재한다(Hardt & Negri, 2011: 10). 결국 공유재산이란 다이어 위더포드(Dyer-Witherford)의 언급처럼 생태적인 것, 사회적인 것, 네트워크의 범위 등과 밀접한 관계가 있는 것이다. 하지만 거기에 공동체의 부를 생산하고 재건하는 과정과 그 과정에서 분출된 정치적 갈등도 덧붙여야만 한다(Simone y Giardini, 2012).

2000년에서 2012년까지 최근 십여 년간 멕시코는 비센테 폭스와 펠리페 칼데론의 국민행동당이 집권했다. 그들은 다른 두 거대 야당인 제도혁명당과 민주혁명당의 협력을 얻어 자원개발정책을 지속·심화시켰다. 이로 인해 멕시코 전 지역에서 환경문제로 인한 갈등이 매우 빠르게 증가하고 있다. 이런 상황에서 우리는 이 글을 통해 이 기간에 진행된 멕시코의 다양한 수탈 행위 및 이에 저항하는 민중들의 환경수호 투쟁, 즉 그들의 생태적 재산을 지키기 위해 투쟁하는 모습들을 보여주려고 한다. 특히 그 과정에서 자본과 민중의 정치적·경제적 대결 부분에 초점을 맞추려고 한다.

3. 공유재산의 다양한 약탈과 강제수용

우리가 다양한 약탈이라고 말하는 것은 자본이 공유재산을 강제로 수용하기 위해 수많은 방식을 사용하기 때문이다.[2] 다음에 소개할 내용

2) 약탈의 다양한 방식을 분석하게 되면 문제의 복잡성을 단순화하는 데 도움이

은 자본축적의 형태, 수준 및 전략과 관련한 기존 연구들의 인용으로, 마르크스를 포함해서 다양한 학자들이 발전시켰던 내용들이다. ① 우리가 아는 본원적 축적이란 사람을 생산수단으로부터 강제적이고 폭력적으로 분리시킴으로써 이루어진다. 이후 구체 노동에서 추상 노동으로의 전이가 이루어진다. 즉, 자본에 대한 포섭을 통해 생활 노동을 가치평가 과정이라는 종속 과정에 편입시킨다.[3] ② 휴경지 수용을 통해 이루어진 자본주의 축적은 잉여가치로 변모했다. 정해진 시장 규칙 하에서 노동 능력이 있는 사람이 토지로부터 불가피하게 분리되었으며 본원적 축적이 반복적으로 이루어졌다.[4] ③ 정치적인 약탈은 민족자결, 즉 국

된다. 또한 자본축적의 가능성과 전략을 파악하는 데도 유용하다. 하지만 약탈행위들은 모두 동일한 과정의 일부로서 발생한다.

3) 본원적 축적이란 마르크스의 용어다. 이는 농민을 갑작스럽고 폭력적인 방법으로 생산수단으로부터 분리시켰던 인클로저 운동을 통해 이루어졌다. 16세기 유럽에선 이를 통해 자유로운 임금노동자, 즉 프롤레타리아를 노동시장에 대규모로 방출했다(Marx, 2008). 하지만 이러한 움직임은 마시모 데 안젤리스(Massimo de Angelis, 2001)의 지적처럼 지본주의 확장 과정에서 지속적으로 발생했다. 그래서 하비는 약탈로 인한 축적은 자본주의의 시작이었을 뿐만 아니라 오늘날까지도 지속되는 과정이라고 말한다(Harvey, 2004: 116).

4) 하비는 약탈 형태를 언급하기 위해 자본성장과 잉여가치 창출을 '확대재생산'이란 용어를 통해 설명했다. 확대재생산을 약탈에 의한 축적과 구분 짓기 위함이었다(Harvey, 2004). 본펠드(Bonefeld)는 본원적 축적이란 끊임없이 재생산되어야만 하는 본질적 전제로서, 언제나 확대재생산 틀에서 출현한다고 강조한다(2001a, 2001b). 그러므로 두 과정 사이에는 시간적 또는 지리적 구별이 없다. 단지 첫 번째가 자본주의적 사회관계와 시간의 흐름에 따라 개발이 재생산되도록 하는 조건의 토대일 것이다. 본원적 축적은 거주민들을 생산수단으로부터 분리시키는 만큼, 체제의 요구를 '자연법'처럼 수용하지 않는 사회세력들 앞에서 계속해서 강화되어야만 하는 영구적인 전제로서 각 거래관계에 감춰져 있다. 그렇지 않으면 자본주의 재생산 토대를 위태롭게 만들기 때문이다. 노동계급의 역사적 투쟁은

가라는 표상 논리에 의해 부당하게 합리화되었다. 이것들 중에서 ①과 ②는 자본축적의 경제 형태와 관련이 있는 반면, 마지막 ③은 정치 형태와 관련된 내용이다.

자본축적과정에서 진행되는 생산자와 생산수단의 분리란 공유재산이 강제로 수용되면서 상품으로 바뀌는 과정을 의미한다. 상품은 공유재산에 딸린 사용가치를 물신화한다. 이런 모순적인 현실에는 교환가치와 사용가치 사이의 갈등이 내재적인 방식으로 감춰져 있다. '노동의 이중성', 즉 추상 노동과 구체 노동 사이의 갈등이 숨겨져 있는 것이다.

자본주의에서 구체 노동은 추상 노동의 형태로 전이되며 생산된 상품과 생산행위는 다시 추상화된다. 노동은 이제 사용가치를 생산하려 하지 않고, 상품교환을 위해 교환가치만을 생산하려 한다. 이제 노동자는 타인의 생산품과 관계를 맺게 된다. "추상 노동이 돈을 벌기 위해 행하는 노동인데 반해, 구체 노동이란 공동체의 운명을 자율적으로 결정하기 위해 실현하는 노동이다"(Holloway, 2011: 225). 체란(Cherán) 공유지에 사는 청년이 언급했던 것처럼, "자본주의에서 인간은 생존하기 위해서가 아니라 돈을 벌기 위해 노동한다".5)

명확하게 그런 수용에 대한 단절, 수요와 공급의 법칙에 대한 불응, 사물의 일상적인 과정에 대한 비종속을 나타낸다. 계속된 사회저항에 맞서 자본은 상호 연관된 두 가지 초경제적인 전략을 사용한다. 그것은 바로 이데올로기와 폭력이다.

5) 2011년 4월부터 미초아칸(Michoacán)의 체란 지역 푸레페차(purhépecha) 공동체는 탈라몬테(talamonte)의 조직적인 범죄를 저지하기 위해 자경단체를 구성했다. 탈라몬테들은 숲의 목재를 벌목할 뿐만 아니라 절도와 강도 및 납치범죄까지 저질렀다. 그들이 저지른 범죄로 인해 2만 7000헥타르의 삼림이 7000헥타르만 남을 정도로 황폐해졌다. 체란 주민들은 숲을 지키기 위해 실제적인 참여 형태를 구성했다. 그들은 전통과 관습에 따라 집단적인 의사결정구조를 갖췄으며, 이에 대한 정부 승인까지 획득했다.

구체 노동의 추상화를 통한 공유재산 강탈과 생계수단의 강제수용으로부터 새로운 형태의 사회화와 같은 공식적인 경제의 억압이 등장한다. 사람들이 서로 간에 시장, 즉 상품교환을 통해 관계를 맺기 시작하는 것이다(Holloway, 2011: 141). 사람들을 자연에서 분리시킴으로써 시장경제가 이식되고 확장된다. 그런 뒤 재생산에 필요한 물질적 조건이 발생하도록 인간의 생산능력을 파괴하고, 노동과 관련해서 타율성을 부과한다. 시장경제는 설령 자연과 공동노동에 의존할지라도 그것을 부정하고 감추며 침묵하고 배제한다.

구체 노동의 소외와 함께 공동체가 보유한 대지, 즉 천연자원의 약탈이 일어난다. 자본이 지닌 약탈의 문법에 의하면 자연은 '임자 없는 땅'이나 '불모지(territorio baldío)'일 뿐이다. '불모지'란 표현은 페루의 알란 가르시아(Alan García) 전임 대통령이 제기한 용어로, 그는 바과(Bagua) 학살 사건에 커다란 책임이 있는 인물이다. 그는 그 용어를 통해 원주민들의 기득권을 부정했으며, 자연의 자기 보존·재생·지속 가능성의 권리를 빼앗았다(Shiva, 2006: 32).

역사적으로 공유재산 수용정책들은 과학의 지배와 밀접한 관계가 있다. 자연을 단지 생산 공정의 원료로서 변형시키는 것이다. 이러한 관점에서 '천연자원'이란 도구적 개념이 등장하는데, 이는 국가의 상업적 용어에 병합된 개념이다. 자연을 유용한 자원 덩어리, 즉 가치의 유무에 따라 분류될 수 있는 상품으로 단순화시킨 것이다(Altvater, 2009: 2-4; Marin, 2009: 185).

자연의 도구적 개념과 반대되는 개념으로 엔리케 레프(Enrique Leff)의 환경 합리성을 꼽을 수 있다. 레프의 개념은 "사고(思考)의 생태화나 일련의 법규를 통해, 자연과 사회를 효율적으로 통제하고 관리하기 위한 것이 아니다. 그와는 반대로 근대성이란 도구적 합리성이 정당화했던 기존 논리들을 전복시키는 이론이다"(Leff, 2009: 339). 공동체가 천연자원에 대해 갖고 있는 비전은 자본을 부정하는 합리성이다. 그것은 자연의 사회적 재전유 과정인 매매 형태를 부정·파괴하는 것이다. 이것은 세상을 바라보는 또 다른 시각이다. 그것은 자연을 모든 생명체의 공통기반으로 인식하고, 남과 여 또는 자연과의 상호관계를 복잡다단한 생명의 총체로 바라본다. 그러므로 자본주의를 작동시키는 도구적 이성의 개념과는 다르게, 자연이란 상품으로 전환될 수 없는 것이다.

우리는 지금까지 약탈경제 형태를 살펴보았는데, 자본은 집중적이고 광범위한 축적을 위해 반드시 잉여가치 창출을 필요로 한다. 그런데 그 잉여가치 창출은 구체 노동의 추상화와 토지의 강제수용을 통해 표출된다.

그런데 이러한 필요를 충족시키기 위해 수행한 양도(讓渡)행위는 결국 공동체의 자율 결정 능력을 상실하게 만든다. 생산된 제품의 양도행위로 인해 공동체의 노동을 결정하고 다스리는 능력 또한 상실된다. 각 개인이 차지했던 주권 능력 또한 완전히 또는 부분적으로 중단되는데, 이는 추상적 통치권이 정치적 권력을 갖도록 하기 위해서다. 여기서 사회적 주권을 대리인에게 양도한 자유주의 정치 형태가 발생한다. 이제 정치 행위는 공동의 문제를 수행하는 것이 아니라 오직 통치권에 대한 다툼으로 축소되었다(Gutierrez, 2009: 11~13).

앞에서도 말했듯이 최근 라틴아메리카의 채굴주의정책들은 식민시대의 역사적·약탈적 프로젝트와 연계되어 있다. 스페인 및 포르투갈의 정복 이후 지속된 라틴아메리카의 구조적 종속성과 연계되는 것이다. 그런데 거기에 새롭고도 현대적인 자본의 수탈 전략이 부가되었다. 그것은 약탈과 폭력을 결합시킨 방식이다. 타인의 공동재산을 빼앗고 강탈함으로써 그들을 빈곤 상태로 전락시키는 폭력적인 방식이다. 공유재산의 사유화는 추상 노동과 구체 노동 간 대립의 일부다. 기업과 정부가 수행하는 다양한 사유화 방식은[6] 이제 저항에 직면했으며 수많은 갈등으로 귀착되고 있다.

이러한 수탈정책들 특히 '신(新)채굴주의'[7]는 1970년대부터 촉발되었다. 1970년대 라틴아메리카에서 포드-케인스주의적 축적체제가 몰락하고 수익이 점차 감소하는 경제 위기가 발생하자, 이의 극복을 위해 자본주의 체제는 새로운 채굴주의를 권장하게 된다. 에두아르도 구디나스(Eduardo Gudynas)가 창안했던 개념은 원래 라틴아메리카 '진보주의정부'의 채굴 모델을 분석하는 데 유용했던 개념이다. 하지만 라틴아메리카의 다른 정치사회적 모델들,[8] 예를 들어 멕시코[9]와 같은 신자유주의

---

6) 공동체의 생태자원을 강제적으로 수용하기 위해 정부는 다양한 통치전략을 수행한다. 2012년 콤포스토(Composto)와 나바로(Navarro)는 정부의 통치전략을 유형적으로 분류했다. 거기에는 ① 제도적 합법성, ② 동의와 합법성, ③ 체포와 새 위원 선출, ④ 교육과 표준화, ⑤ 시위의 범죄화, ⑥ 억압, ⑦ 무력사용과 역(逆)시위 등이 있다.

7) 이 용어는 에두아르도 구디나스(Eduardo Gudynas)가 창안한 개념으로, 그는 다른 학자들과 함께 현대 라틴아메리카 채굴주의의 새로운 양태를 연구하고 있다.

8) 호세 세오아네(José Seoane), 에밀리오 타데이(Emilio Taddei), 클라라 알그라나티(Clara Algranati)는 2011년 이와 관련된 논문을 발표한다. 그들은 논문에서 1990년대 신자유주의적 헤게모니 붕괴 후에 등장한 사회 개발 프로젝트를 세 종류로 구분한다. 첫째는 21세기 사회주의 또는 공동체 사회주의 프로젝트로서 볼리비아와 베네수엘라 및 에콰도르가 이에 해당한다. 둘째는 신자유주의 프로젝트로 멕시코와 콜롬비아 및 오말라(Omala) 정권 이전의 페루가 이에 해당한다. 마지막으로 신개발주의 프로젝트로 아르헨티나와 브라질이 이에 해당한다. 하지만 그들은 각국이 세 종류의 서로 다른 프로젝트를 시행함에도 불구하고, 마지막 십 년 동안의 국제적인 자원가격 상승으로 인해 신채굴주의로 위험하게 동화되었다고 덧붙인다. 세 종류의 프로젝트들이 "공통적인 요소를 지니고 있는데, 그것은 대부분 천연자원의 채굴과 수출에 기반하고 있다. 물론 어떤 국가는 자원의 공동 소유

모델을 분석하는 데도 적절하다.

일반적으로 새로운 채굴정책은 20세기 마지막 십 년간 네 가지 특징이 합쳐지면서 더욱 심화되었다. ① 근대의 자본축적과 재생산과정에서 천연자원인 전통 광물들(석유·가스 등)의 지구적 고갈이 임박해졌다. ② 비전통적인 탄화수소 및 희귀 광물까지 발견되고 추출될 정도로, 환경 파괴적인 탐사와 채굴기술이 질적으로 도약했다. 새로운 자원개발이 경제적·지정학적으로 커다란 전략적 가치를 지니게 되면서 세계적인 개발 경쟁이 일어나게 되었다. ③ 신채굴주의의 신규 대상이나 중요

및 수입과 부의 재분배를 장려하고(공동체 사회주의), 다른 국가는 초국적 자본과 주주들만 배타적으로 이익을 누리며(신자유주의), 마지막 국가는 공공 규제를 강화하고 수익의 일부분을 국영화에 사용한다(신개발주의)."

9) 비센테 폭스와 펠리페 칼데론이 집권했던 국민행동당 정부 내내 채굴주의 정책은 멕시코 전역에서 훨씬 심화되었다. 결론적으로 말하면 농업과 식품 생산 형태가 심각하게 재편되었다. 농촌의 소규모 생산자들을 배제함으로써 거대 다국적기업이 생산의 주 임무를 맡게 된 것이다. 석유·가스·광물의 채굴 방식이 발전하면서 도로·항만·관광지 등 다양한 인프라 건설이 추진되었다. 그 상징적인 사례가 바로 광산업으로 외국기업에게도 개발과 생산 행위를 허용한 것이다. "21세기 첫 10년간, 단지 두 차례의 국민행동당 집권(2001~2010년) 동안 캐나다와 멕시코의 조그만 합작 그룹 하나가 채굴한 금과 은의 양은 엄청났다. 스페인 왕실이 1521년부터 1821년까지 300년간 채굴한 금보다 두 배나 많았으며, 은의 양은 절반에 이르렀다"(*La Jornada*, 2011). 2000년부터 2008년까지 231개의 외국기업에게 허가된 채굴권만 2만 4713개며, 광물자원의 채굴 또한 급격하게 증가되었다(Ramírez, 2010). 그 결과 멕시코 전역에서 5200만 헥타르의 채굴권이 발생했으며, 이로 인한 사회적 갈등 또한 급격하게 증가되었다. 정부의 광산업진흥정책에 따라 멕시코는 라틴아메리카에서 광물산업이 가장 발전한 국가 중 하나로 자리 잡았다. 또한 세계적으로도 광산 투자 성장지표가 8위에서 4위로 상승했다. 금속경제그룹(Metal Economic Group)의 보고서에 따르면 현재 멕시코의 채굴 비용은 2011년에 약 10억 달러에 이를 정도로 라틴아메리카에서 가장 많다(Notimex, 2012).

한 투자처로는 물이나 토지, 숲, 정글처럼 재생 가능한 자원이 아니라 재생이 불가능하며 부족한 천연자원이 더욱 선호되었다. 그리고 마지막으로 ④ 재생 가능 여부에 상관없이 천연자원의 상품으로의 변환 가능성이 중시되었다. 즉, 금융자산이 '미래 시장'에 실현될 크고 신속한 가상 이득을 위해 투자 및 투기를 수행한 것이다. 그리고 이는 식료품과 원자재의 국제시장가격까지 좌우하게 되었다.

4. 환경 수호 운동: 공유재산과 다양한 약탈 간 대결의 표현

채굴정책은 자본의 가치창출 과정으로 필연적으로 민중의 저항과 갈등을 불러일으킨다. 유럽의 인클로저 운동이건 아메리카대륙 원주민 문명의 공유토지 약탈이건 간에, 자본의 약탈에 직면했던 모든 사회적 경험들은 동일한 것으로 반드시 갈등을 낳았다. 이는 오랜 기간 지속되었던 저항 과정의 일부분으로, 여기에 최근 민중의 사회적 투쟁 경험들, 즉 환경 수호 운동 역시 포함시켜야 한다. 끊임없는 약탈에 맞서 싸워온 역사적 주체들 모두가 저항운동의 다양한 표현들이다. 그러므로 최근 멕시코 민중의 환경 수호 투쟁들 역시 자본에 저항하는 투쟁운동의 또 다른 모습이다.

최근 멕시코에서는 원주민 부락과 농촌 공동체가 환경 수호 투쟁을 주도해오고 있다. 환경이 파괴된 도시의 주민이나 이웃들 일부가 환경운동가 및 시민사회 네트워크와 함께 투쟁한 일부의 경우를 제외하면 말이다.

환경문제에 대한 사회적 갈등이 크게 상승한 지역으로 수력발전소 건설 직전의 농촌을 꼽을 수 있다. 발전소가 건설되면 농민들은 어쩔 수 없이 살던 곳을 떠나야 할 것이다. 그리고 경작하던 토지와 숲 역시 파괴될 것이 분명하다. 수천 개에 이르는 광물채굴지역과 유전자 변형 작물 파종·경작 지역의 상황도 이와 다르지 않다. 그래서 이들 지역에서 수많은 저항운동이 발생하고 있는 것이다. 멕시코 정부는 노천광산을 개발하기 위해 수천 건의 채굴을 승인했다. 유전자 변형 옥수수를 '실험적으로' 파종하도록 허가했으며, 최근에는 유전자 변형 콩의 경작까지 승인했다. 또한 도로·철도·항만·공항 등 인프라 건설에 저항하는 집단도 존재한다. 채굴된 원자재의 운송비용과 시간을 줄여주는 인프라 건설 역시 자본의 이익만을 극대화시키기 때문이다. 대규모 관광 프로젝트로 인한 갈등 역시 만만치 않다. 육상과 해양의 생물다양성을 보존하려는 농어민공동체들의 저항이 크기 때문이다. 멕시코시티와 같은 거대 도시들은 인프라 건설을 통해 도시화를 가속화시킨다. 도심의 차량 소통을 원활하게 한다는 명분으로 경작지와 보존지 위를 통과하는 인프라를 무자비하게 건설한다. 그래서 인프라 건설에 반대하는 지역 또는 부락에는 수십 개의 저항 단체가 구성되어 있다. 수많은 지역공동체와 인접 지역들이 이미 심각한 환경 파괴를 겪고 있다. 노천으로 펼쳐진 쓰레기 매립지와 유독성 폐기물 매립지 그리고 산업용·가정용 폐수처리시설 등으로 수많은 고통을 당하고 있는 것이다. 또한 멕시코 중부와 남동부 지역에서는 석유의 탐사와 시추 및 추출로 인한 피해를 겪고 있으며, 파이프라인의 폭발로 인한 재해까지 겪고 있다.[10)]

멕시코 전역에서 환경문제로 인한 사회적 저항이 날로 증가하고 있는

10) 더욱 상세한 정보를 원한다면 멕시코 상설 민중재판소(TPP)에 제출된 「환경파괴와 민중 권리에 대한 기초적인 청문보고서」를 검토해보라. 자료는 www.afectadosambientales.org에 공개되어 있다.

상황에서 우리는 이러한 주인공들이 출현하게 된 상황을 분석해보고자 한다. 그중에서도 우리가 제일 먼저 접촉했던 농촌의 원주민 공동체 문제를 깊이 있게 분석해보겠다. 우리는 특히 환경문제에 대한 사회적 저항 과정에서 태동한 정치결사체의 모습들을 추적해보고자 한다. 그들은 공동의 삶을 위해 사회연대와 지속 가능성에 기초한 자율규제양식을 갖추고 있다.[11]

멕시코의 환경 수호 투쟁은 1960~1970년대 유럽과 미국의 환경운동과는 다르다. 오늘날의 투쟁은 인류의 생존을 위협할 정도로 자연을 파괴하고, 인간과 자연의 관계를 위기에 빠뜨린 환경 변화로 인해 야기되었기 때문이다. 그래서 그들의 투쟁은 환경 정의나 민중적 환경보호주의[12]로서 이해된다. 환경의 사회성 복원과 인간과 자연의 관계 회복이 투쟁의 본질이기 때문이다.

이러한 환경 투쟁을 구성하는 가장 근본적인 요소는 토지의 성격이다.[13] 자본에 가치평가라는 추상적 시간성이 강제되면서, 자본이 추진하는 프로젝트는 지역적 공간성 및 시간성과 긴장 관계에 놓이게 된다 (Porto Conçalves, 2008: 238; Svampa, 2008a: 102). 토지의 사용가치를 제거하고, 지역공동체가 토지에 대해 갖는 의미를 상대화함으로써, 공간을

---

11) 이러한 특징들은 일반적으로 자연과의 완벽한 조화보다 자본주의 모순으로 고통받는 주체들에게 더 관심이 많은, 즉 투쟁 자체를 중시하는 이론운동의 일부로서 개념화되었다. 하지만 약탈에 대한 저항운동이 실행되면서 자연의 사회적 재전유와 환경문제에 대한 새로운 이해방식이 탄생되었다.

12) 스페인의 조앙 마르티네스 알리에르(Joan Martínez Allier)와 인도의 라마찬드라 구하(Ramachandra Guha)가 발전시킨 개념이다.

13) 지구촌 곳곳에 흩어져 있는 소프트웨어 사용자와 개발자 및 지지자들로 구성된 '무료 소프트웨어 공동체'처럼, 특정한 물리적 공간을 공유하지 않은 채 공유재산을 생산하고 보호하는 공동체와는 많이 다르다.

기능화하고 양도하는 투쟁, 즉 공간을 추상적인 공간으로 변환시키는 투쟁이 되는 것이다.

전술했던 지역적 영토성이란 공유재산을 재생산하는 사회적 관계, 즉 '공동체의 틀(entramados comunitarios)'로 구성되어 있다. 그래서 오랜 기간 서로 분리되어 있었을지라도 자본이 만들어내는 긴장 앞에 결집되는 경향이 있다. 인접성의 시공간적 규모는 사회적 권력 망으로서 실현되며, 이는 일상생활에 다양한 형태로 존재한다. 그것은 지역 네트워크일 수도 있으며 친족·연령·학생·노동관계 등 유사성에 기초한 사회집단일 수도 있다. 이런 집단이 투쟁하는 데 기본적이고 중요한 지주가 되기 시작한 것이다.

공유지 수탈과 환경오염에 기초한 대규모 프로젝트와 그 프로젝트가 유발할 수 있는 환경파괴 앞에서, '반대'를 외치는 목소리들이 자본의 강압에 굴복하지 않고 들끓게 된다. 그 때가 특정 '공동체의 틀'이 출범하는 때로, 그 공동체는 "공유재산과 재생산 공간이란 공통의 연결고리를 중심으로, 다양한 규격과 등급을 지닌 집단주체들로 이루어져 있다. 그들은 공유재산이란 자본의 가치평가와 아무런 상관이 없다고 생각하는 사람들이다"(Gutierrez, 2011: 13~14).

집단주체의 태동을 이해하는 데 '스스로 소집했다'는 특징은 아주 중요하다. 약탈 프로젝트들을 급하게 시행하는 과정에서 정부는 반민주적인 조치들과 함께 부정부패·정보 부족·불투명성·불법행위들을 남발한다. 이러한 행위들로 인해 민중은 분노하고, 그로 인해 집단적인 공간 창설에까지 자율적으로 이른 것이다(Navarro y Pineda, 2009: 94). 스스로 소집한 단체는 개인의 익명성 대신 공동으로 인식하고 자율적으로 행동한다.

경제개발은 정부의 가장 시급한 관심사다. 내부적으로는 정치·언론·

기득권·사법 세력으로부터, 외부적으로는 '초국적' 투자 세력으로부터 거대한 압력을 받기 때문이다. 반면 촌락과 생태계를 보존하려는 지역의 관심은 아주 미약한 힘이다. 하지만 때때로 강력한 민중의 저항운동이 터져 나올 수 있다(Navarro y Pineda, 2009: 98). 거대 프로젝트를 수행하는 데 가장 큰 장애물 중의 하나가 바로 집단주체의 출현이다. 민중의 저항으로 인해 프로젝트가 지연되거나 중단됨으로써 자본축적에 막대한 지장을 초래하기 때문이다.

자본은 이제 강압적인 프로젝트에 반대하고 저항하는 집단주체와 직면한다. 그들은 진압하기 수월했던 과거의 겁쟁이들이 아니다. 이젠 활기차고 능동적이며 때론 예측 불가능한 존재들이다. 그들은 프로젝트의 결정과 진행과정에서 자신들을 배제했던 초기의 문제점들을 간파하고, 다음과 같이 질문을 던질 정도로 활력이 넘친다. 어떤 개발인가? 누구를 위한 개발인가? 공동체에는 어떤 이익을 가져올 것인가? 라파로타(la Parota) 댐 건설반대위원회(Consejo de Ejidos y Comunidades Opositoras a la Presa la Parota: CECOP)[14)]의 자료에는 이러한 문제의식이 명확하게 드러나 있다.

> 전력공사(CFE)는 우리가 개발을 반대하고 있다고 말합니다. 하지만 우리는 누구를 위한 개발인지 묻고 있는 겁니다. 거대 다국적기업을 위한 개발? 그렇다면 우리는 개발에 반대합니다. 인간을 위한 개발, 인간의 권리를

---

14) CECOP은 멕시코 남부 게레로 주 아카풀코 시에 있는 농민조직으로, 연방전력공사(CFE)가 파파가요(Papagayo) 강에 건설하고 있는 라파로타 댐 공사를 7년 전부터 막아내고 있다. 이 댐의 건설로 2만 5000명의 농민이 직접적인 피해를 입게 되고, 하류에 사는 7만 5000명의 경작지가 사막화될 것이다. CECOP의 투쟁은 대규모 토목공사를 막아내고 있는 저항운동으로, 국제적으로도 유명하다.

존중하는 개발, 남성과 여성의 평등을 꿈꾸는 개발이 아니라면, 그것은 개발이 아닙니다. 우리가 주장하는 것은 바로 이겁니다[2009년 12월 CECOP의 로돌포 차베스(Rodolfo Chávez)와의 인터뷰에서].

권력의 부당함에 처음으로 문제를 제기한 사람들이 이제 분노를 표출하고 있다. 그들은 정부의 일방적인 밀어붙이기에 저항하고 있으며, 정치적 의사결정을 스스로 하고 있다. 국가의 독점과 정치적 수용으로 인해 발생하는 긴장관계를 드러낼 정도로 정치성 또한 흘러넘친다. 홀로웨이(Holloway, 2011: 68)에 의하면, 자본주의적 관계가 계속해서 재생산되는 동안에는 완벽한 자기결정이란 없다. 자기결정을 향한 끊임없는 충동만 있는데, 이는 오직 사회적 과정으로서 이해될 수 있을 뿐이다. 이러한 논리라면 자기결정을 향한 충동들이 강제수용정책으로 고착되는 것이 아님은 분명하다. 수용정책은 더 오래 지속될 수도 있고, 강압적인 정책에 저항하거나 극복할 수도 있다. 전통적인 정치공동체 형태가 계속되고 있지만, 그것을 극복하기 위한 공동체의 특별한 투쟁 시간이 도래하고 있다. 또한 투쟁의 형태를 갖추는 데 필요한 만큼 사회적 능력도 개혁하고 있다. 마르가라 미얀(Márgara Millán)의 표현처럼 사물들이 불편해지면서 정치 형태의 변화를 요구하는 지배 시간의 단절이 오고 있는 것이다.

'새로운' 형태를 갖춘 환경 수호 투쟁의 모습은 정치조직으로서 '비전문가들 집단'으로 인식되는 경향이 있다. 우리는 이러한 '새로운' 투쟁 방법이 갈등을 헤쳐 나가는 데 '필요한' 조직적 도구를 항상 무시할 수는 없다고 생각한다. 하지만 그렇다고 해서 이전 사회운동 경험에는 유용한 수단이 전혀 없다는 것은 아니다. 새로운 사이클의 투쟁은 지나간 경험의 현재화로서, 집단의식을 드러내고 강화시키는 것이다. 우비

냐(Ouviña, 2008: 77)에 의하면, 외견상 가장 자발적인 운동에서조차 깨어 있는 지휘의 요소들이 존재한다는 것이다. 다만 증명할 수 있는 자료나 흔적을 남기지 않았을 뿐이다.

그람시(Gramsci)에게 깨어 있는 지휘란 '지혜의 핵'과 관련된 것이다. 그것은 근본적으로 하위계급들의 투쟁 경험을 통해 획득한 지식이다. 이러한 지적자산은 지배계급이 정한 상식에 맞서서 조리 있고 자율적인 인식 형태를 산출하는 능력을 지닌다. 즉, 통치를 위해 작용하는 능력이 아니라 오히려 그것을 파괴시키는 능력을 지닌 것이다. 그람시에 의하면 '지혜의 핵'은 통치에 대한 저항에서 발생한 대안개념이다. 즉, 하층민들의 능동적인 문화 형태로서, 균열 없는 객관 진리처럼 행세하는 지배이데올로기를 거부하는 것이다(Tischler y Navarro, 2011: 69).

그러므로 이러한 주체들의 개발 거부 운동은 고유한 일상의 경험에서 비롯되었다. 폭압적으로 전개되는 자본의 약탈로 인해 지혜의 핵이 건강하게 촉발된 것이다. 하위계급의 지혜는, 홀로웨이에 의하면, 확고한 경쟁 체제를 번성시켰던 자본주의적 사회관계를 단절시키는 균열로서 작동한다(Holloway, 2011: 68). 또한 의심할 여지없이 다양한 이유들로 인해 인내의 한계를 넘어섰을 때, 중단을 요구할 수 있는 '반대'의 목소리다. 계속해서 티슐러(Tischler)의 표현을 인용하면 다음과 같다.

> 통치는 지속성을 함축하며, 통치 위기는 이러한 지속성의 파괴다. …… 통치위기란 통치 형태가 반복되지 못하는 것으로, 다른 의미에서 보면, 새로운 형태의 세속성이 도래하는 것이다. 즉, 새로운 사회적 주체의 노력으로 다른 형태의 세속성이 분출한 것이다(Tischler, 2005: 18).

이러한 집단주체들은 "개인이나 그룹, 사회운동의 단순한 부속물이 아니라, 새로운 주체성을 분출하는 '계몽'이다"(Tischler, 2004: 79). 그러므로 공유재산으로 인한 분쟁을 통해 각 개인은 근대성의 긴장을 경험한다. 우리는 개인주의의 도래가 사회화와 관련이 있다는 것을 기억할 필요가 있다. 그동안 공동체가 담당했던 사회화를 시장으로 대체하면서 개인주의가 발생했다. 시장의 사회화 과정은 개인적 형태로 진행되었으며, 국가로 대표되는 상상의 공동체를 창조함으로써 보상받았다(Anderson, 1993).

공동체를 다시 만들고 운영하는 것 그리고 그 공동체를 영토와 결합시키는 것은, 마르티네스 알리에르(Martínez Alier)가 소위 '가치평가의 비시장 언어'라고 표현했던 것, 즉 지정된 영토에서 살아왔던 하층민들의 역사적 경험을 통해 배양된 하층민의 능동적인 문화 형태를 통해 강화되는 것이다. '가치평가의 비시장 언어'는, 가치평가의 경제적 언어와는 반대로, 지정된 영토와의 장기간 유대, 즉 집단적 기억을 함께 공유하는 역사적 유대를 통해 구성된다.

우리의 관점에서 보면, 주변 환경에 대한 새로운 정치적 감각의 출현만으로 민중과 영토와의 결합 및 수호 운동을 설명할 수는 없다. 오히려 세세냐(Ceceña, 2012)가 '비약탈적인 삶의 세계'라고 명명한 것, 즉 아주 오래 전부터 동일한 영토에 거주하던 민중의 세계가 실현되었다는 설명이 더 합당하다. 여기서 집단기억이 등장한다. 민중의 저항 열기를 응축시키는 집단의식을 형성하는 데 가장 강력한 근원의 하나인 기억이 등장하는 것이다.

저항 도구로서의 기억의 정치는 단순히 향수적이거나 낭만적인 제스처로서 과거를 바라보는 것이 아니다. 오히려 민중을 억압하는 사회적 관계를 극복하는 방법으로서 과거를 바라보는 것이다. 즉, 자본의 가장 폭력적이고 약탈적인 표현 방식을 거부하는 변화의 과정으로서 과거를 바라보는 것이다(Tischler y Navarro, 2011: 67). 뇸다(Ñomndaa) 라디오[15] 구성원의 다음 증언을 들어보자.

> 우리가 과거 및 최근의 역사를 안다는 것은 투쟁하고 있는 대상에 대해 알아가는 겁니다. 우리는 과거에 …… 다르게 살았었으며 훨씬 더 자유로웠습니다. 그러므로 역사적 기억을 갖는 것은 예속 이전의 시대가 어땠고 지금은 어떤지 파악하는 겁니다. 그래서 우리에게 용기와 저항심이 생기죠. 왜 이렇게 살려고 하는지, 왜 조상들의 투쟁을 계승하려고 하는지 말입니다. 조상들은 결코 굴복하지 않았던 사람들입니다. 그래서 우리가 영토를 지닐 수 있었던 겁니다[2010년 12월, 뇸다 라디오의 다비드 발티에라(David Valtierra)와의 인터뷰 중에서].

집단의식으로서 기억은 인간의 필요를 충족시키기 위해 자연의 사회적 재전유 필요성을 조명하고 강화한다. 이로 인해 자연이 제공하는 이익에 대한 평가와 생존수단과 방식을 지키기 위한 투쟁 사이에서의 갈등이 발생한다. CECOP의 다음 증언을 보면 자연이 생산하는 사용가치와 관련된 자연의 사회적 재전유가 잘 드러나 있다.

> 토지와의 관계는 점점 강화되어왔습니다. 그래서 다른 사람이 토지를

---

15) 뇸다 라디오의 '물의 언어(La Palabra del Agua)'는 통신 및 조직 프로젝트로, 게레로 주 코스타치카(Costa Chica) 지역에 있는 아무스고(amuzgo) 부락 원주민 공동체가 운영하고 있는 프로젝트다. 그들은 2002년부터 이 프로젝트를 통해 자치권 확보 투쟁을 벌이고 있으며, 10여 년 전부터 삼림보호와 벌목 반대 운동도 수행하고 있다. 최근에는 시당국과 지역 유지인 아세아데스 로차(Aceadeth Rocha)에 맞서, 강바닥 자갈 채취에도 반대하고 있다.

강탈하려 할 거라고는 어느 누구도 생각조차 하지 못했습니다. 우리 마을의 고령자 분들도 토지로 인해 문제를 겪었던 적이 지금까지 없었습니다. 하지만 지금은 다릅니다. 누군가 우리에게서 토지를 빼앗으려 하고 있기 때문입니다(2009년 12월 CECOP의 로돌포 차베스와의 인터뷰 중에서).

새로운 사회주체의 탄생은 영토와 긴밀한 관계가 있다. 그의 생존문제가 영토에 달려 있기 때문이다. 지역공동체와 영토는 오직 단 하나의 가치로 묶여 있다. 사회적 공간에의 귀속감은 강화되었는데, 이는 단순히 식량을 제공하는 물질적 조건을 초월한 것이다. 영토에 내린 뿌리는 더욱 깊어지고, 물질적이고 상징적인 닻도 더욱 강화된다.

근본적인 것은 영토를 지키는 겁니다. 영토를 지키지 못하면 모든 것을 잃게 됩니다. 모든 것을 잃는 거죠. 지금 이 순간 가장 중요한 것은 약탈, 즉 영토에서의 채굴을 막아내는 겁니다(2010년 12월, 놈다 라디오의 다비드 발티에라와의 인터뷰 중에서).

농촌에서 공유재산은 영토 및 정치 공동체와 연결되어 있다. 설령 공유재산이 심각한 모순덩어리일지라도 민중의 물질적인 뿌리는 훨씬 구체적이다. 그래서 저항운동이 분출할 때는 전통적인 공동체 구조를[16] 따르는 경향이 있다. 문제를 논의하고 결정을 내리는 데 공존과 조직이라는 전통적인 방식을 사용하는 것이다. 반면 도시에서는 실제적인 정치 공동체가 발기발기 찢겨져 있다. 그래서 자본의 관념과 명령이 훨씬

16) '전통적 구조'란 멕시코 원주민 공동체의 고유한 속성인 토지의 공동소유제와 부역 시스템, 공동의회 등을 의미한다.

고착화돼서 나타난다. 하지만 이제 도시에서도 집단적 유대감을 다시 고취시키려는 노력이 행해지고 있다. 그동안 거의 보이지 않을 정도로 찢겨져 있던 도시인의 삶을 공동의 삶으로 회복시키려는 투쟁이 이뤄지고 있는 것이다. 이러한 투쟁은 서로 다른 목적을 지닌 채 다양한 형태로 끊임없이 진행되고 있다.[17] 그것은 노조·지역·사회센터·정치공동체·산별노조·사회조직·주민 모임 등의 모습으로 시·공간적으로 다양하게 행해지고 있는 것이다.

정치에서 이러한 투쟁이 만드는 균열은 공간성의 유형을 초월해서, 비국가적인 공공장소에서 활동하는 신흥 세대와 연결되어 있다. 그들은 "민주와 자치의 새로운 체험 공간을 창건하고, 국가와 자본주의 체제의 특권적 대리인들이 배타적으로 휘둘렀던 사회 의제 설정 독점권을 회수한다"(Ouvina, 2007: 190). 그들은 일상과 결합된 정치, 행위와 분리되지 않는 정치를 행하고 있는 것이다. '삶의 도약(Un Salto de Vida)'이라는 단체는[18] 아래 증언에서 공동체의 정치능력과 집단의지를 재전유하도록 강조한다.

---

17) 구티에레스(Gutiérrez, 2009: 31)에 의하면, 끊임없다는 것은 '불연속적'일지언정 '영원히' 나타나는 생명운동을 의미한다. "순환계가 수축·확장하는 것처럼 사회운동이 밀물과 썰물처럼 등장하는 것이다. '생명의 시간'이라고 부르는 이 규범은 모순적이고 대립되지만, 자본과 국가의 일률적인 허위 시간의 한계를 극복한다."

18) '삶의 도약'이라는 단체는 할리스코 주 과달라하라 시 도심지역인 엘살토(El Salto) 지역에서 활동하는 영토 공동체조직이다. 그들은 1990년대 중반부터 산티아고(Santiago) 강 오염으로 인한 환경파괴와 건강 악화에 맞서 싸우고 있다. 강물에 버려진 생활하수와 산업폐수 및 시 매립지 침출수는 산티아고 강을 심각하게 오염시켰고, 이로 인해 인근 주민들은 1970년대부터 오늘날까지 큰 고통을 당하고 있다.

> 정치에 희망은 물론 존재합니다. 하지만 정당 정치로는 가능하지 않습니다. 우리에게는 공동체의 새로운 정치, 더욱 민주적인 정치가 필요합니다. 하지만 우리 개인이 권력을 획득하자는 것은 아닙니다. 민중이 권력을 획득하자는 겁니다. 바로 우리 모두가 권력을 소유하자는 것이죠. 정치는 민중을 빨아들여 움직일 수 없도록 만듭니다. 그래서 정치에 휩쓸려 가는 대신에 차라리 아래에서부터 건설하자는 겁니다. 즉, 새롭게 시작하자는 것이죠. …… 어떤 영원한 것을 아래에서부터 만들자는 겁니다. 하지만 정당과 함께 하는 것은 생각조차 하지 맙시다[2010년 1월, '삶의 도약' 엔리케 엔시소(Enrique Enciso)의 인터뷰 중에서].

세세냐(Ceceña)에 의하면, "공동체는 해방투쟁 과정에서 상속과 직관적 생존전략 대신에 사회조직과 구조를 만들어갔다. 즉, 새로운 정치적·상상적 관계를 만든 것이다. 그런데 이는 동시에 기존 권력관계를 약화시키는 전복적인 방식이기도 하다"(Ceceña, 2008: 103~104). 우리는 이러한 변화의 일부로서 공동체의 정치 공간에 놓인 여성의 능동적 참여를 발견할 수 있다. 비록 일시적일지라도, 역사적인 가부장질서를 중단시킴으로써 일상생활의 변화를 야기시켰기 때문이다. 이것이 현재 진행 중인 주체화 과정인데, 그곳에는 새로운 관계설정 방법과 지배세력에 의해 독점되었던 기존 전통 사이의 갈등 또한 공존하고 있다.

실비아 페데리치(Silvia Federici, 2010)에 의하면, 공유재산제도는 여성노동을 위한 제도이기도 했다. 토지에 대한 여성의 권리가 거의 없는 상황에서도, 공유재산은 여성의 생산 활동과 친교 공간으로서의 역할을 담당했다. 역사적으로 공유재산은 여성의 역할이 중심이었던 돌봄 및 부양의 경제와 관련되어왔다(Shiva, 2006: 25). 그러므로 공유재산을 삭감하면서 여성의 가치와 함께 지역사회 활동에 대한 여성의 기여 능력도 약화되었다.[19] 이렇게 오랜 기간 여성성을 억압했음에도 여성들은 공동체의 이익을 위해 공유재산을 돌보고 부양했다. 그리고 이로 인해 삶의 전 과정에 걸쳐서 커다란 공유재산을 생산하고 재생산했다.

어쨌든 환경갈등으로 인해 자본에 적대적인 공동체 정치가 다시 출현하게 되었다. 그러면서 전통적으로 남성이 지배했기에 잘 알려지지 않았던 여성의 돌봄 활동과 함께, 여성의 재생산 능력을 뛰어넘는 생산능력이 널리 알려지게 되었다. 구티에레스(Gutiérrez)는 공유재산을 돌보고 재생산하는 여성의 능력에 대해 '여성의 정치(política en femenino)'라고 명명한다. 공동체 권력은 갈등의 시기 동안 영토를 보호하기 위해 여성의 정치를 강화한다. 계속해서, 베르데 강 수호를 위한 민중연합위원회(Consejo de Pueblos Unidos por la Defensa del Río Verde: COPUDEVER)[20]의 여성회원의 증언을 들어보자. 그녀는 파소 데 라레이나(Paso de la Reina) 댐 건설에 저항하는 여성의 활동에 대해 증언하고 있다.

---

19) 페데리치(Federici, 2010)에 의하면 봉건체제에서 토지를 상실했을 때 가장 큰 피해를 입은 대상은 여성들이었다. 여성의 역할은 재생산 기능으로만 제한되었고, 구체 노동은 보이지 않을 정도로 평가절하되었다. 새로운 가부장적 질서에 맞춰 노동이 성적으로 새롭게 분리된 것이다. 이로 인해 남성의 역할은 생산에 여성의 역할은 재생산에 고착되었다.

20) COPUDEVER는 사회조직으로, 믹스테카(mixteca) 및 차티노(chatino) 원주민과 오아하카(Oaxaca) 해안지역에 거주하는 아프리카 혼혈인들이 살고 있는 20곳 이상의 지역을 대표하는 위원들로 구성돼 있다. 그들은 2007년 자신들의 토지를 보존하고 '파소 데 라레이나(Paso de la Reina) 다목적 댐' 건설을 막기 위해 위원회를 구성했다. 멕시코 연방전력공사(CFE)가 추진하는 댐 건설은 직접적으로는 1만 7000명 간접적으로는 9만 7000명에게 영향을 끼치게 된다. 그들은 이 글을 쓰고 있는 지금 이 순간까지도 성공적으로 댐 건설을 막아내고 있다.

여성들은 열심히 활동하고 있습니다. 여성들은 총회에서 발언할 권리도 투표권도 없다고 생각하는 남성우월주의자들이 여전히 존재하는 이곳 농촌에서, 여성들이 모든 운동에 참여하고 있는 것입니다. 지금까지 여성들은 차별당해왔습니다. 하지만 올해의 저항 활동을 통해서 이제는 공개적으로 선언되었습니다. 여성들이 총회에 참석할 권리를 지니고 있으며, 의사를 결정할 수도 있고, 더 나아가 책임 있는 직책을 맡을 수도 있다고 선언된 것입니다. 여성들은 이제 시 경찰이 될 수도 있고, 서기가 될 수도 있으며, 기관의 재무 책임자가 될 수도 있습니다. 이제 여성들이 참여할 수 있는 공간이 열렸습니다. 그러므로 그 공간을 잘 지켜야만 합니다. 여성들도 이제 권리를 주장할 수 있습니다. 여성도 남성과 동일한 시민으로서 똑같은 권리를 지니고 있다고 요구할 수 있게 된 겁니다. 이번 활동은 그것을 쟁취한 운동이었습니다[2010년 2월, COPUDEVER의 하이메 히메네스(Jaime Jiménez)와 에스텔라 차베스(Estela Chávez)의 인터뷰 중에서].

이 지점에서 정치와 공동체 및 영토가 서로 얽히게 된다. 공유재산에 대한 수탈과 자본의 불균등한 전투에 맞설 강력한 능력으로서 작용하게 되는 것이다. 이것이 정치를 회복시키고 공동체를 재구성하며 영토에 뿌리를 내리는 사회적 능력이다. 공동의 삶을 위해 저항하는 동시에 심각한 난관 속에서도 연대와 지속가능성을 토대로 한 사회적 자율규제 방법을[21] 상상하고 실현하며 강화하는 방법을 모색하는 것이다.

이러한 틀에서 정부와 기업의 무능력·부패·결탁·강제수용 프로젝트

21) 구티에레스(Gutiérrez)의 표현을 되짚어보면 "자율규제는 '자율성의 역학'과 같은 것이다. 즉, 개인이건 집단이건 또는 체제건 간에, 필요할 경우 규범들을 스스로 수정하고 조율할 수 있는 가능성이나 능력을 의미한다."

를 중지하거나 해제시키기 위해서는 자주적 조직 결성이 가장 핵심적인 동력으로 변모했다. 이러한 활동을 위한 제도적 틀이 미비하고 공식적인 참여구조가 제한된 상황에서 사회 협력을 끌어내기 위해서는 자주적인 조직이 필요했기 때문이다. 민중들은 공유재산 수용을 지연시키거나 막기 위한 대부분의 투쟁에서 다른 사회조직이나 투쟁 경험과 연대하고 협력했으며, 일반적인 통념과는 다르게 투쟁의 주요 도구로서 직접적이고 파괴적인 행동에 의존했다.[22] 합법적인 제도적 채널과 사법적 수단에 호소한 경우는 일부에 지나지 않았다. 그들은 일반적으로 직접 민주주의에 기초한 조직 형태를 실현함으로써, 경직되지 않는 조직구조를 취하는 경향이 있다. 공동회의를 개최하고 그곳에 조직원들이 직접 참여해서 의사를 결정하는 수평적인 조직 형태를 갖춘 것이다.

국가통치영역에서 갈등을 안정시키고자 했던 제도권 정치는 민중의 극심한 좌절과 실망만을 불러 일으켰으며, 이로 인해 제도권 정치의 조정자, 중재자 역할은 붕괴되었다. 그 대표적인 예가 CECOP의 투쟁 과정에서 이뤄낸 전국농민연맹(Confederación Nacional Campesin: CNC)[23]

---

22) 멕시코의 다양한 환경투쟁조직 중 2008년 설립된 전국환경피해자총회(Asamblea Nacional de Afectados Ambientales: ANAA)의 활동이 두드러진다. 그들은 수십 개의 지역 및 사회단체가 자율적으로 연합한 단체로, 2008년부터 멕시코의 다양한 환경문제에 공동으로 대응하고 있다. 이 총회에서 활동하고 있는 단체들은 크게 두 종류다. 하나는 주로 물, 쓰레기, 주택문제에 맞서 투쟁하고 있으며, 다른 하나는 '야만적인' 도시화에 저항하는 단체들로 주로 도로건설, 삼림파괴, 농업정책, 유전자 변형 농업, 호텔 개발, 해변 개발, 건강 피해 등에 맞서 싸우고 있다. 상세한 정보는 www.afectadosambientales.org 사이트를 참조하라(Svampa, 2008a: 99~100).

23) 전국농민연맹(CNC)은 원래 제도혁명당의 농민 단체로 출발했지만 오늘날 농촌의 대표적인 권력집단으로 자리 잡았다. 연맹의 리더들은 농민 표를 대가로 정당

과의 주종관계 해체다. 그 지역에 큰 영향을 끼쳐왔던 CNC는 댐의 건설을 진전시키기 위해 노력했다. 그들은 공유지의 조합위원들을 통해 지역사회구조를 통합시키려고 시도했지만 결국은 실패했다.

> 투쟁 과정에서 가장 크게 배운 것은 국가조합주의 구조를 깨뜨린 것입니다. 그렇습니다. 이제 조합주의는 깨졌습니다. 우리는 CNC의 방식을 경멸합니다. …… 그러므로 국가조합주의와의 단절은 가장 큰 소득 중의 하나입니다. …… 우리는 정치 집단들과 지배구조에 대해 새로운 시각을 갖게 되었습니다. CNC의 농민 지도자들을 농촌에서 우쭐대는 카우보이쯤으로 보게 된 겁니다[2009년 12월, CECOP의 로돌포 차베스의 인터뷰 중에서].

조직의 중재 능력이 소멸되고 지배관계가 균열되면, 정치적 대표들을 명백하게 비판하기 시작한다. 또한 조직 내부에 얽혀 있는 관계들에도 커다란 주의를 기울이게 된다. 이 점과 관련해서 아직 지도부와 조직원들 사이의 분리는 공식화되지 않았다. 그럼에도 지도부를 향한 문제제기가 시작된다. 지도부의 모습이 토대와 분리되었기 때문이다. 민중들의 공동 경험에서 터득한 구체적인 생각과 따로 떨어졌기 때문이다. "위원들은 우리의 대표자들입니다. 하지만 그들이 결정하지는 않습니다. 결정은 우리 민중들이 합니다"[2010년 5월 CECOP의 펠리페 플로레스(Felipe Flores)의 인터뷰 중에서]. "공유지와 관련해서 누가 직접적인 책임을 지는가? 우리가 공유지 소유자들입니다. 우리가 위원들을 뒷받침하

의 지분까지 요구할 정도로 타락했다. CNC는 멕시코 지역 유지가 통제하는 조직으로, 본연의 역할인 농민과 국가의 중재 활동은 신자유주의 체제에서 거의 희석되었다(Serna, 2009: 33).

거나 그들이 할 일을 결정합니다. 그가 혼자 결정할 수는 없으며, 그는 그것을 마을 총회로 가져와야만 합니다"[2010년 2월 COPUDEVER의 하이메 히메네스(Jaime Jiménez)와 에스텔라 차베스(Estela Chávez)의 인터뷰 중에서].

하지만 지역적으로는 '통치 거버넌스(gestión de la gobernabilidad)'를 강화시키려는 국가나 기업 자체의 중재 활동이 효과적인 상황도 존재한다. 이런 경우 지방통치 활동의 근본 특징으로 후원주의(clientelismo)가 나타난다(Machado, 2009: 226~228). 가리바이 오로스코(Garibay Orozco, 2010: 175~176)는 광물조합의 경우 독재적인 주종관계 시스템이 강요된다고 단언한다. 회사의 경영관리를 공동체의 권력자에게 종속시키고 이익을 함께 나눈다. 또한 이러한 주종관계 논리를 나머지 지역사회에도 유포시키려고 노력한다. 새로운 회원 선출과 포섭 활동을 통해 피해지역 내부에 사회 분열과 대립을 일으키고, 기존의 예속 관계를 더욱 심화시킨다. 저항들을 고립시키고 약화시킴으로써, 영토에 결합되었던 사회관계들을 변화시킨다. 이러한 전략들을 결합시켜 시위를 범죄시하고 탄압하며, 무력을 동원하거나 역(逆)시위를 유도하는 정책들을 수행하는 것이다.24)

---

24) 2006년부터 2012년까지의 펠리페 칼데론 집권 6년 동안 박해당하거나 살해당한 사회운동가들의 숫자가 크게 증가했다. 특히 환경운동과 관련해 살해당한 숫자는 우려할 만하다. 멕시코 주 틀라왁(Tláhuac) 지방의 공유지 소유자로 셈포알라(Zempoala) 국립공원 수호운동가였던 알도 사모라(Aldo Zamora), 페냐 콜로라도(Peña Colorada) 광업회사에 맞서 투쟁했던 할리스코 주의 프란시스코 키뇨네스(Francisco Quiñones), 마인파인더스(Minefinders) 광업회사를 고발했던 치와와(Chihuahua) 주의 단테 발데스(Dante Valdez) 교사, 치아파스 주의 치코무셀로(Chicomuselo)에 있는 블랙파이어(Blackfire) 기업의 채굴에 맞섰던 마리아노 아바르카(Mariano Abarca), 미초아칸 주의 오스툴라(Ostula)에서 토지 회복 운동을 벌이던 29명의 공유지 소유자들, 오아하카 주의 오코틀란(Ocotlán) 계곡 민중연

약탈에 저항하는 사회 능력과 적용 범위를 확장시키고 강화시키기 위해, 다양한 저항운동 간의 연대 활동, 즉 수평적인 관계 건설은 매우 중요하다. 글로벌 자본주의와 국가가 유발하는 환경 파괴 앞에서, 서로 다른 지역의 공동체들이 어울려 서로 영향을 주고받는 '반대 공동체',[25) 즉 영토를 초월한 네트워크 간 결합을 말하고 있는 것이다. 환경 수호 투쟁이라는 생각은 동일한 문제에 직면했던 다른 지역들의 경험을 참고해서 성장했다. 지역의 환경문제는 전 세계의 환경 의식과 연결되며, 그 반대 역시 마찬가지다.

결론적으로 말하면 환경적 합리성을(Leff, 2009) 의미한다. 근대성의 도구적 이성들이 강제하고 합리화했던 원리들을 전복하기 위한 합리성 말이다. 이의 발전 과정에서 주류 학문과 반대되는 지식 체계가 형성되었다. 전문가의 의견에 반대하는 담론이 발생한 것이다. 그 담론들에는 민중들이 개발을 거부하고 저항하는 이유와 논거들이 상세하게 언급된다. 그 논거들은 NGO 단체와 접촉하고 다른 투쟁 조직의 경험을 공유하

합의 코디네이터였던 베르나르도 멘데스 바스케스(Bernardo Méndez Vásquez)와 베르나르도 바스케스 산체스(Bernardo Vásquez Sánchez), 조직범죄와 벌목에 맞서 민중조직을 만들었던 체란 자치시의 5명의 공유지 소유자들, '멕시코 맹그로브 네트워크'의 산하단체인 '푸른 게레로(Guerrero) 만들기 시민협회'의 회원이자 게레로 주 환경보호 활동가인 파비올라 오소리오 베르날데스(Fabiola Osorio Bernáldez) 등이 살해당했다. 하지만 지금까지도 이러한 범죄의 대부분은 멕시코 당국에 의해 밝혀지지 않고 있다.

25) 안토넬리(Antonelli, 2009: 61)에 의하면, 반대를 표방하는 지역사회 구성원에 "다양한 활동가들을 포함시킬 수 있다. 비록 총회 구성원들은 아닐지라도, 도덕적·인식론적 가치를 공유하고 시민 의식화를 장려한다면 명단에 포함시킬 수 있는 것이다. …… 서로 다른 환경에서 반대의 목소리를 장려하는 사람들이 명단에 포함된다. …… 이렇게 접근하면 근원적인 영토성을 극복할 수 있으며, 헤게모니에 맞서 불균등하게 싸우고 있는 집단 형성의 변화도 가능하다."

고 학습해서 형성된 것이다.[26] 이러한 기술요소들은 헤게모니와 무관한 지식에서 획득된 것으로, 사회문제에 대한 정부와 기업의 해결책을 요구하고 있다. 다음은 CECOP 참여자가 자신들의 학습 내용에 대해 증언한 내용이다.

> 우리는 지금 어떤 지식인과도 논쟁할 수 있습니다. 그들은 대규모 프로젝트의 이점에 대해서만 말하고, 우리는 피해 내용이 뭔지 말하고 있기 때문입니다. 우리는 프로젝트가 어떻게 사회관계망을 파괴하는지 말하고 있는 겁니다[2010면 5월 CECOP의 펠리페 플로레스(Felipe Flores)와의 인터뷰 중에서].

공동체가 획득해가는 이러한 지식체계는 민중이 전염병에 대해 파악하는 과정과 동일하다. 민중은 자신들이 겪는 전염병을 이해하기 위해 정부와 전문가의 도움 없이도, 과학적 자료들과 필요한 정보들을 모으기 시작한다.[27] 이러한 과정은 어느 정도의 환경 피해와 고통을 이미 겪었던 공동체에서 발생한다. 환경을 파괴해도 처벌받지 않는 권력과 그들의 무관심 앞에서, 지역 공동체는 스스로 나서서 자연을 수호해야만 한다.[28] 아래는 자신들의 건강을 예방하고 지키기 위해 스스로 대안

---

26) 멕시코의 사회기여과학자연합(Unión de Científicos Comprometidos con la Soledad: UCCS)의 경험은 소개할 만하다. 이들은 자연과학, 사회과학, 인문과학 등 다양한 분야의 학자들이 모여 만든 단체로, 반(反)헤게모니적인 전문지식의 형성을 돕고 있다. 예를 들어, UCCS는 동물보호협회(ANAA)가 직면하고 있는 갈등에 관한 진단과 정보를 제공함으로써 협회의 환경보호 운동을 지원하고 있다. 이에 대한 상세한 정보는 www.ucss.mx 사이트에서 찾을 수 있다.

27) CEECEC, s/f: 145.

을 찾아 나선 '삶의 도약'이라는 단체의 증언 내용이다. 환경으로 인한 피해를 복구하기 위해서, 그들은 전통 지식, 즉 공동체가 지닌 고유한 경험에 기초한 새로운 대안을 모색하고 있다.

> 수많은 전문가들이 있습니다. 그들은 수많은 지식을 지니고 있죠. 그들은 건강을 보호하거나 식물·식량자원을 증가시키는 문제와 관련해서, 해답을 알고 있습니다. 문제를 해결하는 방법을 알고 있는 겁니다. 반면에 우리는 지름길을 모릅니다. 하지만 우리는 하루 빨리 대안을 찾아서 문제를 해결해야만 합니다. 또한 우리 모두가 자연을 보호하고 예방하는 방법들을 알아야만 합니다. 그렇지 않으면, 만약 지금처럼 방치한다면, 약 5년 후에는 훨씬 더 많은 사람들이 죽게 될 거라고 믿기 때문입니다[2010년 1월, 삶의 도약 그라시엘라 곤살레스(Graciela González)의 인터뷰 중에서].

결론을 말하자면 우리는 사고체계를 환경 친화적으로 긴급하게 전환해야만 한다. 그래야 삶의 형태를 개선할 수 있을 것이다. 지금처럼 황폐하고 폭력적인 자본의 삶이 아니라, 연대와 지속 가능성에 기초한 삶을 살아갈 수 있을 것이다. CECOP과 COPUDEVER의 공유지 농민들

---

28) 많은 지역에서 행해진 공유 재산 수탈과 그로 인한 오염 및 황폐의 결과, 다양한 환경 고통이 등장하고 있다. 그것이 급성이건 만성이건 진보적이건 퇴행적이건 간에, 다양한 질병과 증상이 생명체에 나타나고 있는 것이다. 그런데 많은 사람들이 환경으로 인한 고통을 개인적 문제로 치부하면서 살아간다. 하지만 그것은 전 지구적으로 서로 밀접하게 연관된 문제로 자본의 폭력과 관련된 것이다. 하지만 지배 이데올로기는 대부분 질병의 근원을 부정한다. 그래서 대다수의 주민들은 질병을 초래한 원인과 상관없는 의미들을 부여한 채, 질병으로 인한 고통과 불편함을 견디고 있다(Auyero y Swistun, 2008).

은 정부가 장려하는 유전자 변형 옥수수 파종과 화학비료 사용에 저항한다. 대신 계속해서 토종 씨앗을 뿌려서 옥수수를 생산한다. 그것이 지역사회의 자율권과 식량 주권을 강화시키는 방법이기 때문이다.

놈다 라디오의 '물의 언어' 프로젝트는 지역사회의 통합과 협력을 강화시켰다. 원주민들의 자치와 영토수호 그리고 표현의 자유, 즉 원주민 언어의 자유로운 사용을 위한 투쟁에서, 이 프로젝트는 정보를 모으고 조직을 활성화시키는 역할을 수행했다. 또한 천을 짜서 판매했던 아무스고(amuzgo) 여성들의 생산적인 활동도 주목할 만하다. 체란 주민들은 관습에 따라 통치되는 자치도시를 구성하는 데 성공했다. 그들은 영토 수호를 위한 대책 마련과 필요한 조치들을 강구하기 위해 지역 원탁회의와 화롯불 모임 같은 공동체 모임을 개최했다. 결론적으로 공동체 모임을 통해 벌목으로부터 숲을 보호하고 지켜내려고 노력하고 있는 것이다. '삶의 도약'은 약 5년 전부터 헤수스 마리아(Jesús María) 공유지 내에 학교 건립을 추진해오고 있다. 학교를 통해 민중의 유기농업기술을 고양시키려는 것이다. 즉, 죽음 한가운데서 새로운 삶을 만들려는 것이다. 결국 이러한 지식과 기술의 체계적인 적용을 통해 환경파괴에 맞서고 있는 것이다.

5. 공동체 건설을 위한 환경 수호 투쟁의 계몽

우리는 문명의 위기에[29] 직면해서 수많은 대안을 놓고 논쟁을 벌이고

---

29) 레냔 베가 칸토르(Reñan Vega Cantor)에 의하면, "문명의 위기는 다양한 위기들이 복잡하게 얽힌 문제다. 현재 전 세계에 악영향을 끼치고 있는 위기로 인해,

있다. 그러한 가운데 정부와 기업은 소위 '녹색경제'[30]라는 잘못된 해결책을 제시하고 있다. 하지만 다양한 지역의 민중들이 주목하는 해답은 아주 다르다. 민중들은 도심과 농촌에서 공유재산을 생산하고 관리하는 집단적인 틀을 만들고 지역사회의 정화 능력을 강화시키는 안에 더 주목한다.

삶의 연속성을 위해 공유재산 수호는 필수불가결하다. 공동체는 자원 남용에 맞서 제어와 통제라는 자기조절능력을 가동하기 때문이다. 그러

최근 500년간 존재해왔던 문명 자체까지 회의에 빠졌다". 이런 관점에서 "자본주의 문명에 대해서도 말할 수 있다. 근대 세계체제의 지배자요, 현재 전 지구의 내재적 특징인 문명 말이다. 자본주의는 모든 존재하는 것들을 상품으로 전환시켰다. 자본주의적 생산은 인간의 필요를 만족시키기 위해서가 아니라 개인의 소득을 발생시키기 위해 이루어진다. 그래서 잉여가치를 발생시키는 임금구조, 즉 인간의 착취를 통해 부를 생산하고, 사회 및 자연의 모든 것을 상품 형태와 이익에 종속시켰다. 또한 경제성장은 무한하다는 가설 아래 석탄·석유·가스 등 유한한 화석연료에 기초한 에너지 패턴을 강화시켰다. 자연과의 관계는 약탈적이었으며, 과학과 기술적 사고가 끝없는 진보를 보장할 거라고 절대적으로 믿었다. 이러한 양상은 인간 상징체계 대부분에서 재연되었다. 정신적·이데올로기적·문화적 지배 형태로서 개인주의와 과도한 경쟁이 발흥했다. 이익에 대해 지나치게 집착했으며, 이기주의가 만연하고, 과도한 상품 소비가 일어났다. …… 오늘날의 지배적인 문명과는 완전히 다른 문명을 건설해야만 한다. 생산수단은 공동으로 소유하고 주민 전체가 통제해야 한다. 또한 사용가치와 상호 호혜주의가 인간의 기본적인 규칙이 되어야 한다. 생산 및 소비 패턴은 자연을 보존하고 인간의 기본적인 필요를 만족시켜야만 한다. 그렇게 함으로써 인간이 품위 있게 살 수 있는 세상을 건설하기를 바란다"(Reñan Vega Cantor, s/f).

30) ETC 그룹은 녹색경제를 석유화학 토대 경제를 극복할 새로운 경제 형태로 정의했다. 하지만 그곳에서도 거대 기업들은 생물 자원을 변형시키기 위해 경쟁하고 있다. 그들은 여전히 토지·자연자원·기술 발판을 놓고 싸우고 있다(ETC, 2011: 2~4).

므로 신뢰·호혜주의·협력을 통해 공유재산을 관리하는 방법을 시도하는 것이 중요하다.

다양한 수탈에 맞선 민중들의 환경 수호 투쟁은 공유재산을 어떻게 지켜내고 강화하며 확장시킬 것인지에 대한 수많은 질문을 던졌다. 어떤 형태의 소유권과 관리 방법이 공유재산을 가능하도록 만들 것인지에 관한 풍부한 논쟁거리를 제시한 것이다. 현재 소유와 조직 형태의 차이에도 불구하고 수많은 공유재산이 개별적인 민중들의 주체적 결정에 의해 추진되고 있다. 그러므로 공유재산 관리란 공동체의 유산, 즉 지역사회에 체화된 시공간적 경험을 쌓아가는 것이다.

환경 수호 투쟁은 자본주의 약탈에 맞선 운동의 일부다. 그것은 커다란 역경 속에서도 자본을 거부하고 전복하며 극복할 수 있는 대안들을 건설해오고 있다. 자본에 맞서 싸웠던 개별적인 환경 수호 투쟁은 지역의 한계를 극복해서 생태적인 공유재산을 보호하고 있다. 강력한 전파 능력을 통해 자본에 맞선 또 다른 투쟁 단체와의 연대에도 성공했다.

민중들은 이러한 투쟁을 통해 현 세계가 직면한 문명의 위기 앞에서 인류의 생존을 위해 무엇이 필요한지 계몽하는 데 성공했다. 그들 덕택에 우리는 자연과의 관계에 대해 문제를 제기하게 되었으며, 연대와 지속 가능성에 기초한 대안 건설이 시급함을 이해하게 되었다. 내딛는 걸음마다 황폐를 일으키는 자본의 정치적·경제적 약탈에 저항하면서 새로운 대안을 제시했던 민중들의 다양한 투쟁으로 인해, 사회적 재생산의 전 범위에서 공유재산을 확장하자고 다짐하게 되었다.

참고문헌

Altvater, Elmar. 2009. "La Ecología desde una óptica marxista." clase del curso *Ecología Política en el Capitalismo Contemporáneo*. del Programa Latinoamericano de Educación a Distancia(PLED). Centro Cultural de la Cooperación "Floreal Gorini." Buenos Aires.

Anderson, Benedict. 1993. *Comunidades Imaginadas: Reflexiones sobre el origen y la difusión del nacionalismo*. México: Fondo de Cultura Económica.

Antonelli, Mirta. 2009. "Minería transnacional y dispositivos de intervención en la cultura. La gestión del paradigma hegemónico de la 'minería responsible y el desarrollo sustentable'." en Maristella Svampa y Mirta Antonelli(eds.). *Minería Transnacional, Narrativas del Desarrollo y Resistencias Sociales*. Buenos Aires: Biblos.

Auyero, Javier y Swistun, Débora. 2008. *Inflamable: Estudio del sufrimiento ambiental*. Argentina: Paidós.

Barreda, Andrés. 2011. "Riquezas y Miserias de la civilización petrolera." *Oilwatch Mesoamérica*. <www.oilwatchmesoamerica.org>

Benjamin, Walter. 2003. *Tesis sobre la historia y otros fragmentos*. México: Contrahistorias.

Bonefeld, Werner. 2001a. "The Permanence of Primitive Accumulation: Commodity Fetishism and Social Constitution." *The Commoner*, No.2. <www.commoner.org.uk>

Bonefeld, Werner. 2001b. "Clase y constitución." *Bajo el Volcán*, Año.2, No.2. México.

Ceceña, Ana Esther. 2008. *Derivas del mundo en el que caben todos los mundos*. Buenos Aires: CLACSO/Siglo XXI.

_____. 2012. "Dominar la naturaleza o vivir bien: disyuntiva sistémica." *Nostromo*, Año.IV, No.5. México.

Civil Society Engagement with Ecological Economics(CEECEC). s/f. “Glossary.” <www.ceecec.net>

Composto, Claudia y Navarro, Mina Lorena. 2012a. “Territorios en disputa: entre el despojo y las resistencias. El caso del Frente Amplio Opositor contra la Minera San Xavier en San Luis Potosí, México.” en *Revista Interdisciplinaria de Estudios Sociales No.5, enero-junio*. Bahia Blanca: CEISO.

_____. 2012b. “Estados, transnacionales extractivas y comunidades movilizadas: dominación y resistencias en torno de la minería a gran escala en América Latina.” *Theomai*, Número especial 25/26, agosto. Quilmes. <revistatheomai.unq.edu.ar>

De Angelis, Massimo. 2001. “Marx and primitive accumulation: The continuous character of capital’s ‘enclosures’.” en *The Commoner*, No.2. <www.commoner.org.uk>

Dyer-Witherford, Nick. 2007. “El en-comunismo.” <turbulence.org.uk>

ETC. 2011. “¿Quién controlará la economía verde?.” <www.etcgroup.org>

Federici, Silvia. 2010. *Calibán y la Bruja: Mujeres, cuerpo y acumulación originaria* Buenos Aires: Tinta Limon.

Garibay Orozco, Claudio. 2010. “Paisajes de acumulación minera por desposesión campesina en el México actual.” en Gian Carlo Delgado Ramos(coord.). *Ecología Política de la Minería en América Latina*. México: CEIICH-UNAM.

Gutiérrez, Raquel. 2009. *Los ritmos del pachakuti*. México: Bajo Tierra/ ICSYHBUAP.

_____. 2011. “Pistas reflexivas para orientarnos en una turbulenta época de peligro.” en Raquel Gutiérrez(ed.). *Palabras para Tejernos, Resistir y Transformar*. México: Pez en el árbol.

_____. s/f. “Autorregulación social.” en Colectivo Latinoamericano de Ecología Política(comps.). *Diccionario de Ecología Política*. en proceso de elaboración y publicación.

Hardt, Michael y Antonio Negri. 2011. *Common Wealth: El proyecto de una revolución del común*. Madrid: Akal.

Harvey, David. 2004. "El 'nuevo' imperialismo: acumulación por desposesión." *Socialist register*. Buenos Aires: CLACSO.

Holloway, John. 2011. *Agrietar el Capitalismo: El hacer contra el trabajo*. México: Bajo Tierra/ICSYH-BUAP.

La Jornada. 2011. "Duplican magnates mineros el oro extraído en la Colonia." *La Jornada Minera.* 500 años de saqueo, Suplemento especial, 14 de noviembre. México.

Leff, Enrique. 2009. *Racionalidad Ambiental: La reapropiación social de la naturaleza*. México: Siglo XXI.

Machado, Horacio. 2009. "Minería trasnacional, conflictos socioterritoriales y nuevas dinámicas expropiatorias: El caso de Minera Alumbrera." en Maristella Svampa y Mirta Antonelli(eds.). *Minería Trasnacional, Narrativas de Desarrollo y Resistencias Sociales*. Buenos Aires: Biblos.

Madrilonia. 2011. *La Carta de los Comunes: Para el cuidado y disfrute de lo que de todos es*. Madrid: Traficantes de sueños. <madrilonia.org>

Marín, Marcela. 2009. "El 'no a la mina' de Esquel como acontecimiento: otro mundo posible." en Maristella Svampa y Mirta Antonelli(editoras). *Minería Trasnacional, Narrativas de Desarrollo y Resistencias Sociales*. Buenos Aires: Biblos.

Martínez Alier, Joan. 2009. "Conflictos ecológicos y lenguajes de valoración." clase del curso *Ecología Política en el Capitalismo Contemporaneo* del Programa Latinoamericano de Educación a Distancia(PLED), Centro Cultural de la Cooperación "Floreal Gorini." Buenos Aires.

Marx, Karl. 2008(1867). *El Capital: Critica de la Economía política*, Tomo I. México: Fondo de Cultura Económica.

Navarro, Mina Lorena y Enrique Pineda. 2009. "Luchas socio ambientales en América Latina y México: nuevas subjetividades y radicalidades en movimiento."

Bajo el Volcán, No.13. México.

Navarro, Mina Lorena y Sergio Tischler. 2011. “Tiempo y memoria en las luchas socio-ambientales en México.” *Desacatos*, No.37, septiembre-diciembre. Guadalajara.

Notimex. 2012. “México encabeza exploración minera en Latinoamérica.” *El Financiero*, 8 de marzo. México.

Ouviña, Hernán. 2007. “Hacia una política prefigurativa. Algunos recorridos e hipótesis en torno a la construcción de poder popular.” en *Reflexiones sobre el poder popular*. Argentina: El Colectivo.

_____. 2008. “Las asambleas barriales y la construcción de lo ‘público no estatal’: la experiencia en la Ciudad Autónoma de Buenos Aires.” en Bettina Levy y Natalia Gianatelli(comps.). *La Política en Movimiento: Identidades y experiencias de organización en América Latina*. Buenos Aires: CLACSO.

_____. 2010. “Especificidades y desafíos de la autonomía urbana desde una perspectiva prefigurativa.” en Jóvenes en resistencia alternativa(coords.). *Pensar las Autonomías: Alternativas de emancipación al capital y al Estado*. México: Bajo Tierra.

Porto-Gonçalves, Carlos Walter. 2008. *La Globalización de la Naturaleza y la Naturaleza de la Globalización*. La Habana: Casa de las Americas.

Ramírez, Érika. 2010. “Entregan oro y plata de México a trasnacionales. Otorgadas ya más de 24 mil concesiones para la explotación de minas.” *Contralínea*, 25 abril. México. <Contralínea.info>

Seone, Jose, Clara Algranati y Emilio Taddei. 2011. “Tras una década de luchas. Realidades y desafíos de los proyectos de cambio en Nuestra América.” *Herramienta*, No.46. Buenos Aires. <www.herramienta.com.ar>

Serna, Eva. 2009. “De sobrevivientes y guardianes. Luchas campesinas en México.” *Rebeldía*, Año.8, No.68. México.

Shiva, Vandana. 2006. *Manifiesto para Una Democracia de la Tierra*. Barcelona: Paidós.

Simone, Anna y Federica Giardini. 2012. "Beni comuni e beni pubblici. Sui rapporti tra politica e diritto." <www.globalproject.info>

Svampa, Maristella. 2008a. *Cambio de Época: Movimientos sociales y poder político.* Buenos Aires: CLACSO/Siglo XXI.

_____. 2008b. "Argentina: una cartografía de las resistencias(2003~ 2008). Entre las luchas por la inclusion y las discusiones sobre el modelo de desarrollo." *OSAL*, Año.IX, No.24, octubre. Buenos Aires: CLACSO.

Tischler, Sergio. 2004. "La forma clase y los movimientos sociales en América Latina." *OSAL*, Año.V, No.13, enero-abril. Buenos Aires: CLACSO.

_____. 2005. *Memoria, Tiempo y Sujeto*. Guatemala: BUAP/F&G.

Tischler, Sergio y Mina Lorena Navarro. 2011. "Tiempo y memoria en las socio-ambientales en México." *Revista Desacatos*, No.37, septiembre- diciembre. Guadalajara.

Vega Cantor, Renán s/f. "Crisis Civilizatoria." en Colectivo Latinoamericano de Ecología Política(comps.). *Diccionario de Ecología Política*(en prensa).

멕시코 연표

1325	현재 멕시코시티 지역에 아스테카의 중심지 테노치티틀란 건설
1434	아스테카, 텍스코코, 틀라코판 3자 연맹 결성
1519	스페인 정복자 에르난 코르테스(Hernán Cortés) 쿠바를 출발하여 멕시코 유카탄 연안에 도착
1520	아스테카 지배자 목테수마(Moctezuma) 2세 사망
1521.8.13	아스테카 지배자 쿠아우테목(Cuauhtémoc)의 항복으로 에르난 코르테스 테노치티틀란 정복에 성공
1524	12명의 프란시스코 수도사 도착
1535	누에바 에스파냐 부왕령 설립
1542	'인디아스에 관한 신법령' 발표
1767	부르봉 개혁의 일환으로 아메리카 식민지에서 예수회 추방
1778	스페인-아메리카 식민지 간 무역자유화
1810.9.16	미겔 이달고(Miguel Hidalgo) 신부의 '독립의 외침(El grito)'으로 독립전쟁 본격화
1821.8.24.	'코르도바 조약'으로 스페인으로부터 멕시코 독립
1822	아구스틴 데 이투르비데(Agustín de Iturbide) 멕시코 황제로 즉위
1824.10.4	'멕시코 연방합중국 헌법' 공포
10.10	과달루페 빅토리아(Guadalupe Victoria) 멕시코 제1대 대통령으로 취임
1836	멕시코로부터 텍사스 독립
1838.4.16	프랑스의 멕시코 침입
1839.3.9	프랑스-멕시코 평화협정 체결

1841.10 유카탄 반도 독립 선언

1843.12.5 유카탄 반도, 멕시코로 재합병

1845 미국의 텍사스 합병

1846.1.1 유카탄 2차 독립선언

1847.7.30 유카탄 카스트 전쟁 시작

1846 미국-멕시코 전쟁 발발

1848.2.2 과달루페 이달고 조약으로 미국-멕시코 전쟁 종전. 캘리포니아와 뉴멕시코 미국으로 편입

1848.8.17 유카탄, 멕시코로 최종 합병

1855.11.23 '사법행정 및 재판조직에 관한 법률' 일명 '후아레스 법안' 공포

1857.2.5 자유주의에 입각한 '멕시코 공화국 정치헌법' 공포

1857.12.17 「타쿠바야 선언」을 둘러싸고 자유파와 보수파 간의 내전인 '3년 전쟁' 시작(~1861.1.1)

1857.12.18 베니토 후아레스(Benito Juárez) 대통령 취임

1862 2차 프랑스 침입(~1867)

1864.5.28 막시밀리아노(Maximiliano) 황제 멕시코 도착

1867.7.15 베니토 후아레스, 보수파와 프랑스 군대와 맞선 긴 싸움 끝에 멕시코시티 입성하여 자유주의 공화국 재건에 성공

1871.10.12 의회에서 베니토 후아레스를 대통령으로 지명

11.8 베니토 후아레스의 장기집권에 반대해 포르피리오 디아스 쿠데타

1872.7.18 베니토 후아레스 사망

9 세바스티앙 레르도 데 테하다(Sebastián Lerdo de Tejada) 대통령 대리가 포르피리오 디아스 쿠데타 세력 사면

10.13 세바스티앙 레르도 데 테하다 대통령 당선

1876.3.20 포르피리오 디아스 쿠데타

1877.5.5 포르피리오 디아스, 4년 임기 대통령으로 취임

1880.9.13 정부는 두 개 철도노선 개발권을 국립건설회사(Constructora Nacional)에 양도하고 보조금 지급

1880.12.1 포르피리오 디아스, 마누엘 곤살레스(Manuel González)에게 평화적 권력 이양

1884.12.1 포르피리오 디아스 대통령 재취임. 디아스 독재체제의 출발

1887.10.23 대통령 연임을 허용하는 헌법 개정

1888.12.1 포르피리오 디아스 3선으로 대통령 취임(~1910)

1889.10 에히도 등 토지 분할 논의 시작

1890.9.27 대통령과 주지사의 재선 횟수를 제한하지 않는 헌법 개정안 발표

11 몬테레이에 대규모 맥주공장 가동

1893 '과학자' 그룹의 등장과 함께 경제 분야에서 외국투자 증진, 정치 분야에서 과도기적 독재체제 건설, 사회문화 분야에서 실증주의에 기반한 공교육 체제 정착이라는 정책 수립

1900 소칼로를 비롯한 도로 및 공공 건물에 가스등 대신 전기 조명 사용

1906.6.1 소노라 주 미국인 소유 카나네아 연합 구리회사(Cananea Consolidated Copper Company) 광산 노동자 파업

12 오리사바, 푸에블라, 틀락스칼라, 멕시코시티 방직노동자 파업

1909.5.22 전국재선반대당(Partido Nacional Antirreeleccionista) 설립. 프란시스코 마데로(Francisco Madero) 당 부대표로 선출

1910.9.22 멕시코국립대학교[멕시코국립자치대학교(UNAM)의 전신] 개교

10.4 포르피리오 디아스 대통령 당선(임기 1910~1916)

10.25 무장혁명을 예고하는 프란시스코 마데로의 「산루이스 계획」 확산

11.17 치와와 주에서 프란시스코 비야(Francisco Villa) 혁명에 동참

1911.4.2 에밀리아노 사파타(Emiliano Zapata)가 이끄는 혁명군 푸에블라 우에우에틀란 점령

5.5 멕시코시티에서 포르피리오 디아스 사임을 요구하는 소요 사태

5.21 포르피리오 디아스 사임

5.31 포르피리오 디아스 국외 망명

11.6 프란시스코 마데로 대통령 취임

11.16 반동적인 「산루이스 계획」 개정안 발표

11.28 에밀리아노 사파타 「아얄라 계획」 발표. 프란시스코 마데로를 대통령으로 인정하지 않으며, 토지개혁안 제시

1913.2.9 마데로 정부 전복을 기도한 '비극의 열흘' 사건 발생

2.18 빅토리아노 우에르타(Victoriano Huerta), 마데로 체포

3.26 코아우일라 주지사 베누스티아노 카란사(Venustiano Carranza) 「과달루페 계획」 발표, 우에르타의 비합법 정권 타도 주장

1914.4.3 프란시스코 비야의 '북쪽 전선' 토레온 시 점령

7.8 알바로 오브레곤, 과달라하라 점령

7.15 우에르타 대통령 사임, 국외망명

11.5 혁명대표자회의(Convencion revolucionaria)에서 에우랄리오 구티에레스(Eulalio Gutiérrez) 대통령 임명

11.9 카란사, 혁명대표자회의 결정 거부

1915.4 알바로 오브레곤, 바히오 지역에서 비야 군대 격퇴

1916.12.1 카란사의 소집으로 헌법의회 개회

1917.2.5 1917년 헌법 공포

5.1 카란사 대통령 취임

1918.5 멕시코전국노동자연맹(Confederación Regional Obrera Mexicana,

CROM) 창립

1919.4.10 에밀리아노 사파타 피살

1920.5.21 베누스티아노 카란사 대통령 피살

12.1 알바로 오브레곤 대통령 취임

1923.7.20 프란시스코 비야 피살. 유카탄 주 의회에서 3명의 여성 의원 선출

1924.12.1 플루타르코 엘리아스 카예스 대통령 취임

1925 멕시코은행 설립

1928.7.17 알바로 오브레곤 대통령 당선 직후 암살

12.1 에밀리오 포르테스 힐 대통령 취임

1929.3.4 제도혁명당의 전신인 민족혁명당(PNR) 창당

1934.12.1 민족혁명당 소속 라사로 카르데나스 대통령 취임

1936.2.24 멕시코노동자연맹(CTM) 창립

1937.5.28 멕시코석유노조 파업 돌입

1938.3.18 석유국유화 선포

3.30 민족혁명당(PNR), 멕시코혁명당(PRM)으로 재편

6.7 멕시코국영석유회사(PEMEX) 설립 법령화

6.23 공무원 노조 설립과 파업권 보장

8.28 전국농민연맹(CNC) 창립

1939.2.17 마누엘 아빌라 카마초(Manuel Ávila Camacho) PRM 대통령 후보로 공식 지명

9.14 민족행동당(PAN) 창당

1940.12.1 마누엘 아빌라 카마초 대통령 취임

12.11 대통령령으로 에히도 분할

1946.1.18	PRM, 제도혁명당(PRI)으로 재편
1955.7.3	최초로 전면적인 여성 참정권 행사
1968.2.3	'자유를 위한 학생행진'에서 정치범 석방과 대학 종합개혁을 요구
2.6	군대의 개입으로 '학생행진' 주도자 해산 및 체포
1968.7.22	학생조직 간 갈등에 군대 개입으로 대규모 학생운동 촉발
7.29	소칼로에 예정되었던 집회 사전 해산. 학생 일부는 국립 예비 학교로 피신했으나, 다음날 새벽 바주카포를 동원한 군대가 학교 정문으로 진입
7.30	멕시코국립자치대학교(UNAM) 총장인 하비에르 바로스 시에라(Javier Barros Sierra), 대학 자치권 침해를 규탄하며 조기 게양. 학생총파업 선언
8	학생 및 시민이 참여하는 대규모 집회 연이어 발생
9.18	UNAM 캠퍼스 내부로 군대가 난입하여 500여명 체포. 9월 30일까지 군대가 캠퍼스에 주둔
10.2	틀랄텔로코 삼문화 광장의 시위자 학살 사건
10.12	올림픽 개최
1969.9.4	멕시코시티 지하철 개통
1970.7.5	국민행동당(PAN)의 유일한 상대후보에 맞서 제도혁명당(PRI) 후보인 루이스 에체베리아 알바레스(Luis Echeverría Álvarez) 대통령 당선
1974.12.31	헌법 4조 개정으로 남성과 여성이 법 앞에 평등하므로 남녀 모두 자녀의 수를 결정할 권리가 있음을 규정
1977.12.20	대통령이 발의한 '선거 과정과 정당에 관한 연방 법률(Ley Federal de Organizaciones Políticas y Proceso Electorales)' 의회 승인으로 비례대표제 도입 및 정당 조건부 등록 가능
1979.1.27	교황 요한 바오로 2세 멕시코 방문
1982.1.6	선거법 개정으로 정당의 투표소 참관인 임명권 보장

2.17 달러 대비 페소 안정화를 위해 외환 거래 일시 중지

8 외환위기 본격화

1983.11.17 치아파스 사파티스타민족해방군(EZLN) 창설

1985.9.19 멕시코시티 대지진

1987.3.29 좌파 통합을 위해 멕시코사회주의당(PMS) 창당

1988.6.7 콰우테목 카르데나스(Cuauhtémoc Cárdenas) PMS 대선 후보로 지명

7.2 전국민주전선(FDN) 선거대책위원장과 비서 살해

7.6 대통령과 주 하원의원 선거 동시에 진행. '시스템 문제'로 밤10시까지 개표결과 발표 지연

7.7 새벽 1시 35분 제도혁명당(PRI) 후보 카를로스 살리나스 데 고르타리 당선 확정과 동시에 부정선거 의혹 제기

12.1 카를로스 살리나스 데 고르타리 대통령 취임

1989.4.24 살리나스 정부의 압력으로 전국교원노조(SNTE) 위원장에 엘바 에셔 고르디요 임명

5.5 민주혁명당(PRD) 창당

9.1 멕시코전화국(TELMEX) 민영화

1990.4.6 선거재판소를 독립기관으로 설치하도록 선거법 개정

1991.1.28 헌법 4조에서 멕시코의 문화적 다양성 인정

1992.12.17 북미자유무역협정(NAFTA) 체결

1993.5 후아레스 시에서 '여성 학살' 첫 사건 발생

11.19 미국 의회 NAFTA 승인

11.22 멕시코 의회 NAFTA 승인

1994.1.1 NAFTA 발효 시작일. 치아파스에서 EZLN 무장봉기. 멕시코 정부를 상대로 전쟁 선포한 후 인근지역 점령

2.21 EZLN과 정부, 평화 협정을 위한 협상 시작

3.2 EZLN의 32개 요구사항 수용

3.14 미국 정부, 멕시코와 접한 국경에 담장 공사 시작

3.23 제도혁명당 대선 후보 루이스 도날도 콜로시오 무리에타(Luis Donaldo Colosio Murrieta) 암살

5.6 미국 캘리포니아 주지사 주도로 반(反)이민 캠페인 추진

6.10 EZLN 평화협정 거부

8.21 에르네스토 세디요(Ernesto Zedillo) 대통령 당선

12.10 EZLN 정부와 대화단절

12.11 치아파스 지역 64개 원주민공동체 자치 선언

1995.1.1 EZLN 제3차 라칸도나 밀림 선언문 발표

1.4 멕시코 정부, IMF에 구제금융신청

2.9 EZLN 주둔지역으로 멕시코 군대 파견

3.8 '평화를 위한 대행진'(Caravana por la Paz) 멕시코시티 소칼로 도착

6.28 게레로 주 아구아스 블랑카스에서 남부농민단체(OCSS) 소속 농민 17명 살해

1996.1.1 평화적 시민단체인 사파티스타민족해방전선(FZLN) 설립

2.16 EZLN과 멕시코 정부, 원주민 권리와 문화에 대한 '산 안드레스 평화협정' 체결

4 제도혁명당, 민주혁명당, 노동당 대표 정치선거개혁에 합의

10.23 석유화학산업에 민간 투자를 허용하는 헌법 27조 개정안 하원에서 승인

1997.7.6 민주혁명당의 콰우테목 카르데나스, 멕시코시티 최초의 직선제 시장으로 당선

9.1 최초로 하원에서 제도혁명당 의석수가 절대과반에 미치지 못함

12.22 치아파스 악테알 마을에서 대부분 여성과 아이들이었던 원주민 45명 학살

1998.7.5 민주혁명당 최초로 주지사 선거에서 승리. 사카테카스 주지사로 리카르도 몬레알 아빌라(Ricardo Monreal Ávila) 당선

1999.3.15 UNAM 대학위원회에서 등록금세칙 변경

4.20 등록금 부과로 UNAM 학생 파업 돌입

11.14 국민행동당과 멕시코녹색환경당 연합 대통령 후보로 비센테 폭스 케사다 지명

11.25 민주혁명당, 노동당, 수렴당, 사회연맹당(PAS), 민족주의사회당(PSN) 연합 대통령 후보로 콰우테목 카르데나스 지명

2000.7.2 국민행동당 비센테 폭스 대통령 당선으로 70년간의 제도혁명당 집권 종식. 안드레스 마누엘 로페스 오브라도르 멕시코시티 시장 당선

2001.3.28 EZLN의 의회 연설

4.30 '산안드레스 협정'에 기초한 '원주민문화권리에 관한 법률안' 의회 승인. 그러나 EZLN은 정부와 협상 거부

2005.6 EZLN 제6차 라칸도나 선언으로 대안선거운동 제안

2006.5.3 아텐코(Atenco)에서 경찰과 주민 충돌

7.2 펠리페 칼데론 대통령 당선. 상대후보였던 안드레스 로페스 오브라도르 선거부정 의문제기

11.16 멕시코시티 '동반자관계에 관한 법률' 발표

12.11 '마약범죄와의 전쟁' 시작

2008.10.28 '에너지 부문 개혁' 의회 승인

2011.4.26 '정의와 존엄성의 평화운동' 시작

2012.5.11 엔리케 페냐 니에토 대선후보의 이베로아메리카나대학 방문으로 '#나는132번째' 운동 촉발

7.1 엔리케 페냐 니에토 대통령 당선

2013.9.10 교육개혁 발표

2014.9.26 이괄라 시에서 아요트시나파 교원대 학생 43명 실종

서울대학교 라틴아메리카연구소(SNUILAS)는 1989년 스페인중남미연구소로 발족하여 2008년 확대 재편된 국내 라틴아메리카 연구의 산실이다. 라틴아메리카의 33개 독립국과 1개 준독립국, 인구 약 5억 5000만 명의 광대한 지역을 연구대상으로 하는 서라연은 총서, 학술지, 웹진, 이슈 등을 발간하고 있으며, 다양한 분과학문 출신의 연구진이 학제적 연구를 통해 지식의 식민성 극복과 학문의 대중적 소통을 지향하고 있다.

엮은이 **박수경**

멕시코 메트로폴리탄자치대학교(UAM)에서 사회과학 박사학위를 취득한 후 고려대학교 서어서문학과에서 강사로 재직 중이며, 서울대 라틴아메리카 연구소에서 메소아메리카와 안데스 원주민 사회에 관한 연구를 진행 중이다.

옮긴이

박수경 고려대학교 강사

오인혜 멕시코 메트로폴리탄자치대학교 사회경제학 박사과정

김유리 이화여자대학교 강사

고인경 성천문화재단 연구실장

김선영 퍼듀대학교 스페인어과 박사과정

최사라 서울대학교 서어서문학과 박사과정

성소희 서울대학교 서어서문학과 박사과정

김용호 서울대학교 서어서문학과 강사

한울아카데미 1886
라틴아메리카 지정학 08

멕시코

민주주의를 다시 묻다

엮은이 **박수경** | 펴낸이 **김종수** | 펴낸곳 **한울엠플러스(주)** | 편집 **조수임**

초판 1쇄 인쇄 **2016년 3월 30일** | 초판 1쇄 발행 **2016년 4월 15일**

주소 **10881 경기도 파주시 광인사길 153 한울시소빌딩 3층** | 전화 **031-955-0655** | 팩스 **031-955-0656**
홈페이지 **www.hanulmplus.kr** | 등록번호 **제406-2015-000143호**

Printed in Korea.
ISBN 978-89-460-5886-6 93950
* 책값은 겉표지에 표시되어 있습니다.